U0955098

普通高等教育『十三五』规划教材
应用型本科院校财会专业教改系列

成本会计

（第二版）

主　编　马丽莹
副主编　成蓉晖　杨中环　俞慕寒

立信会计出版社

图书在版编目(CIP)数据

成本会计 / 马丽莹主编. —2 版. —上海：立信会计出版社，2018. 8(2023. 2 重印)

ISBN 978-7-5429-5945-4

Ⅰ. ①成… Ⅱ. ①马… Ⅲ. ①成本会计 Ⅳ. ①F234. 2

中国版本图书馆 CIP 数据核字(2018)第 199806 号

策划编辑　蔡伟莉
责任编辑　郭　光
封面设计　南房间

成本会计(第二版)

CHENGBEN KUAIJI

出版发行	立信会计出版社		
地　　址	上海市中山西路 2230 号	邮政编码	200235
电　　话	(021)64411389	传　　真	(021)64411325
网　　址	www. lixinaph. com	电子邮箱	lixinaph2019@126. com
网上书店	http://lixin. jd. com		http://lxkjcbs. tmall. com
经　　销	各地新华书店		

印　　刷	苏州市古得堡数码印刷有限公司		
开　　本	787 毫米×1092 毫米	1/16	
印　　张	17. 25		
字　　数	414 千字		
版　　次	2018 年 8 月第 2 版		
印　　次	2023 年 2 月第 2 次		
书　　号	ISBN 978-7-5429-5945-4/F		
定　　价	38. 00 元		

如有印订差错，请与本社联系调换

总 序

自20世纪末期开始，我国高等教育步入大众化教育发展阶段。当前，我国已建成了世界上最大规模的高等教育体系。随着经济发展进入新常态，经济结构深刻调整、产业升级步伐加快、社会文化建设不断进步，党中央、国务院适时作出了引导本科院校向应用型高校转变，推动高等院校转型发展的重大战略部署，以便为生产服务一线培养出大量的、急需的高层次应用型人才。

广东金融学院创建于1950年，是一所省属公办普通本科院校。近年来，学校以"建成国内知名的应用型金融品牌大学"为发展目标，坚持"面向金融、面向地方、面向需求"的办学思路，秉承"金融为根、育人为本、应用为先、创新为范"的办学理念，不断提高办学质量，在人才培养、科学研究、社会服务等方面履行大学职能和社会责任，赢得了良好的社会声誉。

广东金融学院会计系创立于1993年。伴随我国会计市场化、国际化改革进程，以及我国会计规则体系的不断完善，会计系获得了"跨越式、可持续"的高速发展。20余年来，会计系始终立足于"培养高层次应用型会计人才"，在会计学科建设、专业建设、人才培养模式、师资队伍建设、课程建设等方面进行了积极探索，取得了可喜的成就。

教材是体现教学内容和教学方法的知识载体，是组织教学的基本工具，也是深入教学改革，提高教学质量的重要保证。教材建设是专业建设、课程建设的基本要素，也是教师教学、科研水平及其成果的重要反映。我们推出的"应用型本科院校财会专业教改系列"教材，即是会计系近年来教材建设成果及应用型人才培养教改成果的集中体现。

"应用型本科院校财会专业教改系列"教材建设的指导思想及目标定位是：

(1) 坚持和服务于应用型本科会计人才的培养定位。应用型本科会计人才，是能够将会计学专业知识和技能应用于会计工作实践的高级专门人才。应用型本科院校教材建设，始终要坚持以社会人才需求为导向，坚持以本科层次的学科教育为依托，以应用型专业教育为基础，服务于高层次应用型会计人才的培养目标。

(2) 坚持"突出基础、突出应用、突出技能、突出特色"来构造教材体系和教材内容。在理论知识上，以保证系统性为前提，突出基础知识，以"应知应会"为度；在体例结构上，强化业务举例、知识链接、习题练习、实训案例等应用技能要素。以期打造出"在基础理论上弱于研究型本科、在知识体系上强于高职高专"，符合应用型本科层次会计人才培养定位的专业教材。

(3) 坚持"系统性"，兼顾"可行性"和"开放性"。坚持"系统性"，我们全面推出了财会专业的系列核心课教材、选修课教材及部分实验课教材；坚持“可行性”，现在组织编写的教材均具备一定的历史积累，主编均具有本门教材的编写经历或具有本门课程长期的执教经历；坚持“开放性”，对暂时不成熟的课程，将进行持续积累建设，陆续推出。

(4) 坚持、发挥金融行业特色和优势。我校有几十年金融行业办学的历史积累和优势，在金融企业会计教学和课程建设中，已形成自己的特色和优势。在本系列教材中，组织推出了《银行会计》《非银行金融企业会计》《银行财务管理》三部金融行业特色专业教材。

本系列教材的推出，首先得益于我们拥有的一支“双师型、双强型”专业师资团队。会计系现有19名教授、20名副教授、22名博士，教授和博士的全面参与，构成了系列教材建设的中坚力量。本系列教材的推出，也得益于会计系在“十一五”“十二五”期间积累和取得的一系列教学成果。过去的10年间，会计系会计学专业、财务管理专业取得省级质量工程立项建设，会计学基础、会计信息系统、银行会计获得省精品课程立项建设；会计系在国家级教学实验中心建设、国家级教学实习基地建设，在人才培养模式创新，在校企协同培养班等方面取得的教学成果，均为推出本系列教材提供了基本的支撑和保证。

本系列教材的推出，凝结着全体参编人员的辛勤付出和智慧，也得到立信会计出版社同仁的大力协作和支持。同时我们深知，随着财会体制变革的不断深化，加之编写人员的水平所限，教材的不足和错误之处在所难免，恳请读者不吝赐教，多提宝贵意见，以便我们继续修订完善，不断提升本系列教材建设的质量和水平。

本书所附习题答案可致电021-64411362索取。

岳　龙

前 言

成本会计在会计学科中占有很重要的地位，是会计相关专业的核心课程之一。随着国内高等教育改革的不断深化，将“学科教育与职业教育”融为一体的高等教育的新模式应运而生。“学科教育与职业教育”相融合的人才培养模式，立足于职业活动所要求的职业能力结构体系来组织教学内容和教学过程，突出强调的是“理论为基，应用为重”的教学理念。目前，能够适合这种教学理念的成本会计教材尚不多见。为有效实施“学科教育与职业教育”相融合的人才培养新模式，编写一本秉承“理论为基，应用为重”教学理念的成本会计教材成为当务之急。

《成本会计》(第二版)是在第一版的基础上，融入中国最新会计准则和国际会计准则最新变化修订完成的。编者均为长期从事成本会计及其相关课程教学的一线骨干教师，熟知应用型本科院校学生的认知水平和特征。编者结合多年的教学经验，在参阅近年出版的成本会计教材的基础上，遵循“学科教育与职业教育相融合”的教学理念对成本会计相关知识能力的要求，合理地组织安排了教材内容，使教材的内容具有较强的针对性和实用性。

本教材突出了以下特色：

(1) 理念新，定位明确。本教材以“学科教育与职业教育”相结合为主线，在内容安排上恰当地将成本会计理论与成本会计实务有机融合，避免“重理论、轻实务”和“重实务、轻理论”的两种极端。

(2) 内容新，与时俱进。本教材根据2018年中国《企业会计准则》及其应用指南，更新成本会计的相关内容，与《企业会计准则》保持一致，同时，在教材中阐述成本会计前沿成果，使学生掌握最新的成本会计理论和技能。

(3) 形式新，通俗易懂。本教材的编写，力求克服专业教材僵硬枯燥的传统形式，将教材内容要点化、步骤化、图表化，案例化，增强启发性，在体例上设计了教学目标、知识链接、关键术语、实训案例和本章练习等辅助环节，并在上述各环节力求结合实际，增强学生的感性认识，以达到便于理解，快速掌握的目的。

本教材由马丽莹主编，成蓉晖、杨中环和俞慕寒为副主编，具体分工如下：第一和第三章由马丽莹教授编写；第七、第九和第十章由成蓉晖教授编写；第二章和第八章由杨中环老师编写；第四、第五和第六章由俞慕寒老师编写。限于编者的能力水平，教材中难免存在疏漏之处，诚恳希望老师和同学们批评指正。

另外，本教材配有两套模拟试卷，可通过扫描本页下方二维码获取。

编　者

2018年8月

成本会计考试试卷 A

成本会计考试试卷 B

目　录

章前导引

第一章 总　论

教学目标

通过本章的学习，理解成本及成本会计的含义；了解成本会计的产生和发展过程；了解成本会计的对象、任务和职能，了解成本会计工作的机构设置、人员配备和成本会计的组织原则。

第一节 成本会计的产生和发展

一、成本及其作用

成本是现代经济管理活动中广泛应用的一个概念。从其经济实质和实际应用的不同角度分析，成本的内涵存在着一定的差别。对成本概念的理解，应在明确其一般含义和经济实质的基础上，重点把握其在会计领域应用的现实含义。

(一) 成本的含义

1. 理论成本

从理论上讲，产品的价值由三部分组成，即生产中消耗的生产资料的价值(c)、6 劳动者为自己的劳动创造的价值(v)以及劳动者为社会创造的价值(m)。产品成本是指前两者(c+v)。所以，理论成本是指企业在生产过程中用货币表现的生产资料的价值以及相当于劳动者为自己劳动创造的价值的总和。

2. 实际成本

实际成本是指企业在成本核算和成本管理中使用的成本概念。由于企业在成本会计核算中除了要考虑理论成本以外还要考虑其他因素，所以实际成本和理论成本相比还有一定的差别，这些差别主要表现在如下几个方面：

(1) 在实际工作中，产品成本的开支范围是由国家通过有关法规制度加以界定的。国家规定的成本开支范围与理论成本不一致，一些不形成产品价值的支出也被规定计入产品成本，这就使实际成本范围大于理论成本。如工业企业的废品损失、停工损失等损失性支出，从其性质看，它并不形成产品的价值，不属于产品的生产性耗费，而是纯粹的损耗，因而不属于理论产品成本的范围。但是，在会计实务工作中，出于有利于经济核算的要求，要将其计入成本中，以达到促使企业减少生产损失的目的。

(2) 在实际工作中，计算产品的实际成本需要将各项费用按一定的标准进行分类，部分计入产品成本，部分计入期间费用，如何分类取决于成本核算制度。

按照我国有关法规制度的现行规定，工业企业采取制造成本法计算产品成本。企业在生产经营中发生的全部劳动耗费就相应地划分为制造成本（生产成本）和期间费用两大部分。

产品的制造成本是指为了制造产品而发生的各种费用总和，包括原材料费用、生产工人的薪酬和全部制造费用。

期间费用包括管理费用、销售费用和财务费用。在制造成本法下，这些费用不计入产品成本，而是直接计入当期损益。

(3) 理论成本的概念主要是针对产成品成本而言的。在实际工作中，为了加强企业的成本管理而使用的成本概念不拘泥于产成品，其内涵超过了产品成本的范围，如可控成本、机会成本等。

当然，对成本实际开支范围与成本经济实质的背离，必须加以严格限制。否则，成本的计算就失去了理论依据。

(二) 成本的作用

成本作为一个客观存在的经济范畴，在经济管理中发挥着重要的作用。

1. 成本是补偿生产经营耗费的"尺子"

比如，我们经营一家小餐馆，在取得每份餐食的销售收入中，必须要把店面费、制作餐食的原料费、电费、水费以及支付给厨师等人员的薪酬等相当于成本的数额划分出来，用于补偿生产耗费。这样，成本就成为补偿耗费的"尺子"。

企业从事生产经营发生的资金耗费，只有从取得的收入中得到补偿，才能保证生产经营在原有规模上继续进行。将产品成本与产品收入相比较，可以判断资金耗费能否得到补偿，能在多大程度上得到补偿。如果企业的产品销售收入小于其相关的成本，表明企业的资金耗费未能全部得到补偿，原有生产经营规模将难以维持，企业必须通过增加收入和降低耗费来弥补资金的不足。相反，如果企业的产品销售收入大于其相关的成本，则表明企业的资金耗费不仅能全部收回，而且能得到一个资金增量，可用于扩大生产经营规模。

2. 成本是制定价格的依据

产品的定价是一项复杂的工作，应考虑的因素很多，比如国家的价格政策及其他经济政策、各种产品的比价关系、产品在市场上的供求关系和产品的市场竞争力等。无论出于何种考虑，企业在制定产品价格时首要的原则是价格要高于产品成本。成本是制定价格的最低经济界限，销售价格不小于成本是企业生存的起码条件。当然，这并不排斥作为一种营销策略或权宜之计，企业将产品低于成本出售的情况。但从长期来看，只有当销售价格高于成本时，企业才能盈利，这是企业生存和发展的基本前提。可见，成本是制定价格的依据。

从市场方面看，企业的产品能按一定的价格出售，标志着社会对其劳动价值的认可，出售价格的高低反映其价值的实现程度和市场竞争力。从企业方面看，成本是价值中物化劳动和活劳动的货币表现，是价值的主体部分，反映已经垫付的各种劳动耗费，必须通过出售产品，按产品价格实现销售、获得销售收入、取得补偿，否则就无法维持简单再生产。

3. 成本是综合反映企业各项工作质量的重要指标

成本是一个非常量化的指标。企业在经营管理中各方面工作业绩，如企业生产经营的规模、品种、质量和结构、劳动生产率、材料消耗、设备利用程度、资金运用、生产和劳动的组织等，都会在成本中直接或间接地表现出来。

因此，成本作为衡量企业各项工作质量的综合指标，始终是企业核算和管理的重要内容。企业只有加强成本的监督和控制，才能不断提高经济效益和管理水平。

4. 成本是企业进行经营决策的重要参考

企业的发展归根到底是为了盈利。企业的任何生产经营决策，其最终目标都是提高经济效益，这就必然涉及"所得"与"所耗"的比较，而"所耗"即成本费用。企业在市场上的竞争，表面上是质量和价格的竞争，但实际上是成本费用的竞争。因此，任何企业进行重大经营决策时，都要运用有关成本数据，分析和比较决策方案的经济效益，以便权衡利弊。值得注意的是，现实成本数据只能作为决策的参考，而不能作为决策的依据，因为在产品质量和数量、管理水平及技术水平等诸多因素的影响下，成本是动态变化的，所以企业在对未来经营进行决策时，应在现实成本的基础上正确预测成本变动趋势。

二、成本会计及其产生发展

作为会计的一个重要分支，成本会计是一种专业会计，其产生和发展经历了一个不断完善的过程。

(一) 成本会计的含义

成本会计的含义有广义与狭义之分。狭义的成本会计是指进行成本核算的成本会计；广义的成本会计则指进行成本预测、决策、计划、控制、核算、分析、考核和检查的成本会计，即成本管理。严格来说，狭义的成本会计是广义的成本会计的基础，而广义的成本会计是狭义的成本会计的延伸与拓展。本教材着重沿用狭义的成本会计概念。

(二) 成本会计的产生与发展

成本会计是现代会计的一个分支，是社会生产发展到一定阶段的产物，成本会计是产业革命的产物，并随着社会商品经济的发展逐步完善。

1. 成本会计的初创阶段

在资本主义初期，企业主为了确定经营盈亏，就试图计算成本。开始，成本只估计一个大概值，后来逐步用统计方法计算成本，但准确性较差。到了 19 世纪末至 20 世纪初，随着产业革命的完成，企业数量增多，规模逐渐扩大，企业之间的竞争加剧，工业界对成本资料的需求更加迫切，生产成本受到足够的重视。为了满足各方面对成本信息的需要，提高成本计算的准确性，企业开始将成本计算工作交由会计人员承担，并逐步使成本记录与会计账簿一体化，形成了一套较为完整的成本计算方法和理论体系，这就是成本会计的初创阶段。

2. 近代成本会计阶段

从 20 世纪初至 20 世纪中叶，世界经济发展迅速，企业竞争更趋激烈，企业外部生存环境日趋复杂。为了在市场竞争中处于有利地位，企业特别注意对内部管理工作的改进，注重事前的预测、决策、控制和考核环节，将管理的重心由事后移向事前。作为企业内部管理的重要方面，成本管理的表现尤为突出。因为企业要想在竞争中求生存、争取市场，首先就要降低成本；如果想大幅度降低成本，必须在投产前就对产品的设计、结构、工艺、生产的组织安排等进行周密的考虑，使设计出的产品成本达到最低。为此，就要做好成本预测，制定目标成本。这表明商品经济的发展客观上要求成本会计由事后的核算向事前的预测、决策、控制拓展。

这个阶段成本会计的标志性的成果是：

(1) 标准成本制度的应用。

(2) 预算控制方法的完善。

(3) 形成了独立的成本会计学科。

3. 现代成本会计阶段

20 世纪中叶以后，企业又在成本控制环节上建立了按责任归属考核成本控制业绩的责任成本制度，实施以效绩评价为中心的目标管理。标准成本、预算管理、差异分析等技术方法引入会计工作后，成为成本会计的有机组成部分，变动成本法和责任成本制度又使成本会计的内容更为充实。电子计算机处理数据的广泛运用，现代数学、数理统计方法的渗透，都有力地推动了成本会计职能的发展，使成本会计形成了一套较为完善的方法和理论体系，标志着成本会计已趋成熟。这时的成本会计，其内容已不再仅仅是对成本的事后核算，而且还扩展到了事前的成本预算和全过程的成本控制，从而使成本会计的职能由成本核算扩大到了成本预算、成本控制和成本分析等方面。

20 世纪 80 年代前后，现代高科技广泛应用于生产和管理之中，电脑化、自动化程度显著提高，给成本会计的求新发展提供了更为可能的客观条件。同时，企业对降低成本、提高经济效益的主观要求更高。管理者们借助高科技手段，在实施全面质量管理制度的同时，力图将企业的消耗与最终产品直接挂钩，把企业中所有作业区分为能为最终产品增加价值的作业和不能为最终产品增加价值的作业两大类，在同全面质量管理紧密相连的前提下，保证前者，缩减后者。这种被称为适时制的管理思想，对成本的计量工作要求更高，从而诱发了一种新的成本计算方法，即作业成本法。此法虽然运用并不广泛，但有些学者仍将其视为一种发展趋势，称为成本会计的最新发展阶段。这表明了成本会计的发展仍在继续。由此可见，随着经济的发展，成本会计在企业管理中起到了越来越重要的作用。

第二节/成本会计的对象、职能和任务

一、成本会计的对象

成本会计的对象是指成本会计反映和监督的内容。在不同的行业，因其生产经营管理的过程、方式及内容不同，成本会计的对象也有所不同。

(一) 工业企业成本会计的对象

工业企业的主要经营活动是材料物资采购、产品生产和产品销售三个环节，其中产品生产是中心环节。在产品的直接生产过程中，即从原材料投入生产到产成品制成的过程中，要

发生各种各样的生产耗费。这一过程中的生产耗费,概括起来包括劳动资料与劳动对象等物化劳动耗费和活劳动耗费两大部分。其中:房屋、机器设备等作为固定资产的劳动资料,在生产过程中长期发挥作用,直至报废而不改变其实物形态,但其价值则随着固定资产而磨损。通过计提折旧的方式,逐渐地、部分地转移到所制造的产品中去,构成产品生产成本的一部分;原材料等劳动对象,在生产过程中或者被消耗掉,或者改变了实物形态,其价值也随之一次全部地转移到新产品中去,构成产品生产成本的主要部分;生产过程是劳动者借助于劳动工具对劳动对象进行加工、制造产品的过程,通过劳动者对劳动对象的加工,才能改变原有劳动对象的使用价值,并且创造出新的价值来。其中,劳动者为自己劳动所创造的那部分价值则以工资的形式支付给劳动者,用于个人消费,因此,这部分工资也构成产品生产成本的一部分。具体来说,在产品的制造过程中发生的各种生产耗费,主要包括原料及主要材料、辅助材料、燃料等的支出,生产单位(如分厂、车间)固定资产的折旧,直接生产人员及生产单位管理人员的薪酬以及其他一些货币支出等。这些支出就构成了企业在产品制造过程中的全部生产费用,而为生产一定种类、一定数量的产品而发生的各种生产费用支出的总和就构成了产品的生产成本。上述产品制造过程中各种生产费用的支出和产品生产成本的形成,是成本会计应反映和监督的主要内容。

在产品的销售过程中,企业为销售产品会发生各种各样的费用支出,以及专设销售机构的人员工资和其他经费等就构成了企业的销售费用;企业的行政管理部门为组织和管理生产经营活动,也会发生各种各样的费用,统称为管理费用;此外,企业为筹集生产经营所需资金等也会发生一些费用,统称为财务费用。这些费用都是企业在生产经营过程中所发生的一些重要费用,它们的支出和归集过程,也应该成为成本会计所反映和监督的内容。

上述销售费用、管理费用和财务费用,与产品生产没有直接联系,而是按发生的期间归集,直接计入当期损益,构成了企业的期间费用。

综上所述,按照企业会计准则和会计制度的有关规定,可以把工业企业成本会计的对象概括为:企业生产经营过程中发生的“生产经营业务成本和期间费用”。

(二) 商品流通企业成本会计的对象

商品流通企业的主要经营活动是商品的采购和销售。因此,商品流通企业的成本会计对象是商品采购成本和商品销售成本,以及各项商品流通费用。为了简化核算,商品的采购成本和商品销售成本按直接进价确定,不包括相关费用。商品流通费用是商品流通企业的经营管理费用,包括为采购、储存、销售商品发生的经营费用,以及在经营管理中发生的管理费用和财务费用。这些费用虽然不计入商品的采购成本和销售成本,但直接影响当期损益核算,应当作为成本会计的对象。

(三) 其他行业企业成本会计的对象

其他行业企业成本会计的对象,总的来说是计入成本和不计入成本的相关费用,但不同行业的生产经营特点不同,其核算和监督的内容亦各不相同。

(1) 旅游、饮食服务业主要是为人们提供旅游观光、临时食宿和其他生活服务、其成本会计的对象是营业成本以及不计入营业成本的销售费用、管理费用和财务费用。

(2) 施工企业的基本经济活动是进行建筑工程的施工,其成本会计的对象是工程成本,以及不计入工程成本的管理费用和财务费用。

(3) 房地产开发企业主要从事房屋和土地的开发，其成本会计的对象是房屋和土地的开发成本，以及不计入开发成本的销售费用、管理费用和财务费用。

(4) 交通运输企业主要从事公路、铁路、航空和水上运输，其成本会计的对象是各种运输成本，以及不计入运输成本的管理费用和财务费用。

(5) 农业企业主要从事种植、畜牧、水产等类产品的生产，其成本会计的对象是各种农产品的生产成本，以及农业企业发生的销售费用、管理费用和财务费用。

由此可见，成本会计的对象既包括生产经营成本，又包括各种相关费用，可以概括为：各行业企业经营业务的成本和有关的经营管理费用，简称成本、费用。因此，成本会计实际上是成本、费用会计。

二、成本会计的职能

成本会计的职能是指成本会计在企业经营管理中能够发挥的功能。由于现代成本会计与管理的紧密结合，使得成本会计兼具财务会计职能和管理会计职能。实际上成本会计的职能包括了成本管理的各个环节。成本会计的职能是随着社会经济的发展和管理水平的提高而不断扩大的。现代成本会计职能包括：成本核算、成本监督、成本预测、成本决策、成本计划、成本控制、成本分析、成本考核等。其中，成本核算和成本监督是成本会计的基本职能；其他则为成本会计的派生职能。

(一) 成本核算

成本核算是根据企业确定的成本计算对象，采用相适应的成本计算方法，按规定的成本项目，通过一系列的生产费用汇集与分配，从而计算出各成本计算对象的实际总成本和单位成本。

(二) 成本监督

成本监督是指按照一定的目的和要求，监督各项生产经营耗费的合理性、合法性和有效性，以达到预期的成本管理目标的功能。

企业为了达到自己预期的经营目标，不仅要制订计划、分配资源和组织计划的实施，而且必须进行有效的监督，以使各项经济活动符合有关规定的要求。成本会计的监督是会计监督的重要组成内容，是对经济活动进行监督的一个重要方面。

成本会计的监督，包括事前、事中和事后监督。首先，成本会计应从经济管理对降低成本、提高经济效益的要求出发，对企业未来经济活动的计划或方案进行审查，并提出合理化建议，从而发挥对经济活动的指导作用；在反映各种生产经营耗费的同时，进行事前的监督，即以国家的有关政策、制度和企业的计划、预算及规定等为依据，对有关经济活动的合理性、合法性和有效性进行审查，限制或制止违反政策、制度和计划、预算等的经济活动，支持和促进增产节约、增收节支的经济活动，以实现提高经济效益的目的。其次，成本会计要通过成本信息的反馈，进行事中、事后的监督，也就是通过对所提供的成本信息资料的检查分析，控制和考核有关经济活动，从中及时总结经验，发现问题，提出建议，促使有关方面采取措施，调整经济活动，使其按照规定的要求和预期的目标进行。

(三) 成本预测

成本预测是根据有关成本数据和企业具体情况，运用一定的技术方法，对未来的成本水平及其变动趋势作出科学的估计。它可以为成本决策、成本计划和成本控制提供及时有效的信息，提高成本管理的科学性和预见性，减少生产经营管理的盲目性。

在成本管理的许多环节中都存在预测问题。如产品结构和生产工艺设计或改革的成本预测；编制计划前对成本降低幅度的预测；计划执行中成本变动趋势的预测等。

（四）成本决策

成本决策是在成本预测的基础上，结合其他有关资料，运用一定方法，选择最优方案的过程。进行成本决策、确定目标成本是编制成本计划的前提，也是实现成本的事前控制、提高经济效益的重要途径。

（五）成本计划

成本计划是根据成本决策所确定的方案、计划期的生产任务、降低成本的要求以及有关资料，通过一定的程序，运用一定的方法，以货币形式规定计划期产品生产耗费和各种商品成本水平，并提出保证成本计划顺利实现所应采取的措施。通过成本计划管理，可以在降低产品成本方面给企业提出明确的奋斗目标，推动企业加强成本管理责任制，增强企业全体职工的成本意识，控制生产费用，挖掘降低成本的潜力，保证企业成本降低任务的完成。

（六）成本控制

成本控制是根据预定的目标，对成本发生和形成过程以及影响成本的各种因素和条件施加主动的影响，以实现最低成本和保证合理的成本补偿的一种行为。从企业生产经营过程来看，成本控制包括成本的事前控制、事中控制和事后控制。成本事前控制是整个成本控制活动中最重要的环节，它直接影响以后产品制造成本和使用成本的高低。事前成本控制活动主要有建厂的成本控制，新产品研制设计的成本控制，老产品改进的成本控制，生产工艺改进的成本控制，等等。成本的事中控制是对制造产品实际劳动耗费的控制，包括原材料耗费的控制、人工耗费的控制，劳动工具耗费的控制和其他费用支出的控制等方面。成本的事后控制是通过定期对过去某一段时间成本控制的总结、反馈来控制成本。通过成本控制，可以防止浪费，及时揭示存在的问题，消除生产损失，实现成本目标。

（七）成本分析

成本分析是在成本核算及其他有关资料的基础上，运用一定的方法，揭示产品成本水平的变动，进一步查明影响产品成本变动的各种因素、产生的原因以及应负责任的单位和个人，并提出积极的建议，以采取有效措施，进一步降低成本，并为新的经营决策提供依据。

（八）成本考核

成本考核是定期对成本计划及其有关指标的实际完成情况进行总结和评价，意在鼓励先进，鞭策后进，以监督和促进企业加强成本管理责任制，履行经济责任，提高成本管理水平。各责任者（部门、单位和执行人）均为成本考核的对象，根据干什么、管什么、算什么的原则，按责任的归属来核算和报告有关的成本信息、评价其工作业绩。成本责任以岗位所控制的成本为界限，在计算时要剔除外来因素对成本变动的影响。成本考核一般应与一定的奖励制度结合起来，以调动各责任者努力完成目标成本的积极性。

上述各项成本管理活动的内容是互相配合、互相依存而形成的一个有机整体。成本预测是成本决策的前提,成本决策是成本预测的结果;成本计划是成本决策所确定目标的具体化;成本控制是对成本计划的实施进行监督,保证决策目标的实现;成本核算则既为成本预测、决策、计划提供参照数据,也是对决策目标是否实现的最后检验,还为成本分析和考核提供依据。决策目标未能达到,不外乎两个原因:一是决策本身的错误;二是计划执行过程中的缺点。只有通过成本分析,才能查明原因,并对决策正确性作出判断;成本考核是实现决策目标的重要手段。

上述各项成本会计职能中,成本核算是基础,其他各项职能都是在成本核算的基础上,随着商品经济、管理科学的发展和企业经营管理要求的提高而逐步发展形成的。目前,这些发展了的成本会计的职能也可以并入管理会计的职能中,因此,为避免重复,本书将以成本核算为主,兼顾成本分析。

三、成本会计的任务

成本会计工作的根本任务是为企业的生产经营管理提供成本数据和信息,并在保证产品质量的前提下,促使企业尽可能节约产品生产经营过程中的物化劳动和活劳动的消耗,不断提高经济效益。围绕着这一根本任务,根据企业经营管理的要求,适应成本会计对象的特点,成本会计的具体任务包括以下几个方面。

(一) 正确计算产品成本,及时提供成本信息

成本计算是成本核算的具体工作,是成本会计的关键和基础。企业的成本信息,主要来源于成本计算。只有在正确计算产品成本并及时提供成本信息的基础上,企业才能保证损益计算和存货估价的正确性,并有效地考核成本计划的完成情况,为成本的预测、决策、控制等提供资料,为财务报表的编制提供数据。据此,企业应严格按照成本开支范围,依据会计、财务法律、法规的有关要求,结合企业本身特点采用适应的成本计算方法,正确、及时地计算产品成本。可见,成本计算是做好成本会计工作,完成成本会计任务的基本要求。

(二) 加强成本预测,优化成本决策

成本预测和成本决策是成本会计赖以发挥更大作用的新职能,搞好成本预测,优化成本决策,亦是成本会计适应社会生产发展和现代化管理需要而承担的新任务。搞好成本预测,要兼顾事前和事中全过程的成本预测,并按一定程序,在充分占有资料的基础上采用科学的计算方法,才能确保预测的准确程度。优化成本决策,应对收集的有关信息,去伪存真、去粗取精,并在客观评价、合理判断的基础上作出正确决策,确保成本的最优化。成本预测和成本决策联系密切,搞好成本预测是优化成本决策的前提,而优化成本决策是搞好成本预测的结果。因此,将两者有机地结合起来,可为企业挖掘降低成本的潜力、提高经济效益指明方向和途径。

(三) 制定目标成本,强化成本控制

目标成本是为了保证实现目标利润而按期制定的成本控制指标。目标成本是成本控制的依据,它制定的正确与否对于成本控制的有效性有着重要影响;而成本控制是目标成本的实施过程,它的把关作用可以促使目标成本更好实现。目标成本的制定,必须以可靠的数据作为根据,采用科学的方法计算出来,并应注意既能激发职工积极性,又能经过主观努力实现,保证它的切实可行性。要加强成本控制,则必须对目标成本的分指标进行归口分级控

制，并以产品成本形成的全过程为对象，结合生产经营各阶段的不同性质和特点进行有效的控制，确保成本管理工作的改进和成本效益的提高。

(四) 建立成本责任制度，严格成本业绩考核

成本责任制是企业内部对各部门、各层次和执行人在成本方面的职责作出的规定。建立成本责任制，要求把成本责任制指标分解落实到生产经营的各部门、各层次甚至个人之上，使其直接承担一定的成本责任。同时，将责任权利结合起来形成激励机制，以增强企业活力。实行成本责任制，最好是先建立成本责任单位，随后再通过对责任成本的核算，特别是对责任单位的可控费用实际发生额的计算，对照责任成本指标确定成本差异，分析原因，提出建议，消灭不利差异，扩大有利差异，以保证成本目标的实现。成本考核是成本责任制顺利进行的保证，明确了责任就应该考核，没有考核就没有责任。通过成本业绩考核，可以分清责任，客观评价各单位工作，起到鼓励先进鞭策后进的作用。将成本的业绩考核与成本责任制结合起来，以成本责任制作为业绩考核的依据，以业绩考核作为成本责任制的总结，按考核结果予以奖惩，使成本管理的业绩与职工的切身利益紧密结合，促使企业上下一致高度重视成本的控制，提高各部门主动降低成本的积极性，自觉为企业取得更大经济效益作出贡献。

第三节 成本会计的工作组织

组织好成本会计工作，是充分发挥成本会计职能作用的根本保障。企业为完成成本会计工作任务，应科学地组织成本会计工作，建立、健全成本会计的工作机构，合理配备成本会计人员，制定并不断完善与成本会计有关的各种法规和制度。

不同的企业应当根据自身规模的大小、企业机构的设置和生产经营业务的特点等，组织成本会计工作，并在保证工作质量的前提下，注意节约工作时间和费用，不断提高工作效率。

一、成本会计机构设置

成本会计机构是处理成本会计工作的职能部门，属于企业会计机构的组成部分，成本会计组织机构的建立，必须要与企业的组织机构和会计组织形式相适应；与企业的生产经营特点和规模相协调；坚持精简高效的原则，实施经济责任制。成本会计机构包括领导机构和职能机构。

(一) 成本会计的领导机构

在一般企业，通常本着“技术与经济相结合”的原则来建立成本会计的领导机构，并实施“一长三师”制，即由厂长或经理、总会计师、总工程师和总经济师组成成本会计的领导机构，分工协作。厂长或经理是成本工作组织的领导者，对本单位的成本负完全责任；总会计师、总工程师、总经济师应从经济、技术以及两者的结合上组织企业成本工作。

成本会计领导机构负责制定企业成本会计工作的基本方针和政策，批准成本会计工作

制度；建立健全企业成本会计的组织机构和工作程序；审定企业目标成本，审批成本计划和费用预算，决定各项降低成本的方案等工作。

（二）成本会计的职能机构

成本会计的职能机构是企业内部直接从事成本会计工作的组织机构。大中型企业一般要在会计机构中单独设置成本会计机构，而规模较小的企业里，一般是在会计部门中指定专人负责成本会计工作。以制造业为例，由于成本会计管理的重要性和复杂性，通常应视企业规模的大小和生产经营管理的特点，设置若干层次的专门成本会计机构。一般在厂部会计机构内设置成本会计科（组），在厂级各有关职能部门和下属车间（班组）设置成本会计组或者配备专（兼）职成本会计人员，厂部成本会计机构负责对企业内部各级成本会计机构进行业务上的指导和监督。

成本会计的职能机构负责制定本企业成本会计制度，组织成本的集中统一管理，为企业领导提供各种成本信息；进行预测决策，编制企业成本计划，并将其分解下达各部门和车间；组织各级成本核算和管理；实行成本控制，负责监督各部门生产费用支出，正确核算企业产品成本；检查、评价和考核企业成本计划的执行情况等。

在成本会计机构内，可以按成本会计的职能进行组织分工，将厂部成本会计科室分为成本预测决策组、成本计划控制组、成本核算组和成本分析考核组。也可以按成本会计的对象进行组织分工，如分产品成本组、经营管理费用组和专项成本组。但无论采用哪一种组织分工，都应当建立必要的工作程序，并根据分工职权范围落实岗位责任制。

成本会计职能机构可以采用集中核算和非集中核算两种不同的工作形式。

1. 集中核算的组织形式

集中核算的组织形式是指企业的成本会计工作，主要由厂部成本会计机构集中进行；车间等其他单位的成本会计机构或人员只负责原始记录和原始凭证的填制，并对它们进行初步的审核、整理和汇总，为厂部成本会计机构进一步工作提供基础资料。

2. 非集中核算方式

非集中核算方式也称分散核算方式，是指成本会计工作中的计划、控制、核算和分析。分散核算由车间等其他单位的成本会计机构或人员分别进行；成本考核工作由上一级成本会计机构对下一级成本会计机构逐级进行。厂部会计机构除对全厂成本进行综合的计划、控制、分析和考核以及汇总核算外，还应负责对各下级成本会计机构或人员进行业务指导和监督。

两种方式比较而言，集中核算方式的优点是厂部成本会计机构可以比较及时地掌握企业有关成本的全面信息，便于集中电算化数据处理，还可以减少成本会计机构的层次和成本会计人员的数量；其缺点是不便于实行责任成本核算，不便于直接从事生产经营活动的各单位及时掌握本单位的成本信息，因而不利于调动其自觉控制成本费用、提供经济效益的积极性。非集中核算方式的优缺点与集中核算方式恰恰相反。

企业可根据其规模大小、内部各单位经营管理的要求与成本会计人员的配备状况，从有利于充分发挥成本会计的作用、提高工作效率的角度出发，来选择成本核算的方式。一般而言，大中型企业因其生产经营的规模大，组织结构相对复杂，会计人员数量多，更适合采用非集中核算的方式，可以充分调动各级、各部门控制成本费用，提高经济效益的积极性；而小型企业多采用集中核算的方式，便于提高成本会计工作的效率，减少成本管理的投入。在实际工作中，为了扬长避短，也可将两种方式结合起来运用，即在同一个企业内，一些单位采用集中方式，而另一些单位采用非集中方式。

二、成本会计人员配备

成本会计人员是指专门从事成本会计工作的专业技术人员。企业应当根据业务量的大小在成本会计机构中配备数量适当、素质合格的专(兼)职成本会计人员。国家对会计人员的技术职称范围有明确规定，这些规定同样适用于成本会计人员。

成本会计人员应当承担的义务包括：认真履行自己的职责，做好本职工作；围绕降低成本费用、提高经济效益的基本任务，提出改进经营管理的建议，参与企业生产经营决策，当好企业领导的参谋；坚持原则，遵守和严格执行成本会计规范，并结合实际做好宣传解释工作；加强学习，树立良好的职业道德，精通业务，不断提高素质等。

成本会计人员应有的权利包括：有权要求企业有关单位和职工认真执行成本计划，严格遵守有关法规和制度；有权参与制订企业生产经营计划和各项定额，参加各类与成本有关的会议；有权督促检查企业内部各单位执行成本计划和有关法规、制度的情况等。

企业成本会计机构的负责人是企业成本会计工作的领导者、组织者，应在企业总会计师和会计主管人员领导下工作。其主要职责有：按照有关的法规和制度，结合本企业的实际情况，拟订企业的成本会计制度或办法，并督促成本会计人员和有关职工贯彻执行；经常总结经验，不断改进工作，使企业的成本会计工作更好地适应社会主义市场经济的需要；组织成本会计人员学习有关的业务理论和业务技术，不断更新专业知识，并对成本会计人员进行定期考核；参与研究成本会计人员的任用和调配。

三、建立成本会计规范

成本会计规范是指从事成本会计工作必须遵守的有关法规、制度、规程和办法等，是企业会计规范的重要组成部分。制定和执行成本会计规范的目的是使成本会计工作有章可循，保证成本会计资料真实可靠、及时适用。

对于企业来说，成本会计工作应执行的成本会计规范按是否由企业制定划分，可分为外部规范和内部规范。成本会计的外部规范由国家根据宏观管理的需要制定，企业必须无条件执行，这些规范主要包括《中华人民共和国会计法》和《企业会计准则》等；成本会计的内部规范由企业根据国家的有关规定，结合企业自身的实际情况制定并在企业内部执行。例如，成本计划编制方法，成本核算制度，成本费用定额管理制度，物资收发、计量和盘存制度，成本报表制度，成本预测、决策、控制、分析和考核等管理制度，内部价格和结算制度，责任会计制度等，都是企业内部的成本会计规范。

企业成本会计机构的成本会计人员，应该在总会计师和会计主管人员的领导下，按照上述法规和制度，分工协作、互相配合，并且组织职工共同做好成本会计工作。

【知识链接】

钢铁大王安德鲁·卡耐基说："顶住成本，利润就会随之而来。"

在市场上，企业竞争是不可避免的，企业竞争的优势说一千道一万，只有两种：一是低成本优势，二是差异化优势。从"利润＝收入－费用"的公式可知，增加利润的大方向只有两个：一是增加收入，二是减少费用。扩大市场占有率，把收入放在第一位的，就是企业的差异化战略;减少费用、增加利润、体现效率的,称为成本战略。成本领先战略是传统企业广泛采用的方法,人们常说的利润三大源泉都是从成本来说的。

(资料来源:詹姆斯雷夫.成本管理研究[M].大连:东北财经大学出版社,1998.)

【关键术语】

成本　成本会计　成本会计机构　成本会计人员　成本核算工作形式

【问题思考】

1. 成本的经济实质是什么?
2. 理论成本和实际工作中的成本有哪些联系与区别?
3. 成本会计机构应怎样设置?
4. 成本会计的对象、职能和任务是什么?
5. 什么是集中核算方式和非集中核算方式?各自的优缺点是什么?

【案例分析】

宝钢持续改善成本　扩大竞争优势

成本优势决定产品竞争优势。宝钢 2010 年年度会议指出:"一个优秀企业,任何时候都会坚持不懈地挖掘潜力,持续改善成本。"在当前激烈的市场竞争中,"成本"是一道迈不过的坎,忽视成本或者把成本改善作为一种短期行为,抱着应付的心态来对待,那必然会绊倒在"成本"这道坎上。

成本就是竞争力

自投产以来,宝钢一向重视成本管理,并在成本改善活动中取得了非常大的成效。但是面对当前全球经济复苏的极不稳定性和复杂性,面对我国钢铁行业进入结构调整的关键时期,以及宝钢二次创业的起步,我们长期形成的高成本体制迫切需要得到根本改变,成本竞争力有待进一步提高。否则,成本问题将成为制约宝钢下一步发展的瓶颈问题。我们必须充分认识到,成本改善是实现宝钢二次创业的一项长期战略任务,是下一轮规划的重要举措之一。

成本管理是企业永恒的主题,企业管理的一个根本任务就是持续改进和降低成本。管理大师彼得·德鲁克对成本有一句非常精辟的话,他说:"在企业内部,只有成本。"足见管理大师对成本的深刻见解。美国钢铁大王卡耐基也对成本极其关注,他会经常询问部门负责人有关成本变动的原因。卡耐基的注意力集中在经营比率的成本方面,集中在将每个业务单位的当下成本与以前月份进行比较,并与其他企业进行比较。他对成本之所以如此感兴趣,是因为他清楚地知道:"盯住成本,利润就会随之而来"。

在金融危机中,全体宝钢员工都深刻体会到了成本的重要性。成本就是企业的生死线,去年,当某产品的市场价格低于变动成本时,宝钢果断作出了限产的决定,而这也是宝钢投产以来第一次限产。这就是市场规律——如果成本不能低于市场价格,企业将无法生存。

可见，成本就是市场优胜劣汰的依据，成本就是企业的竞争力。在同质化产品竞争日益激烈的今天，如果成本不能低于竞争对手，企业将无法取得持续的竞争力优势，从而失去发展后劲。

当前，市场形势有所好转，但经济危机尚未过去，我们不能有丝毫的侥幸心理，尤其对于成本改善工作不能有任何松懈的思想，要继续坚持和完善在金融危机中形成的好的做法和措施，切实形成持续的成本改善体系，彻底改变以往的高成本体制和高成本习惯。

以多种方式推进低成本战略

一般来说，钢铁企业达到低成本目标有以下两条途径：一是更好地管理价值链的成本驱动因素，即通过规模经济、技术创新、工艺改进等措施，控制原料成本、生产率、生产能力利用率等，降低铁水成本、库存成本、质量成本、能源使用成本等；二是优化公司的价值链，省略或改造一些高成本的价值链活动，通过削减产品或服务的附加值、建立用户导向的产销研体系、推行阳光采购等措施来降低维修成本、销售成本、采购成本等。

结合宝钢经营规模扩大、兼并收购企业增多的实际，我们认为，不同产业单元除了继续着力培养低成本的企业文化，形成员工共同价值观之外，更重要的是，要探讨采用多种不同的成本管理模式，并使之固化。

比如，一些钢铁生产单元可采取中低端产品定位下的成本领先模式。钢铁消费具有多元化、多层次结构的特点。在中国加快城镇化进程的大背景下，非精品钢的市场也相当广阔。宝钢可通过优化公司价值链，省略或改造一些高成本的价值链活动，实施中低端产品的规模经济，达到同行业成本领先的目标。宁波钢铁重组后，明确提出了“坚持市场需求驱动，低成本、高效率”的经营策略，建立了具有宁钢特色的产供销协同的目标成本管控模式，取得了显著成效。

而钢铁精品的生产单元应建立精品战略下的低运行成本模式。宝钢钢铁主业选择了“精品＋规模”的发展战略。“精品”是第一位的，在任何时候都不能丢掉“精品意识”。但是，实行精品战略的企业，同样可以通过技术创新、工艺改进等方式，控制成本驱动因素来达到降低成本、提升竞争优势的目的。宝钢股份热轧厂在金融危机中，最大限度地发挥产能、降低能耗，摸索出了一套低负荷状态下热轧产品的生产运行模式，就是一项可供借鉴的成功案例。国内外成本改善的优秀实践，如沙钢的投资成本控制、长短生产流程的动态调整；浦项的过程创新、技术改造等，都为宝钢各钢铁单元根据产品定位，建立适合自己的低成本管理模式，从根本上解决成本问题，提供了有价值的借鉴。因此，宝钢成本改善虽压力很大，但潜力更大。

（资料来源：宝钢新闻中心，2010-6-1。http://www.baosteel.com/baosteel pc/supplement/ShowArticle.asp）

【案例思考】

1. 成本的作用是什么？
2. 如何有效地改善企业成本？

【案例提示】

成本是企业各项管理活动的综合体现，关系着企业的生死存亡，一旦一个企业的制造成本高于市场价格，也就意味着这个企业将面临生存危机。成本作用表现为：成本是补偿生产经营耗费的"尺子"，是制定价格的根本，是综合反映企业各项工作质量的重要指标，是企业进行经营决策的重要依据。

成本改善活动是一项长期任务，涉及企业管理的方方面面，这决定了成本改善的重要性和持续性，以及广泛性。众所周知，一个产品的制造成本是由维持企业整体运转的综合成本决定的，因此成本改善不仅是生产单元的事，更是企业各部门、各环节的事。国外许多先进企业把挖潜增效纳入员工工作内容，并将其提升到"成本战略"的高度。有效改善企业成本必须实施全员成本管理。

本章练习

姓名______
学号______
分数______

扫二维码获得更多
本章习题及案例

实训案例

某小型家族企业为降低管理成本，对生产过程中的材料消耗根据实际消耗数量进行核算，没有考核标准。因而各月之间成本的波动较大，而且领用材料的计量不够准确，对于不能点数的材料采用目测的方法估算。鉴于存在的成本管理的问题，企业老板决定整改。

要求：请为该企业改进成本会计核算工作提供建议。

章前导引

第二章 工业企业成本核算的要求和一般程序

教学目标

本章主要介绍成本核算的要求，正确划分各种费用界限过程；费用按经济内容和按用途的分类；成本核算的一般程序。通过学习理解成本核算的要求，掌握成本费用的分类，掌握成本核算的一般程序，具备设置成本核算所需账户的应用技能。

第一节 成本核算的要求

成本核算就是依据国家的法规制度和企业经营管理的要求，对生产经营过程中发生的各项成本费用，按照一定的对象和标准进行归集和分配，从而计算出各个成本核算对象的总成本和单位成本，并进行相应的账务处理，以提供有用可靠的成本信息。

成本核算是成本会计工作的核心内容，是成本会计的基本任务。加强成本核算，对企业寻求降低成本费用的途径，提高企业经营管理水平，增加企业利润，具有重要意义。

为了更好地发挥成本核算的作用，在成本核算工作中，应遵循以下要求。

一、算管结合、算为管用

算管结合、算为管用，即成本核算应该满足成本管理的需求。成本核算应该与企业的经营管理相结合，成本核算应为企业管理和决策提供有用的成本信息。算管结合、算为管用是成本核算的总体性要求。

一方面成本核算要遵循国家的各项法规、制度和企业成本核算制度，包括各项成本计划、定额等内部核算制度，严格执行国家规定的成本开支范围，加强对各个环节成本费用的审核和控制；另一方面成本核算还要从管理的要求出发，成本核算应做到分清主次，繁简适当，粗细合理，防止为算而算，正确及时地为成本分析、成本考核、成本决策等提供成本管理需要的资料。

二、正确划分各种费用界限

为了正确核算生产费用和期间费用，正确计算产品成本，必须分清以下几个费用界限。

(一) 正确划分生产经营管理费用和非生产经营管理费用的界限

工业企业的经济活动涉及多个方面,不同用途的支出项目很多,哪些属于生产经营费用项目,哪些属于非生产经营费用项目,在成本开支范围里都有规定,核算时要分清楚。为了分清这些项目,要对企业的资本性支出、收益性支出、营业外支出等项目区分清楚。该界限分不清楚,会造成乱计成本或少计成本,影响成本计算的正确性。

(二) 正确划分生产费用和期间费用的界限

企业发生的生产经营费用中,用于产品生产的生产费用会按照核算对象的不同计入产品成本,随着产品的完工和出售形成本期的销货成本,或形成期末存货。而本期发生的销售、管理和财务费用则作为期间费用,直接计入本期损益。因此为了正确计算各期损益和产品成本,防止调节各期产品成本和各期损益,必须划分清楚生产费用和期间费用的界限。

(三) 正确划分各个月份的费用界限

企业会计准则要求按月反映其财务状况和经营成果,企业管理要求按月分析和考核成本计划执行情况和结果,因此必须划分清楚各个月份的费用界限。按照权责发生制原则,属于本期发生的成本费用在本期入账,不得提前或延后入账,本月支出但属于以后期间的作为预付或待摊费用,属于本期费用但尚未支付的计为应付或预提费用。为了防止人为调节各月成本费用和各月损益,必须划分清楚各个月份的成本费用界限。

(四) 正确划分各种产品的费用界限

生产多种产品的企业,为了分析和考核各种产品成本的计划完成情况和正确计算各种产品的单位成本,进行成本核算时,计入本期产品成本的生产费用还必须在各种产品之间划分清楚。属于某种产品单独发生的费用,直接计入该种产品的成本中。属于几种产品共同发生的间接计入费用,应采用一定的方法,分配计入各种产品成本中。划分各种产品费用界限时,要防止在盈利产品与亏损产品、可比产品与非可比产品之间任意调节产品成本,防止以盈补亏、弄虚作假的情况。

(五) 正确划分完工产品和在产品的费用界限

期末,如果某种产品全部完工,那么计入该种产品的生产费用即是该种产品的完工产品成本。如果全部未完工则即是该种产品的在产品成本。如果期末既有完工产品又有未完工产品,则要按照一定的方法,将计入该种产品的生产费用在完工和在产品之间进行分配。要防止人为调整期末在产品成本,调整本期完工产品成本的做法,保证成本计算的真实性。

上述费用界限划分中,涉及成本费用分配的,要遵循受益性原则,按照谁受益谁承担,受益多少与费用负担多少成正比的原则,选择合适的费用分配标准和费用分配方法。综上所述,成本费用划分的过程,也就是产品成本和期间费用的计算过程,费用划分得是否正确,直接影响成本核算的正确性,影响成本分析、考核等成本管理的合理性。

三、正确确定财产物资的计价和价值结转方法

工业企业在生产过程中,随着各种财产物资的耗费,生产资料的价值会转移到产品成本和期间费用中去。因此,这些财产物资的计价和价值结转方法会直接影响产品成本和期间费用的水平。涉及流动资产的计价或价值结转方法如:材料发出计价按实际成本(先进先出

法、加权平均法、个别计价法等)法或材料按计划成本法;低值易耗品和包装物的计价和摊销方法;涉及固定资产的如折旧的计算等。为了正确计算产品成本和期间费用,对各种财产物资的计价和价值的结转,都应采用既合理又简便的方法。国家有统一规定的,采用统一规定的方法。方法一经确定,要保持稳定,不得随意变动,以保证成本信息的可比性。

四、做好各项基础工作

(一) 建立健全各项原始记录制度

原始记录是对企业生产经营管理活动中的具体事实所做的最初的记录。原始记录是进行成本核算的第一手资料,是进行成本核算和管理的重要前提。与成本核算相关的原始记录资料主要包括:工时记录、产量记录、财产物资收发领用记录、费用支出的原始凭证记录,等等。企业的会计部门应会同计划、生产、人事、供销等部门,制定既符合各方面管理需要,又符合核算要求的科学易行的原始记录制度。

(二) 建立健全定额管理制度

定额是企业根据本单位当前的生产条件和技术水平,充分考虑各方面的因素,在生产经营成果的数量和质量,以及人力、物力和财力的消耗等方面所规定的应达到的标准。定额是企业制订成本计划、实施成本控制,进行成本核算和成本分析的重要依据。定额主要有消耗定额、工时定额、费用定额等。产品的各项定额是编制成本计划,分析考核成本水平的依据,也是成本核算和成本审核控制的标准。

(三) 建立健全材料物资的计量、收发、检验、领退料盘点制度

成本核算的价值量数据是以实物量数据为基础的,为了保证财产物资在实物量上的真实可靠,必须建立健全材料物资的计量、验收、领退和盘点制度。

材料、在产品、半成品等各项财产物资的内部转移,收发均应建立相应的凭证和审批手续,进行严格的计量和验收。库存的财产物资严格按照规定进行盘点。同时,对不同的对象配置必要的计量器具,并对其进行定期的校验和管理工作。建立专门的责任人负责不同的质检和审核工作,保证计量的准确性,财产物资的安全,从而账实相符。

(四) 建立健全内部结算价格制度

内部结算价格是指企业对原材料、自制零部件、半成品和内部各生产单位相互提供的劳务制定的,企业内部各部门、各生产单位之间进行结算的价格。建立健全内部结算价格制度有利于加快和简化成本核算工作和分清内部各单位的经济责任。内部结算价格的制定应根据管理的需要统一制定,尽可能接近实际,保持全年稳定,对企业内部各单位材料的领用,半成品的转移、劳务的提供应按计划价格结算,月末再按一定的方法计算价格差异,调整计算产品的实际成本。

五、适应生产特点和管理要求,采用适当的成本计算方法

产品成本是在产品生产过程中产生的,产品的生产特点包括工艺过程和生产组织的不同和企业管理要求的不同,采用的产品成本计算方法也应不同。该部分内容将在后述章节中详细阐述。

第二节 成本费用的分类

为了正确地进行成本费用的归集、分配和计算，更科学地进行成本管理，正确考核和分析成本费用的发生情况，更好地进行成本控制，有必要对企业发生的各项成本费用进行合理的分类。

一、按经济内容分类

费用的经济内容即构成费用项目本身的性质。按经济内容分类即按费用的性质分类。企业发生的各种耗费按经济内容划分，主要包括劳动对象方面、劳动手段方面、活劳动方面的费用三大类，称为费用的三大要素。为了具体反映各种费用的构成和水平，进一步划分为以下七个费用要素。

（一）外购材料

外购材料是指企业为进行生产经营而耗用的一切从外单位购进的原料及主要材料、半成品、辅助材料、包装物、修理用备件和低值易耗品等。

（二）外购燃料

外购燃料是指企业为进行生产经营而耗用的一切从外单位购进的各种固体、液体和气体燃料。

（三）外购动力

外购动力是指企业为进行生产经营而耗用的一切从外单位购进的各种动力。

（四）职工薪酬

职工薪酬是指企业为生产产品、提供劳务等发生的职工薪酬。

（五）折旧费

折旧费是指企业按照规定的固定资产折旧方法计算提取的折旧费用。

（六）利息支出

利息支出是指企业应计入财务费用的借入款项的利息支出减利息收入后的净额。

（七）其他支出

其他指出是指不属于以上各要素但应计入产品成本或期间费用的费用支出，如差旅费、租赁费、外部加工费以及保险费等。

这种分类可以反映一定时期内企业在生产经营中发生了哪些费用，数额各是多少，据以分析企业各个时期各种费用的构成和水平。这种分类反映了企业生产经营中外购材料和燃料费用以及职工薪酬的数额，因而可以为企业编制材料采购资金计划和劳动工资计划提供依据。这种分类的缺点是不能说明各项费用的经济用途，不便于分析各种费用的支出是否合理。

二、按经济用途分类

成本费用按照经济用途进行分类，即按成本费用在经营活动中的实际用途分类。先要将企业发生的费用划分为应计入产品成本、劳务成本的生产费用和不应计入产品成本、劳务成本的期间费用两大类。

（一）生产费用

生产费用又分为直接用于产品生产的直接生产费用和间接用于产品生产的间接生产费用。为了具体反映计入产品成本生产费用的各种用途，提供产品成本构成情况的资料，生产费用按经济用途进一步划分为若干项目，即成本项目。

一般来说，直接生产费用项目包括直接材料、直接人工和其他直接费用；间接生产费用项目主要指制造费用。

1. 直接材料

直接材料是指企业在生产产品和提供劳务过程中所消耗的，直接用于产品生产，构成产品实体的原料及主要材料、外购半成品（外购件）、修理用备件（备品配件）、包装物、有助于产品形成的辅助材料以及其他直接材料。

2. 直接人工

直接人工是指企业在生产产品和提供劳务过程中，直接从事产品生产的工人工资以及按生产工人工资总额和规定的比例计算提取的职工福利费。

3. 其他直接费用

其他直接费用是指企业发生的除直接材料费用和直接人工费用以外的，与生产产品或提供劳务有直接关系的费用。如直接燃料和动力费。

4. 制造费用

制造费用是指企业为生产产品和提供劳务而发生的各项间接费用以及虽直接用于产品生产，但不便于直接计入产品成本，未专设成本项目的费用（如机器设备的折旧费用）。制造费用包括车间发生的间接用于产品生产的工资和福利费、折旧费、办公费、水电费、机物料消耗、劳动保护费、季节性和修理期间的停工损失等。

企业可以根据生产特点和管理要求对成本项目的设置做适当的调整。对于在产品成本中占比重较大的费用应专设成本项目，如根据需要可专门设置“直接燃料和动力费”和“废品损失”成本项目。其中，因“直接材料”“直接人工”“直接燃料和动力费”所含内容单一，又称为单一成本项目，“制造费用”“废品损失”所含内容较为复杂，又称复合成本项目。

（二）期间费用

对于不应计入产品成本和劳务成本的非生产费用即期间费用可再继续划分为：管理费用、财务费用和销售费用。

期间费用指企业当期发生的必须从当期收入得到补偿的费用。由于它仅与当期实现的收入相关，必须计入当期损益，所以称其为期间费用。期间费用主要包括：行政管理部门为组织和管理生产经营活动而发生的管理费用，为筹集资金而发生的财务费用，为销售商品而发生的销售费用。

费用按经济用途进行分类，能够明确地反映出直接用于产品生产上的材料费用是多少、工人工资是多少，耗用于组织和管理生产经营活动上的各项支出是多少。从而有助于企业了解费用计划、定额、预算等的执行情况，控制成本费用支出，加强成本管理和成本分析。

三、生产费用的其他分类

(一) 按计入产品成本的方式分类

生产费用按计入产品成本的方式不同，可以分为直接计入费用和间接计入费用。直接计入是指分得清是哪种产品所耗用的费用，直接由该种产品承担该项费用，计入该种产品的产品成本中。间接计入费用是指几种产品共同耗用的费用，分不清哪种产品耗用的费用的多少，不能直接计入某种产品的成本中，要采用一定的标准分配计入的费用。直接生产费用可能是直接计入费用也可能是间接计入费用，间接生产费用可能是直接计入费用也可能是间接计入费用，两种分类之间没有必然关系。

(二) 按与产品产量的关系分类

生产费用按与产品产量的关系分类可分为变动成本和固定成本。变动成本是指在一定的相关范围，成本总额随着产量的变动成正比例变动的成本费用，如产品生产直接耗用的原料及主要材料，工人的计件工资等。该类成本的单位成本是固定的。固定成本是指在一定的相关范围，成本总额随着产量变动而保持相对稳定的成本费用。如生产单位管理人员的薪酬，房屋建筑物的折旧等。这类成本的单位成本随着产量的增加而减少。

费用的分类如下图 2-1 所示。

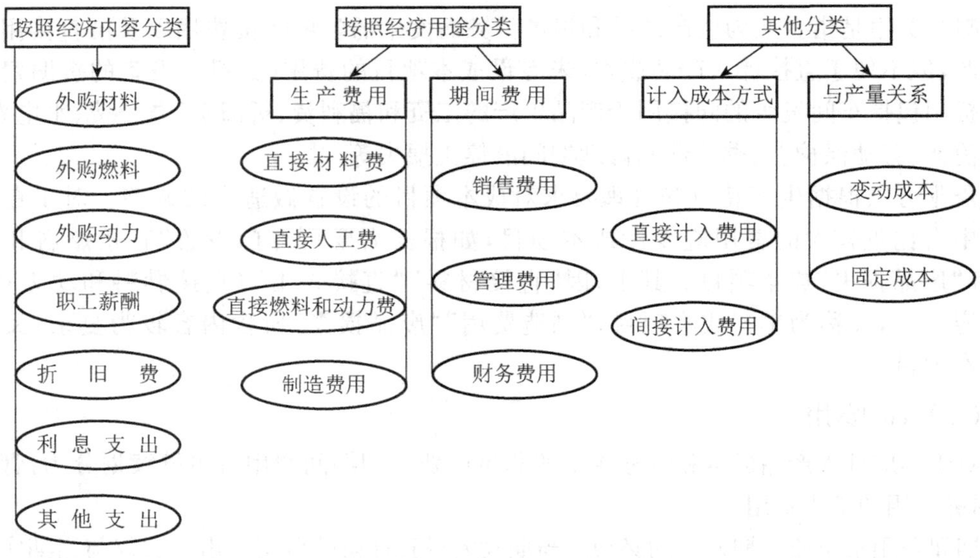

图 2-1 费用分类图

第三节 成本核算的账户设置和一般程序

为了如实地反映企业在整个生产过程中发生的各项费用，正确计算产品成本和各项费用。需要设置有关的成本费用账户，并按一定的程序组织成本费用的核算。

一、成本核算的主要科目和账户

不同行业的企业可根据行业生产特点和成本管理要求确定账户的名称，以下介绍工业企业中常涉及的成本核算需要设置的账户。

（一）“生产成市”账户

该账户核算工业企业生产发生的各项生产费用。根据生产单位的任务不同，工业企业生产可分为基本生产和辅助生产。“生产成本”账户可以根据需要下设“生产成本——基本生产成本”“生产成本——辅助生产成本”两个二级账户，或者直接将“生产成本”分设为“基本生产成本”“辅助生产成本”两个总账账户。

1.“生产成本——基本生产成本”账户

该账户核算基本生产所发生的各种生产费用，计算基本生产产品的成本。其借方登记企业从事基本生产活动的生产单位所发生的直接材料费用、直接人工费用、其他直接费用和“制造费用”账户转入的基本生产单位发生的制造费用；该账户的贷方登记结转的基本生产单位完工入库产品成本；账户期末余额在借方，表示基本生产单位期末尚未完工的在产品成本。账户按产品品种、产品批别或生产步骤等成本计算对象设置明细分类账（或称基本生产成本明细账、成本计算单），账内按成本项目设专栏或专行，格式如表 2-1 所示。

表 2-1 基本生产成本明细账

（产品成本计算单）

产品名称：×× ××××年×月

年		凭证号	摘要	成本项目			
月	日			直接材料	直接人工	制造费用	合计

如果企业生产的产品品种较多，可以按照生产单位设置基本生产成本二级账，按照成本项目汇总反映全部产品总成本。

2.“生产成本——辅助生产成本”账户

该账户核算辅助生产为全厂生产提供动力、修理、蒸汽、运输等辅助产品或劳务而发生的生产费用，用于计算辅助产品或劳务的成本。其借方登记从事辅助生产活动的辅助生产单位所发生的各项直接费用和自“制造费用”账户转入的辅助生产单位发生的制造费用；该账户贷方登记结转的辅助生产单位完工入库产品（如自制材料、自制工具等）和分配给各受益对象的已完成劳务（如运输服务）的成本。期末余额在借方表示辅助单位尚未完工的在产品的成本，如果是提供劳务的辅助生产车间其账户期末一般无余额。

该账户按辅助生产车间和辅助产品、劳务分设明细分类账。账内可按成本项目或者费用项目分设专栏或专行进行明细登记，格式如表 2-2 和表 2-3 所示。

表 2-2 辅助生产成本明细账

车间名称：××辅助车车间　　　　　　　××××年×月

年		凭证号	摘要	成本项目			
月	日			直接材料	直接人工	制造费用	合计

表 2-3 辅助生产成本明细账

车间名称：××辅助车车间

××××年×月

年		凭证号	摘要	费用项目						
月	日			材料费	人工费	动力费	折旧费	保险费	其他	合计

（二）"制造费用"账户

该账户核算企业生产车间为生产产品和提供劳务而发生的各项间接生产费用，以及虽直接用于产品生产，但未有专设成本项目的直接生产费用。该账户借方登记实际发生的制造费用；贷方登记分配转出至"基本生产成本"或"辅助生产成本"账户的制造费用；除季节性生产企业外，本账户月末一般无余额。该账户应按车间、部门设置明细分类账，账内按费用项目设专栏进行明细登记。辅助生产车间可根据需要选择是否设置制造费用明细账，如果辅助生产车间规模小、费用少，为了简化核算工作，可以不设置"制造费用"明细账，发生的制造费用内容直接登记在"辅助生产成本"账户及其明细账的借方。制造费用的格式如表 2-4 所示。

表 2-4 制造费用明细账

车间名称：××生产车间　　　　　　　××××年×月

年		凭证号	摘要	费用项目						
月	日			材料费	人工费	动力费	折旧费	保险费	其他	合计

（三）“长期待摊费用”账户

该账户核算企业已经发生但应由本期和以后各期负担的摊销期限在1年以上的各项费用，如经营租赁方式租入固定资产发生的改良支出等。该账户借方登记企业实际支付的各项长期待摊费用；贷方登记分期摊销的长期待摊费用；账户余额在借方，表示企业已经支出尚未摊销的长期待摊费用。其明细账按费用种类设置。

（四）“销售费用”账户

该账户核算企业在产品销售过程中发生的各项费用以及为销售本企业产品而专设的销售机构的各项经费。其借方登记实际发生的各项销售费用；贷方登记期末转入“本年利润”账户的金额。期末结转后该账户无余额。

（五）“管理费用”账户

该账户核算企业行政管理部门为组织和管理生产经营活动而发生的各项管理费用。其借方登记发生的各项管理费用；贷方登记期末转入“本年利润”账户的金额。期末结转后该账户无余额。

（六）“财务费用”账户

该账户核算企业为筹集生产经营所需资金而发生的各项筹资费用。其借方登记发生的各项财务费用；贷方登记应冲减财务费用的利息收入、汇兑收益以及期末转入“本年利润”账户的财务费用；期末结转后该账户无余额。

（七）“废品损失”账户

该账户用于单独核算废品损失的费用。其借方登记不可修复废品的生产成本和可修复废品的修复费用；贷方登记废品残料回收的价值、应收的赔款以及转出的废品净损失；该账户期末应无余额。“废品损失”账户按车间和品种设置明细账，账内按成本项目设置专栏或专行。

二、成本核算的一般程序

成本核算的一般程序即指根据成本核算的一般要求，将生产经营过程中发生的各项费用，按照成本计算对象，逐步进行归集和分配，最后计算出各种产品的生产成本和各项期间费用的基本过程。根据前述成本核算要求和费用分类，可将成本核算的一般程序归纳如下。

（一）确定成本计算对象

成本计算对象是成本费用归集的对象或成本费用承担的载体。工业企业成本生产费用的计算对象包括产品的品种、批别、步骤。企业按照成本计算对象设置产品成本明细账，归集生产费用。所以确定成本计算对象是进行成本计算的前提。

（二）严格审核和控制企业发生的各项费用

对企业发生的各项支出，根据国家的有关规定和成本费用开支范围，进行严格的审核和控制，确定是否应计入产品成本、期间费用，以及应计入产品成本还是期间费用。

（三）正确进行成本费用的跨期摊提工作

按照权责发生制原则，应由本期成本费用负担已经发生或支付的费用，应当摊销计入本期成本费用。本月尚未支付但应由本月负担的费用,预提计入本月的成本费用。

(四) 计入本月的各项生产费用,在各种成本计算对象之间按照成本项目进行分配和归集

即前述第四个费用界限的划分,将生产费用在横向之间进行分配。发生的直接计入费用直接计入成本计算对象的明细账及对应的成本项目。不能分清楚受益对象的间接计入生产费用,按照受益性原则选择合适的分配标准分配计入相应的成本明细账及对应的成本项目。

(五) 各种产品成本在完工产品和期末在产品之间进行分配

对月末既有完工产品又有在产品的产品,将该种产品的生产费用(月初在产品费用与本月生产费用之和)在完工产品与月末在产品之间进行分配,计算该种产品的完工产品成本和月末在产品成本。即生产费用在同种完工产品和月末在产品之间纵向的分配。

【知识链接】

资本性支出:指企业单位发生的、其效益及于两个或两个以上会计年度的各项支出,包括构成固定资产、无形资产、递延资产的支出。收益性支出:指企业单位在经营过程中发生的、其效益仅与本会计年度相关、因而由本年收益补偿的各项支出。这些支出发生时,都应记入当年有关成本费用科目。区别:收益性支出不同于资本性支出,前者全部由当年的营业收入补偿,后者先记作资产,通过计提折旧或摊销分年摊入各年成本费用。

【关键术语】

受益性原则　成本项目　直接计入费用　间接计入费用　定额

【问题思考】

1. 如何在成本核算中贯彻"算管结合,算为管用"的要求?
2. 正确计算产品成本应该划分哪些费用的界限?为什么?
3. 成本费用按经济内容分哪些类别?该种分类的优点?
4. 成本费用按经济用途分哪些类别?该种分类的优点?
5. 成本核算的一般程序有哪些?

【实训案例】

实训案例一

天山机械厂的基本情况如下:

1. 产品情况

该企业主要生产大型重型机械,是机械制造行业的龙头企业。

2. 车间设置情况

设有10个基本生产车间,分别生产3种大型机械;另外设有4个辅助生产车间,为生产和管理提供劳务。

3. 成本核算的现状

会计人员 36 人，其中成本会计人员 8 人（不含车间成本核算人员）。由于企业规模较大，现在实行两级成本核算体制，厂部和车间分别设置有关成本费用的明细账进行核算。

要求：分析回答下列问题。

(1) 根据本企业的具体情况，应采取怎样的成本核算体制？

(2) 车间和厂部应设置哪些成本会计核算的岗位？

(3) 车间和厂部应设置哪些成本总账和明细账？

(4) 该企业的成本费用应按什么程序进行归集和分配？

(5) 对企业现行成本核算模式提出改进意见。

实训案例二

众所周知，联想集团一直以来都在利用贴近市场的优势，采取低价格战略来赢取市场。柳传志总裁曾说过："降低成本"这四个字是我们竞争的诀窍。

在采购上，联想并不追求每时每刻的压价，而是通过建立战略伙伴关系使供应链缩到最短，保证长期的成本较低。

联想在企业内部培养成本管理的意识和能力，并建立一种成本管理模型，使企业每一个人都知道每花一分钱就减少一分竞争力和一分利润。联想人认为，不是控制成本，而是充分利用成本的运作，才是其取得竞争优势的利器。

联想认为，公司要做的事情就两件：提高产品对用户的价值、降低产品成本。公司所有规范、流程、人员、人员的岗位责任、制订各种制度和做各种事情的根本出发点就是这两点。应该说，做每一件事都要折射到、映射到增加价值和降低成本。如果某一件事情折射不过去，这件事就不要去做。

要求：根据上述资料，分析联想企业降低成本的内涵，理解"算管结合、算为管用"的成本核算要求。

本章练习

姓名______

学号______

分数______

扫二维码获得更多本章习题及案例

四、计算题

资料：某企业8月份有关成本费用资料如下：

(1) 生产耗用原材料60 000元。

(2) 生产耗用燃料3 000元。

(3) 生产耗用水电费1 000元。

(4) 计算生产工人工资15 000元。

(5) 计算车间管理人员工资5 000元。

(6) 计算销售部门人员工资4 000元。

(7) 计算企业管理人员工资9 000元。

(8) 支付车间办公费1 000元。

(9) 支付厂部办公室电话费800元。

(10) 支付第三季度报纸杂志费600元。

(11) 支付购买厂部职工劳保用品费1 400元。

(12) 支付为购买车间设备借款应由本季度负担的利息30 000元。

(13) 固定资产报废清理净损失10 000元。

要求：请分别计算生产费用和期间费用的金额。

章前导引

第三章 生产费用要素的归集和分配

教学目标

通过本章的学习，熟悉生产费用的内容，掌握费用要素的归集和分配方法；重点掌握构成产品成本的各项要素费用的分配方法和会计核算的方法；理解费用横向分配的原则。

第一节 生产费用要素的概述

一、要素费用的内容

要素费用的归集和分配是计算产品成本的第一步。要素费用是产品成本的重要组成部分，也是生产费用按经济内容进行的分类，主要包括劳动对象方面的费用、劳动手段方面的费用和活劳动方面的费用。

工业企业的要素费用具体包括如下内容。

1. 外购材料

外购材料是指企业为生产耗用而从外部购进的原材料、辅助材料、半成品、包装物、低值易耗品、修理用备件以及其他直接材料。

2. 外购燃料

外购燃料是指企业为进行生产而耗用的一切向外购进的各种燃料，包括固体燃料、液体燃料、气体燃料等。

3. 外购动力

外购动力是指企业生产耗用而从外部购进的各种动力。

4. 职工薪酬

职工薪酬是指企业所有应计入生产费用的职工工资、工资性津贴、补贴、奖金及职工福利费用等。

5. 折旧费

折旧费是指企业按照一定方法计算的本期固定资产折旧费。

6. 利息支出

利息支出是指借款利息支出减去利息收入后的金额。

7. 税金

要素费用中的税金是指计入管理费用的各种税金。

8. 其他支出

其他支出是指不属于以上几个要素的费用支出。如差旅费、办公费、租赁费、保险费和诉讼费等。

二、生产费用分配的一般原则

产品生产过程中发生的各项生产费用，应采用一定的方法进行归集并分配计入产品成本中。费用要素的归集与分配原则，应按照费用要素发生的用途和地点，将各种费用区分为应计入产品成本的费用要素和不计入产品成本的费用要素。对于应计入产品成本的各种费用要素，还应按其与产品的关系进行归集和分配。

凡是专门为某种产品所耗用的，并能确认其负担数额的直接费用应根据有关原始凭证采取直接计入的方法计入某种产品成本。

凡是几种产品共同耗用，不能确认为某种产品所消耗的间接费用，则应先进行归集，然后再采取适当的方法分配计入产品成本。因此，费用要素分配的一般原则可以概括为：

(1) 凡是属于直接费用的应直接计入产品成本，属于间接费用的经归集与分配后计入产品成本。在费用要素的分配中，应特别强调直接费用直接计入的问题。

(2) 凡是能够确认为某种产品所发生的费用，都应尽量采取直接计入的方法。

(3) 在只生产一种产品的企业，应计入产品的全部费用都是直接费用，应直接计入产品成本。

(4) 在生产多种产品的企业，应计入产品成本的费用要素，有的是为某种产品所耗用，有的为几种产品共同耗用，这就要根据实际情况按照上述费用要素分配的一般原则区别对待。

生产要素的归集与分配是通过编制费用要素分配表来进行的。费用要素分配表的编制，根据成本核算的体制、凭证的种类和传递程序等具体条件的不同而有所区别。企业实行一级成本核算体制时，应由财会部门来编制，实行两级成本核算体制时，则是由各车间的成本会计人员来编制。

三、生产费用分配的方法

生产费用分配方法关系到分配结果是否正确，因而是成本计算中非常重要的一项工作。恰当的分配方法，就是分配所依据的标准与所分配的费用存在着密切的联系，分配结果比较合理，分配标准的资料比较容易获取，计算简便。

分配费用一般包括以下五个步骤。

1. 确定分配对象

分配对象是要素费用承担的客体。将要素费用分配给谁，谁就是分配对象。工业企业的要素费用的对象一般有某种产品、基本生产车间、辅助生产车间、行政管理部门、专设销售机构和企业的工程部门等。

2. 确定分配标准

分配标准是分配对象应分配多少要素费用的依据。分配标准的选择是决定分配结果是否合理准确的关键步骤，最终会影响成本计算对象的成本，所以，企业在确定分配标准时要慎重，一般要遵循合理和简便的原则。所谓合理，是指分配标准与对象之间有因果关系，受益多的多分配，受益少的少分配；所谓简便，是指分配标准的资料容易取得，计算简便。

分配间接费用的标准主要有以下三类：

(1) 成果类分配标准。成果类分配标准以分配对象的产量、重量、体积、产值等作为分配标准。

(2) 消耗类分配标准。消耗类分配标准是以分配对象的生产工时、生产工资、机器工时、原材料消耗量等作为分配标准。

(3) 定额类分配标准。定额类分配标准是以分配对象的定额消耗量、定额费用等作为分配标准。

以材料费用为例，费用分配标准分类如图 3-1 所示。

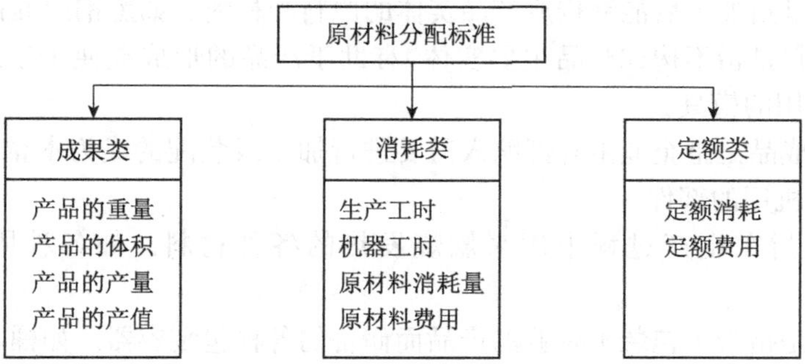

图 3-1 材料费用分配标准分类图

3. 计算分配率

要素费用分配率的计算公式如下：

$$费用分配率=\frac{待分配费用}{各种分配对象的分配标准之和}$$

4. 计算分配额

某分配对象应分配的费用金额计算公式如下：

$$某分配对象应分配金额=该分配对象的分配标准\times分配率$$

5. 进行账务处理

根据以上步骤或编制的费用分配表，编制会计分录，登记各种成本、费用相应的总账与明细账。

四、生产费用分配的程序

生产费用要素分配的一般程序如下：

(1) 根据发生的费用原始凭证或原始凭证汇总表，编制费用分配表或费用汇总分配表，并编制记账凭证。

(2) 根据原始凭证或记账凭证登记各种成本明细账。

(3) 根据记账凭证登记成本总账。

第二节 材料费用的归集和分配

一、材料费用的组成

材料是产品生产中必不可少的物质要素，是工业企业生产加工的劳动对象。材料费用是在生产过程中为制造产品而发生的，构成产品实体或有助于产品形成的各种材料耗费，包括原材料、辅助材料、外购半成品、燃料、包装物、低值易耗品以及其他材料费用等。

(1) 原材料是指加工后能够构成产品实体的原料和材料。如炼钢用的铁矿石。

(2) 辅助材料是指不构成产品主要实体，有助于产品的形成或便于生产进行的各种材料。如制造机器用的模具。

(3) 外购半成品是指企业由外部购入需要进行加工或装配的成为本企业产品组成部分的零部件。如飞机用的部件。

(4) 燃料是指在生产过程中用来燃烧发热的各种材料。如各种固体、气体、液体燃料。

(5) 包装物是指为了包装本企业的产品而储备的各种包装容器。如桶、箱、坛、袋。

(6) 低值易耗品是指不属于固定资产，单位价值较低，使用时间较短，用于生产产品或提供劳务的过程中耗用的物品。如工具、器具等。

(7) 其他材料是指企业在生产过程中消耗的，不属于上述各类的其他材料。

二、材料费用的归集

进行材料费用的核算，首先要正确核算发出材料的成本，发出材料成本的核算一般有以下两种方法。

(一) 按实际成本计价

在按实际成本计价的情况下，发出材料的实际成本就是按在采购或自制过程中发生的实际成本计价。也就是说，在归集材料费用时，生产产品所耗用原材料的实际成本就是材料的采购成本；耗用自制材料的成本就是材料的成本加上加工费用。按实际成本计价方法通常适用于材料品种较少、每月收料次数不多的企业。

(二) 按计划成本计价

在按计划成本计价的情况下，发出材料先按企业预先确定的计划单位成本计价，月末计算材料的成本差异，将发出材料的计划成本调整为实际成本。其核算步骤如下。

首先，月末时应计算成本差异率。其计算公式如下：

$$材料成本差异分配率=\frac{月初结存材料成本差异+本月收入材料成本差异}{月初结存材料计划成本+本月收入材料计划成本}\times 100\%$$

其次，根据材料成本差异分配率和发出材料的计划成本，计算发出材料的成本差异和实际成本，计算公式分别如下：

发出材料应分配的成本差异额＝发出材料计划成本×材料成本差异分配率

发出材料实际成本＝发出材料计划成本±发出材料应分配的成本差异额

材料按计划成本计价的方法，一般适用于材料品种规格繁多，收发料频繁，材料计划成本比较准确、稳定的企业。

在材料费用归集时，要依据相应的原始凭证，这些原始凭证包括"领料单""限额领料单"等，材料和燃料费用金额是根据全部领料凭证（如有退料，应根据退料单抵减领料数）汇总编制"发出材料汇总表"来归集的；外购动力费用金额是根据有关付款凭证等来归集的。

材料费用的归集应依照"谁受益，谁承担"的原则，即材料费用应按照领料部门、领料用途，分别由不同的对象来承担。

属于制造产品耗用的直接材料费用，应直接记入"生产成本——基本生产成本"账户；

属于辅助生产车间为进行产品或劳务生产而耗用的直接材料费用，应直接记入"生产成本——辅助生产成本"账户；

属于几种产品共同耗用的直接材料费用，因领用时无法确定每种产品耗用的数量，应按照一定标准在各种产品之间进行分配，记入"生产成本——基本生产成本"或"生产成本——辅助生产成本"账户。

对于车间、管理部门以及其他部门为组织和管理生产领用的材料，不能作为直接材料费用，而应按照费用的发生地点和用途进行归集和分配，分别记入"制造费用"和"管理费用"等账户。

【知识链接】

发出材料实际成本的计算方法

在材料采用实际成本计价时，对于发出材料的实际成本有先进先出法、后进先出法、加权平均法、移动平均法等计算方法，予以计量与确认。

1. 先进先出法

它是指以先购入的存货先发出为假设条件，按照货物购入的先后顺序确定发出存货和期末存货实际成本的方法。具体方法是：收入存货时，逐笔登记收入存货的数量、单价和金额，发出存货时，按照先进先出的原则逐笔登记存货的发出成本和结存金额。

先进先出法可以随时结转存货发出成本，但较繁琐；如果存货收发业务较多、且存货单价不稳定时，其工作量较大。在物价持续上升时，期末存货成本接近于市价，而发出成本偏低，导致利润偏高。

2. 加权平均法

它是指以期初存货数量和本期收入存数量为权数，于月末一次计算存货平均单价，据以计算当月发出的存货和月末结存存货实际成本的方法。计算公式如下：

$$加权平均单价=\frac{期初结存存货实际成本+本期收入存货实际成本}{期初结存存货数量+本期收入存货数量}$$

$$本期发出存货实际成本=本期发出存货数量\times加权平均单价$$

或

$$=\begin{matrix}期初结存存\\货实际成本\end{matrix}+\begin{matrix}本期收入存货\\实际成本\end{matrix}-\begin{matrix}本期发出存\\货实际\end{matrix}$$

加权平均法较上述两种方法简便，有利于简化成本计算工作，但不利于存货成本的日常管理和控制。

3. 移动加权平均法

它是指在每次进货以后，立即为存货计算出新的平均单位成本，作为下次发货计价基础的一种方法。计算公式如下：

$$加权平均单价=\frac{收入存货前结存存货实际成本+本次收入存货实际成本}{收入存货前结存存货数量+本次收入存货数量}$$

$$本次发出存货实际成本=本期发出存货数量\times加权平均单价$$

采用移动加权平均法能够使管理当局及时了解存货的结存情况，计算平均单位成本及发出和结存的存货成本比较客观。但由于每次收货都要计算一次平均单价，计算工作量较大，对收发货较频繁的企业不适用。

4. 个别计价法

它是指每次发出存货的实际成本按其购入时的实际成本分别计价的方法。

个别计价法的成本计算准确，符合实际情况，但在存货收发频繁情况下，其发出成本分辨的工作量较大。

【例 3-1】 天河机械厂设有一个基本生产车间，大量生产甲、乙两种产品。另有供电、供水两个辅助生产车间，为基本生产和其他部门提供服务，2×15 年 2 月根据领料单编制的耗用材料汇总表如表 3-1 所示。

表 3-1 天河机械厂耗用材料汇总表

2×15 年 2 月 单位：元

用料对象	原料及主要材料(差异率−5%)			辅助材料(差异率+2%)		
	计划成本	成本差异	实际成本	计划成本	成本差异	实际成本
基本生产车间：						
甲产品	200 000	−10 000	190 000			
乙产品	100 000	−5 000	95 000			
甲乙共同消耗	37 400	−1 870	35 530			
车间管理部门						
物料消耗				20 000	400	20 400
修理				15 000	300	15 300
辅助生产车间：						
供电车间：						

（续表）

用料对象	原料及主要材料(差异率－5%)			辅助材料(差异率＋2%)		
	计划成本	成本差异	实际成本	计划成本	成本差异	实际成本
管理消耗				7 600	152	7 752
供电消耗				19 000	380	19 380
供水车间：						
管理消耗				7 500	150	7 650
供水消耗				11 000	220	11 220
行政管理部门：						
修理				3 500	70	3 570
合　计	337 400	－16 870	320 530	83 600	1 672	85 272

三、材料费用的分配

材料费用的分配就是按照材料用途把费用计入成本计算对象中去。产品生产直接耗用的材料费用应尽可能直接计入有关产品的成本，以便充分反映产品制造成本的真实水平。由于材料费用在产品成本中占有较大比重，按照重要性原则，在生产成本明细账中应单独设置“直接材料”成本项目进行核算。

直接用于产品生产的材料，属于直接计入费用，可直接计入产品成本中的“直接材料”成本项目中；凡是几种产品共同耗用的材料，无法确定每种产品的耗用量时，则按一定标准在各种产品之间进行分配，再计入各有关产品的“直接材料”成本项目。

在分配不同产品共同耗用的材料费用时，应选择合理的分配标准进行分配。分配标准的选择要尽可能与材料费用的发生有密切关系，做到多耗用多分配、少耗用少分配。

可供选择的分配标准很多，如材料定额耗用量、材料定额成本、产品重量、产品体积、标准产量等。企业应根据耗用材料的情况选择合理的标准进行分配。

(一) 定额耗用量比例法

定额耗用量比例法是以原材料的定额消耗量作为分配标准，对不同产品共同消耗的材料费用进行分配的一种方法，它适用于各种材料定额制定得比较准确的企业里。其计算程序及其公式如下所示。

1. 计算各种产品原材料定额消耗量

$$\text{某种产品材料定额耗用量}=\text{单位产品材料消耗定额}\times\text{该种产品实际产量}$$

2. 计算原材料费用分配率

$$\text{材料费用分配率}=\frac{\text{各种产品共同耗用的直接材料费用}}{\text{各种产品材料定额耗用量之和}}$$

3. 计算各种产品应分配的材料费用

$$\text{某种产品应分配的直接材料费用}=\text{该种产品材料定额耗用量}\times\text{直接材料分配率}$$

【例 3-2】 天河机械厂 2×15 年 2 月生产甲、乙两种产品，本月投入甲、乙产品分别为 600 台、200 台，共同耗用材料费用 35 530 元，其中，甲产品单位消耗定额为 40 千克，乙产品单位消耗定额为 50 千克。根据定额耗用量分配法计算两种产品应负担的材料费用。直接材料费用分配情况如表 3-2 所示。

表 3-2　直接材料费用分配表

编制单位：天河机械厂　　　　2×15 年 2 月

产品名称	投产数量（台）	单位消耗定额（千克）	定额消耗量（千克）	材料分配率（元/千克）	应分配费用（元）
甲产品	600	40	24 000		25 080
乙产品	200	50	10 000		10 450
合　计	—	—	34 000	1.045	35 530

表 3-2 中数据计算过程如下所示：

甲产品定额消耗总量＝600×40＝24 000（千克）

乙产品定额消耗总量＝200×50＝10 000（千克）

材料分配率＝35 530÷(24 000＋10 000)＝1.045（元/千克）

甲产品应分配的费用＝24 000×1.045＝25 080（元）

乙产品应分配的费用＝10 000×1.045＝10 450（元）

根据上述计算过程，天河机械厂 2×15 年 2 月份编制的材料费用分配表如表 3-3 所示。

表 3-3　材料费用分配表

2×15 年 2 月　　　　金额单位：元

应借项目		成本项目	直接计入	分配计入			材料费用合计
				定额消耗量	分配率	分配金额	
生产成本	甲产品	直接材料	190 000	24 000		25 080	215 080
	乙产品	直接材料	95 000	10 000		10 450	105 450
	小　计		285 000	34 000	1.045	35 530	320 530
生产成本	供电	直接材料	19 380				19 380
	供水	直接材料	11 220				11 220
	小　计		30 600				30 600
制造费用	基本生产车间	物料消耗	20 400				20 400
		修理费	15 300				15 300
	供电车间	物料消耗	7 752				7 752
	供水车间	物料消耗	7 650				7 650
	小　计		51 102				51 102
管理费用		修理费	3 570				3 570
合　计			370 272			35 530	405 802

根据“耗用材料汇总表”(表3-1)和“材料费用分配表”(表3-3),编制会计分录如下:

借:生产成本——基本生产成本(甲产品)　　215 080
　　　　　——基本生产成本(乙产品)　　105 450
　生产成本——辅助生产成本(供电)　　19 380
　　　　　——辅助生产成本(供水)　　11 220
　制造费用——基本生产车间　　35 700
　　　　　——供电车间　　7 752
　　　　　——供水车间　　7 650
　管理费用——修理费　　3 570
　材料成本差异　　15 198
贷:原材料——原料及主要材料　　337 400
　　　　——辅助材料　　83 600

(二)定额费用比例法

定额费用比例法又称定额成本比例法,它是以原材料的定额费用或定额成本作为分配标准,对不同产品共同消耗的材料费用进行分配的一种方法。其计算程序及其公式如下所示。

1. 计算分配标准,即各种产品原材料定额费用

某种产品材料定额费用=该种产品实际产量×单位产品消耗定额×材料计划单位成本

2. 计算材料费用分配率

$$直接材料分配率=\frac{各种产品共同耗用的直接材料费用}{各种产品材料定额费用之和}$$

3. 计算各种产品应分配的材料费用

该种产品应分配的实际材料费用=该种产品材料定额费用×材料分配率

【例3-3】 某企业2×15年3月生产A、B、C三种产品,产量分别为2 000件、2 500件和3 000件,共同耗用材料费用935 000元,其中,A产品单位消耗定额为20千克,B产品单位消耗定额为10千克,C产品单位消耗定额为15千克,材料计划单价20元。根据定额费用分配法计算三种产品应负担的材料费用。直接材料费用分配如表3-4所示。

表3-4　直接材料费用分配表

2×15年3月

产品名称	产量(件)	材料消耗定额(千克)	材料定额费用(元)	分配率(元/千克)	应分配费用(元)
A产品	2 000	20	800 000		340 000
B产品	2 500	10	500 000		212 500
C产品	3 000	15	900 000		382 500
合计			2 200 000	0.425	935 000

表 3-4 中数据计算过程如下所示：

A 产品定额消耗总量＝投产数量×单位消耗定额＝2 000×20＝40 000(千克)
B 产品定额消耗总量＝投产数量×单位消耗定额＝2 500×10＝25 000(千克)
C 产品定额消耗总量＝投产数量×单位消耗定额＝3 000×15＝45 000(千克)
A 产品定额费用＝A 产品定额消耗总量×计划单价＝40 000×20＝800 000(元)
B 产品定额费用＝B 产品定额消耗总量×计划单价＝25 000×20＝500 000(元)
C 产品定额费用＝C 产品定额消耗总量×计划单价＝45 000×20＝900 000(元)
材料分配率＝应分配的费用总额÷各种产品定额费用之和
＝935 000÷2 200 000＝0.425(元/千克)
A 产品应分配的费用＝A 产品定额费用×材料分配率＝800 000×0.425＝340 000(元)
B 产品应分配的费用＝B 产品定额费用×材料分配率＝500 000×0.425＝212 500(元)
C 产品应分配的费用＝C 产品定额费用×材料分配率＝900 000×0.425＝382 500(元)

(三) 产品产量比例法

产品产量比例分配法是以产品产量为分配标准，分配原材料费用的一种方法。这种方法一般在产品所耗用材料的多少与产品产量有着密切关系的情况下采用。

$$直接材料分配率=\frac{各种产品共同耗用的直接材料费用}{各种产品产量之和}$$

该种产品应负担的材料费用＝该种产品产量×材料费用分配率

【例 3-4】 某企业 2×15 年 3 月生产 A、B、C 三种产品，产量分别为 2 000 件、2 500 件和 3 000 件，共同耗用材料费用 750 000 元，计算采用产品产量比例法分配三种产品应负担的材料费用。直接材料分配情况如表 3-5 所示。

表 3-5 直接材料费用分配表

2×15 年 1 月

产品名称	产量(件)	分配率(元/件)	应分配费用(元)
A 产品	2 000		200 000
B 产品	2 500		250 000
C 产品	3 000		300 000
合　计	7 500	100	750 000

表 3-5 中数据计算过程如下所示：

直接材料分配率＝750 000÷(2 000＋2 500＋3 000)＝750 000÷7 500＝100(元/件)
A 产品应分配的材料费用＝2 000×100＝200 000(元)
B 产品应分配的材料费用＝2 500×100＝250 000(元)
C 产品应分配的材料费用＝3 000×100＝300 000(元)
或　＝750 000－200 000－250 000＝300 000(元)

(四) 系数分配法(标准产量比例分配法)

系数分配法也称标准产量比例分配法，是将各种产品的实际产量按照预定的折合系数折算为标准产量，以标准总产量（总系数）为分配标准来分配直接材料费用的方法。这种方法的分配标准为标准总产量，因此也称为标准产量比例分配法。这种方法简便适用，采用这种方法，分配计算的步骤如下所示。

1. 选择标准产品

企业通常可以选择正常生产、大量生产的产品作为标准产品，也可以选择系列产品的中间产品作为标准产品，标准产品的系数可以定为1。

2. 计算各种产品的系数

系数是某种产品与标准产品的比例关系。企业可以根据产品的定额消耗量、定额费用、售价以及产品的体积、面积、长度和重量等来计算各种产品的系数。系数的计算公式如下：

$$某产品的系数=\frac{该产品定额消耗量（或定额费用等）}{标准产品定额消耗量（或定额费用等）}$$

3. 计算总系数（标准总产量）

费用分配标准是各种产品的总系数而不是系数。总系数即各种产品换算成标准产品的产量，计算公式如下：

$$某产品总系数（标准产量）=该产品的实际产量\times 系数$$

4. 计算费用分配率

费用分配率即单位标准产品应分配费用，计算公式如下：

$$费用分配率=\frac{各种产品共同耗用的直接材料费用}{各种产品总系数之和（标准总产量）}$$

5. 计算各种产品应分配费用

计算公式如下：

$$某产品应分配费用=该产品的标准产量\times 费用分配率$$

【例3-5】 某厂生产201、202、203、204、205五种产品，五种产品生产中M材料的消耗定额分别为24元、27元、30元、36元和39元；本月五种产品共同耗用M材料费用为897 750元，实际产量分别为1 000件、2 500件、5 000件、3 000件和2 000件。该厂以203产品为标准产品，采用系数分配法，计算本月M材料费用分配表如表3-6所示。

表3-6　M材料费用分配表

2×15年1月　　　　金额单位：元

产品名称	消耗定额	系数	实际产量（件）	总系数（标准产量）（件）	费用分配率	分配金额
201	24	0.8	1 000	800		50 400
202	27	0.9	2 500	2 250		141 750
203	30	1	5 000	5 000		315 000
204	36	1.2	3 000	3 600		226 800
205	39	1.3	2 000	2 600		163 800
合　计	—	—	—	14 250	63	897 750

表3-6中数据计算过程如下所示。

(1) 计算各种产品的系数。

201产品的系数＝24÷30＝0.8
202产品的系数＝27÷30＝0.9
203产品的系数＝30÷30＝1
204产品的系数＝36÷30＝1.2
205产品的系数＝39÷30＝1.3

(2) 计算各种产品的总系数,将各种产品的实际产量换算为标准产量。

201产品的总系数＝1 000×0.8＝800(件)
202产品的总系数＝2 500×0.9＝2 250(件)
203产品的总系数＝5 000×1＝5 000(件)
204产品的总系数＝3 000×1.2＝3 600(件)
205产品的总系数＝2 000×1.3＝2 600(件)

(3) 计算直接材料费用分配率。

直接材料费用分配率＝897 750÷(800＋2 250＋5 000＋3 600＋2 600)
＝897 750÷14 250＝63(元/件)

(4) 计算各种产品应分配的材料费。

201产品应分配的材料费用＝800×63＝50 400(元)
202产品应分配的材料费用＝2 250×63＝141 750(元)
203产品应分配的材料费用＝5 000×63＝315 000(元)
204产品应分配的材料费用＝3 600×63＝226 800(元)
205产品应分配的材料费用＝2 600×63＝163 800(元)

第三节 外购动力费用的归集和分配

外购动力费用是指企业向外单位购买电力、蒸汽、煤气等动力所支付的费用,外购动力费包括外购电力费、蒸汽费和煤气等。

一、外购动力费用的归集

外购动力费用支出的核算一般分为两种情况。

(1) 每月支付动力费用的日期基本固定,而且每月付款日到月末的应付动力费用相差不多,将每月支付的动力费用作为应付动力费用,在付款时直接借记各成本、费用账户,贷记“银行存款”账户。

(2) 一般情况下要通过“应付账款”账户核算,即在付款时先作为暂付款处理,借记“应付账款”账户,贷记“银行存款”账户,月末按照外购动力的用途分配费用时再借记各成本、费用账户，贷记“应付账款”账户，冲销原来记入“应付账款”账户借方的暂付款。

“应付账款”账户借方所记本月所付动力费用与贷方所记本月应付动力费用，有时会不相等。如果是借方余额，为本月支付款大于应付款的多付动力费用，可以抵冲下月应付费用；如果是贷方余额，为本月应付款大于支付款的应付未付动力费用，可以在下月支付。

二、外购动力费用的分配

外购动力费用应按车间、部门和用途进行分配。动力费用消耗量可根据计量仪器仪表确定，并按动力费用单价计算分配费用。在各动力使用车间、部门都安装有动力计量仪器仪表的情况下，各使用部门应负担的动力费用，可直接根据仪器仪表记录的耗用量和动力费用单价，按动力费用的用途分别归集和分配。

在各动力使用车间、部门没有分别安装动力计量仪器仪表的情况下，可按生产工时的比例、机器功率时数(机器功率×机器时数)的比例，或定额消耗量的比例分配。具体分配方法如下。

1. 机器工时比例法

这种方法是将外购的动力费用，按照各车间、部门或各种产品所耗用的机器工时比例为标准进行分配。其计算公式如下：

$$某种产品应分配的外购动力费用=该种产品的机器工时\times外购动力费用分配率$$

【例 3-6】 某企业生产甲、乙两种产品，共同耗用外购电力 100 000 度，每度电的单价为 1.50 元，电费总额为 150 000 元。甲、乙两种产品实用机器工时分别为 30 000 小时和 20 000 小时。请用机器工时比例法分配共同耗用的外购电力费用。

计算分配如下所示：

动力费用分配率=(100 000×1.50)÷(30 000+20 000)=3(元/小时)

甲产品应分配的外购电力费用=30 000×3=90 000(元)

乙产品应分配的外购电力费用=20 000×3=60 000(元)

2. 机器功率时数比例法

这种方法是将外购的动力费用，按照各种产品所耗的机器功率时数比例为标准进行分配。其计算公式如下：

$$外购动力分配率=\frac{待分配的外购动力费用总额}{各种产品的机器功率时数之和}$$

$$\begin{matrix}某种产品应分配的\\外购动力费用\end{matrix}=\begin{matrix}该种产品的机器\\功率时数\end{matrix}\times\begin{matrix}外购动力费用\\分配率\end{matrix}$$

【例 3-7】 资料同[例 3-6]，假设生产甲、乙两种产品的机器功率总时数分别为 50 000 千瓦小时和 25 000 千瓦小时，按机器功率时数比例分配共同耗用的外购电力费用。

分配结果如下所示：

外购动力费用分配率=(100 000×1.50)÷(50 000+25 000)=2(元/千瓦小时)

甲产品应分配的外购电力费用=50 000×2=100 000(元)

乙产品应分配的外购电力费用=25 000×2=50 000(元)

由于各部门通常会安装有动力计量仪器仪表，各使用部门应负担的动力费用，可直接根据仪器仪表记录的耗用量和动力费用单价，按动力费用的用途分别归集和分配；而在生产单位生产多种产品时，一般不会按照产品单独安装计量仪器仪表，各产品应负担的外购动力费应采用上述方法进行分配。

外购动力费的分配是采用编制外购动力分配表进行的。根据外购动力分配表编制会计分录，据以登记有关总账和明细账。

基本生产车间用于生产的外购动力费用，应当记入“生产成本——基本生产成本”总账及其明细账中的“燃料和动力费”成本项目；基本生产车间照明、取暖等一般耗用的外购动力费用，应该根据耗用的数量和动力费用分配率计算出应分配的金额，记入“制造费用”总账及其明细账的有关成本项目中。

辅助生产车间耗用的外购动力费用，根据计算出的应负担的金额，记入“生产成本——辅助生产成本”总账及其明细账中有关项目。

管理部门耗用的外购动力费用，根据其应负担的金额，记入“管理费用”总账及其明细账的相应项目中。

【例 3-8】 天河机械厂 2×15 年 2 月耗用电的度数为 97 800 度，电费总额为 146 700 元，每度电价格为 1.5 元，直接用于产品生产耗电 60 000 度，金额为90 000元，没有分产品安装电表，规定按机器工时比例分配电费。甲产品机器工时为12 000小时，乙产品机器工时为8 000小时。该企业生产成本明细账中设有“直接燃料和动力”成本项目，其他部门安装有独立的电表，可按照电表记录的用电量和电的单价做分配。

根据有关仪器仪表记录的数量和外购动力单价，编制某企业外购动力费用分配表如表3-7所示。

表 3-7 外购动力费用分配表

2×15 年 2 月

<table>
<tr><th colspan="2" rowspan="2">应借账户</th><th rowspan="2">成本项目</th><th colspan="2">部门间分配</th><th colspan="2">产品间分配</th><th rowspan="2">合计（元）</th></tr>
<tr><th>耗用量（度）</th><th>分配金额（1.5 元/度）</th><th>工时（小时）</th><th>分配金额（分配率 4.5）</th></tr>
<tr><td rowspan="3">生产成本</td><td>甲产品</td><td>燃料动力</td><td></td><td></td><td>12 000</td><td>54 000</td><td>54 000</td></tr>
<tr><td>乙产品</td><td>燃料动力</td><td></td><td></td><td>8 000</td><td>36 000</td><td>36 000</td></tr>
<tr><td colspan="2">小　计</td><td>60 000</td><td>90 000</td><td>20 000</td><td>90 000</td><td>90 000</td></tr>
<tr><td rowspan="3">生产成本</td><td>供电</td><td>燃料动力</td><td>4 500</td><td>6 750</td><td></td><td></td><td>6 750</td></tr>
<tr><td>供水</td><td>燃料动力</td><td>5 500</td><td>8 250</td><td></td><td></td><td>8 250</td></tr>
<tr><td colspan="2">小　计</td><td>10 000</td><td>15 000</td><td></td><td></td><td>15 000</td></tr>
<tr><td rowspan="4">制造费用</td><td>基本车间</td><td>水电费</td><td>4 000</td><td>6 000</td><td></td><td></td><td>6 000</td></tr>
<tr><td>供电车间</td><td>水电费</td><td>3 000</td><td>4 500</td><td></td><td></td><td>4 500</td></tr>
<tr><td>供水车间</td><td>水电费</td><td>2 000</td><td>3 000</td><td></td><td></td><td>3 000</td></tr>
<tr><td colspan="2">小　计</td><td>9 000</td><td>13 500</td><td></td><td></td><td>13 500</td></tr>
<tr><td colspan="2">管理费用</td><td>水电费</td><td>18 800</td><td>28 200</td><td></td><td></td><td>28 200</td></tr>
<tr><td colspan="3">合　　计</td><td>97 800</td><td>146 700</td><td></td><td></td><td>146 700</td></tr>
</table>

根据表 3-7,编制会计分录如下：

借：生产成本——基本生产成本(甲产品)	54 000	
——基本生产成本(乙产品)	36 000	
生产成本——辅助生产成本(供电)	6 750	
——辅助生产成本(供水)	8 250	
制造费用——基本生产车间	6 000	
——供电车间	4 500	
——供水车间	3 000	
管理费用	28 200	
贷：应付账款		146 700

实际交纳电费时,根据付款凭证编制会计分录如下：

借：应付账款	146 700	
贷：银行存款		146 700

第四节 人工费用的归集和分配

在产品的生产过程中,人的劳动是起决定性作用的因素之一。只有正确归集和分配为产品生产而发生的人工费用,才能保证生产成本计算的正确性。人工费用是指企业支付给职工和为职工支付的薪酬,人工费用的归集和分配也就是指生产过程中职工薪酬的计算和核算。

一、职工薪酬的构成内容

职工薪酬是指企业为获得职工提供的服务或解除劳动关系而给予的各种形式的报酬或补偿。职工薪酬包括短期薪酬、离职后福利、辞退福利和其他长期职工福利。企业提供给职工配偶、子女、受赡养人、已故员工遗属及其他受益人等的福利,也属于职工薪酬。

职工是指与企业订立劳动合同的所有人员,含全职、兼职和临时职工,也包括虽未与企业订立劳动合同但由企业正式任命的人员。未与企业订立劳动合同或未由其正式任命,但向企业所提供服务与职工所提供服务类似的人员,也属于职工的范畴,包括通过企业与劳务中介公司签订用工合同而向企业提供服务的人员。

依据 2014 年新修订的《企业会计准则第 9 号——职工薪酬》的规定,职工薪酬主要包括以下内容。

(一) 短期薪酬

短期薪酬是指企业在职工提供相关服务的年度报告期间结束后 12 个月内需要全部予以支付的职工薪酬,因解除与职工的劳动关系给予的补偿除外。

短期薪酬具体包括:职工工资、奖金、津贴和补贴,职工福利费,医疗保险费、工伤保险费和生育保险费等社会保险费,住房公积金,工会经费和职工教育经费,短期带薪缺勤,短期利润分享计划，非货币性福利以及其他短期薪酬。

1. 职工工资、奖金、津贴和补贴

职工工资、奖金、津贴和补贴是指按照国家统计局的规定构成工资总额的计时工资、计件工资、支付给职工的超额劳动报酬和增收节支的劳动报酬、为了补偿职工特殊或额外的劳动消耗和因其他特殊原因支付给职工的津贴，以及为了保证职工工资水平不受物价影响支付给职工的物价补贴等。

企业按规定支付给职工的加班加点工资，以及根据国家法律、法规和政策规定，企业在职工因病、工伤、产假、计划生育假、婚丧假、事假、探亲假、定期休假、停工学习、执行国家或社会义务等特殊情况下，按照计时工资或计件工资标准的一定比例支付的工资，也属于职工工资范畴，在职工休假或缺勤时，不应当从工资总额中扣除。

2. 职工福利费

职工福利费是企业对职工劳动补偿的一种辅助形式。根据财政部《关于企业加强职工福利费财务管理的通知》(财企[2009]242 号)的相关内容，职工福利费具体包括发放给职工或为职工支付以下各项现金补贴和非货币性集体福利：

(1) 为职工卫生保健、生活等发放或支付的各项现金补贴和非货币性福利，如职工因公外地就医费用、职工疗养费用、自办食堂经费补贴或者统一供应误餐支出、符合国家有关规定的供暖费补贴、防暑降温等。

(2) 企业尚未分离的内设集体福利部门所发生的设备、设施折旧、维护和工作人员的人工费用。

(3) 职工困难补助。

(4) 离退休人员统筹外费用。

(5) 按规定发生的其他职工福利费，包括丧葬补助费、抚恤费、职工异地安家费、独生子女费、探亲假路费等其他支出。

3. 社会保险费

社会保险费是指企业按照国家规定的基准和比例计算，向社会保险经办机构缴纳的医疗保险金、离职后福利、工伤保险费和生育保险费。

4. 住房公积金

住房公积金是指企业按照国家《住房公积金管理条例》规定的基准和比例，从成本费用中提取的金额。

5. 工会经费和职工教育经费

工会经费和职工教育经费是指企业为了改善职工文化生活、提高职工业务素质用于开展工会活动和职工教育及职业技能培训，根据国家规定的基准和比例，从成本费用中提取的金额。

6. 带薪缺勤

带薪缺勤是指企业支付工资或提供补偿的职工缺勤，包括年休假、病假、短期伤残、婚假、产假、丧假、探亲假等。

7. 短期利润分享计划

短期利润分享计划是指因职工提供服务而与职工达成的基于利润或其他经营成果提供薪酬的协议。

8. 非货币性福利

非货币性福利是指企业以自产产品或外购商品发放给职工作为福利，将自己拥有的资产无偿提供给职工使用，为职工无偿提供医疗保健服务等。

9. 其他短期薪酬

其他短期薪酬是指除上述薪酬以外的其他为获得职工提供的服务而给予的短期薪酬。

（二）离职后福利

离职后福利是指企业为获得职工提供的服务而在职工退休或与企业解除劳动关系后，提供的各种形式的报酬和福利，短期薪酬和辞退福利除外。

（三）辞退福利

辞退福利是指企业在职工劳动合同到期之前解除与职工的劳动关系，或者为鼓励职工自愿接受裁减而给予职工的补偿。

（四）其他长期职工福利

其他长期职工福利是指除短期薪酬、离职后福利、辞退福利之外所有的职工薪酬，包括长期带薪缺勤、长期残疾福利、长期利润分享计划等。

【知识链接】

关于工资总额组成的规定

（1990年1月1日国家统计局令第1号）

第一章　总　　则

第一条　为了统一工资总额的计算范围，保证国家对工资进行统一的统计核算和会计核算，有利于编制、检查计划和进行工资管理以及正确地反映职工的工资收入，制定本规定。

第二条　全民所有制和集体所有制企业、事业单位，各种合营单位，各级国家机关、政党机关和社会团体，在计划、统计、会计上有关工资总额范围的计算，均应遵守本规定。

第三条　工资总额是指各单位在一定时期内直接支付给本单位全部职工的劳动报酬总额。

工资总额的计算应以直接支付给职工的全部劳动报酬为根据。

第二章　工资总额的组成

第四条　工资总额由下列六个部分组成：

（一）计时工资。

（二）计件工资。

（三）奖金。

（四）津贴和补贴。

（五）加班加点工资。

（六）特殊情况下支付的工资。

第五条　计时工资是指按计时工资标准（包括地区生活费补贴）和工作时间支付给个人的劳动报酬。包括：

（一）对已做工作按计时工资标准支付的工资。

（二）实行结构工资制的单位支付给职工的基础工资和职务(岗位)工资。

（三）新参加工作职工的见习工资(学徒的生活费)。

（四）运动员体育津贴。

第六条　计件工资是指对已做工作按计件单价支付的劳动报酬。包括：

（一）实行超额累进计件、直接无限计件、限额计件、超定额计件等工资制，按劳动部门或主管部门批准的定额和计件单价支付给个人的工资。

（二）按工作任务包干方法支付给个人的工资。

（三）按营业额提成或利润提成办法支付给个人的工资。

第七条　奖金是指支付给职工的超额劳动报酬和增收节支的劳动报酬。包括：

（一）生产奖。

（二）节约奖。

（三）劳动竞赛奖。

（四）机关、事业单位的奖励工资。

（五）其他奖金。

第八条　津贴和补贴是指为了补偿职工特殊或额外的劳动消耗和因其他特殊原因支付给职工的津贴，以及为了保证职工工资水平不受物价影响支付给职工的物价补贴。

（一）津贴。包括：补偿职工特殊或额外劳动消耗的津贴，保健性津贴，技术性津贴，年功性津贴及其他津贴。

（二）物价补贴。包括：为保证职工工资水平不受物价上涨或变动影响而支付的各种补贴。

第九条　加班加点工资是指按规定支付的加班工资和加点工资。

第十条　特殊情况下支付的工资。包括：

（一）根据国家法律、法规和政策规定，因病、工伤、产假、计划生育假、婚丧假、事假、探亲假、定期休假、停工学习、执行国家或社会义务等原因按计时工资标准或计时工资标准的一定比例支付的工资。

（二）附加工资、保留工资。

第三章　工资总额不包括的项目

第十一条　下列各项不列入工资总额的范围：

（一）根据国务院发布的有关规定颁发的发明创造奖、自然科学奖、科学技术进步奖和支付的合理化建议和技术改进奖以及支付给运动员、教练员的奖金。

（二）有关劳动保险和职工福利方面的各项费用。

（三）有关离休、退休、退职人员待遇的各项支出。

（四）劳动保护的各项支出。

（五）稿费、讲课费及其他专门工作报酬。

（六）出差伙食补助费、误餐补助、调动工作的旅费和安家费。

（七）对自带工具、牲畜来企业工作职工所支付的工具、牲畜等的补偿费用。

（八）实行租赁经营单位的承租人的风险性补偿收入。

（九）对购买本企业股票和债券的职工所支付的股息(包括股金分红)和利息。

（十）劳动合同制职工解除劳动合同时由企业支付的医疗补助费、生活补助费等。

（十一）因录用临时工而在工资以外向提供劳动力单位支付的手续费或管理费。

（十二）支付给家庭工人的加工费和按加工订货办法支付给承包单位的发包费用。

（十三）支付给参加企业劳动的在校学生的补贴。

（十四）计划生育独生子女补贴。

第十二条 前条所列各项按照国家规定另行统计。

第四章 附 则

第十三条 中华人民共和国境内的私营单位、华侨及港、澳、台工商业者经营单位和外商经营单位有关工资总额范围的计算，参照本规定执行。

第十四条 本规定由国家统计局负责解释。

第十五条 各地区、各部门可依据本规定制定有关工资总额组成的具体范围的规定。

第十六条 本规定自发布之日起施行。国务院一九五五年五月二十一日批准颁发的《关于工资总额组成的暂行规定》同时废止。

二、工资的计算

（一）计时工资的计算

计时工资是根据考勤记录的实际出勤日数和职工的工资标准计算的。企业计算职工的计时工资，有月薪制和日薪制两种计算方法。

1. 月薪制

月薪制也称月工资制，按月工资制计算应付计时工资时，其计算公式如下：

$$应付计时工资=月标准工资-缺勤应扣工资$$

月工资标准由国家按照不同行业、不同职务、不同工种和不同等级作出不同的规定。

上式中： $$缺勤应扣工资=(缺勤天数+病假天数\times扣款比例)\times日工资率$$

在月薪制下，职工只要当月出全勤，不论月大月小，都可以得到相同的月标准工资。如果全年全勤，则能得到12个月的全勤月工资。如果有缺勤，缺勤工资应从全勤月工资中扣除。故这种方法又叫扣减缺勤工资法。

上述公式中的日工资率有以下两种计算方法：

(1) 按每月平均日历数30天计算。其计算公式如下：

$$日工资率=\frac{月标准工资}{30天}$$

上式中，每月平均日历天数30天按下列公式计算求得：

$$\frac{全年365天}{12}=30.416\,666\cdots\approx30(天)$$

采用这种方法计算日工资率时，双休日和节假日照付工资（缺勤期间的双休日和节假日也算缺勤，照扣工资）。

(2) 按每月平均法定工作天数20.83天计算。其计算公式如下：

$$日工资率=\frac{月标准工资}{20.83}$$

上式中，每月平均日历天数：

$$\frac{365天-104个双休日-11个法定节假日}{12}=20.83(天)$$

采用这种方法计算日工资率时，双休日和节假日不付工资（缺勤期间的双休日和节假日不算缺勤，不扣工资）。

【例 3-9】 职工张红月工资标准为 4 800 元，6 月份出勤 18 天，请病假 2 天，事假 2 天，周末休假 8 天，病假扣款比例为 20%。则：

$$按每月平均日历天数30天计算的日工资率=\frac{4\,800}{30}=160(元/天)$$

$$按每月平均法定工作天数20.83天计算的日工资率=\frac{4\,800}{20.83}\approx 230.44(元/天)$$

若日工资率按 30 天计算则：

$$该职工6月份的应付计时工资=4\,800-(2+2\times 20\%)\times 160=4\,416(元)$$

若日工资率按 20.83 天计算则：

$$该职工6月份的应付计时工资=4\,800-(2+2\times 20\%)\times 230.44\approx 4\,246.94(元)$$

2. 日薪制

日薪制也称日工资制，按日工资制计算应付计时工资时，其计算公式如下：

$$应付计时工资=(月出勤天数+病假天数\times 发款比例)\times 日工资率$$

在日工资制下，各月的全勤月工资，不一定等于月标准工资。工资数额的多少，由当月的实际出勤天数决定。例如 2 月份只有 28 天，该月全勤月工资必然低于 1 月份和 3 月份的全勤月工资。但 1 年 12 个月的全勤月工资之和，仍然等于 12 个月的标准工资之和。

【例 3-10】 仍用[例 3-9]资料，则职工张红 6 月份的计时工资计算结果如下：

(1) 若日工资率按 30 天计算则：

$$该职工6月份的应付计时工资=(18+8)\times 160+2\times 160\times 80\%=4\,416(元)$$

(2) 若日工资率按 20.83 天计算时：

$$该职工6月份的应付计时工资=(18+2\times 80\%)\times 230.44=4\,516.62(元)$$

按以上两种方法计算的应付计时工资，从某个月份来看，其结果不一定相等，但从整个年度来看，其计算结果大体上是一致的。因此，两种计算方法可任选一种，但在 1 年以内不得变换使用。

按月工资制计算计时工资，其优点是绝大多数职工缺勤天数少，只扣减缺勤工资，计算简单，工作量小。其不足之处表现在以下两个方面：一是遇到满勤天数大于 20.83 天或日历天数大于 30 天时，又会出现倒欠工资的现象，这显然不符合按劳分配的原则；二是全勤职工每月实际出勤天数不同，相应的产量也不应相同，但每月却以相同的月工资标准计入成本或费用，这不符合权责发生制的要求，会使成本或费用负担不合理。

按日工资制计算计时工资，虽然计算较麻烦，工作量较大，但其优点也较明显：一是计时工资的多少取决于出勤天数，多劳多得，少劳少得，符合按劳分配的原则；二是职工实际出勤天数多，产品产量也多，计入成本或费用的工资费用也多，较为符合权责发生制的要求，成本或费用负担也较为合理。

【知识链接】

《中华人民共和国劳动保险条例》第十三条，对病假工资的规定：乙工人或职员疾病或非因公负伤停止工作医疗时，其医疗期间连续在3个月以内者，按其本企业工龄的长短，由该企业行政方面或资方每月发给其本人工资50%～100%；连续医疗期间在3个月以上时，改由劳动保险基金项下按月付给疾病或非因公负伤救济费，其数额为本人工资30%～50%。至能工作或确定为残疾，或死亡时止。但连续停工医疗期间以6个月为限，超过6个月者按丙款残废退职待遇办理。

（二）计件工资的计算

计件工资是按产量记录中登记的完成合格品的数量和规定的计件单价所计算的工资。计件工资区分为三种情况；一是在实行超额累进计件、直接无限计件、限额计件和超定额计件等工资制度下，按照定额和计件单价支付给职工的工资；二是按工作任务包干方法支付给职工的工资；三是按营业额提成或利润提成办法支付给职工的工资。

由于集体生产或连续操作，不能够按个人计算工作量的，也可以按参加工作的集体（一般为班组）计算、支付集体计件工资。集体计件工资还应在集体成员内部按照每一职工劳动的数量和质量进行分配。

1. 按个人计件制计算

如果职工在月份内从事同一计件单价的工作，则应付计件工资可按下列公式进行计算：

$$应付计件工资=\left(\begin{matrix}某种产品合\\格品产量\end{matrix}+\begin{matrix}该种产品\\料废产量\end{matrix}\right)\times\begin{matrix}该种产品的\\计件单价\end{matrix}$$

上式中，计件单价是根据制造某产品或加工某零件所需定额工时数，乘以制造该产品或加工该零件所需某种等级工人的小时工资率计算求得的。

【例3-11】 工人李卫东本月加工完成A零件101个，其中合格品90个，料废10个，工废1个，该零件的计件单价为50元，则：

$$应付计件工资=(90+10)\times50=5\,000(元)$$

如果一个工人在月份内从事不同计件单价的多种产品的加工，则应付计件工资可按下列公式进行计算：

$$应付计件工资=\sum\left(\begin{matrix}某种产品\\合格品产量\end{matrix}+\begin{matrix}该种产品\\料废产量\end{matrix}\right)\times\begin{matrix}该种产品的\\计件单价\end{matrix}$$

为了简化计算，亦可以将工人月份内完成的各种产品折合为定额工时数，再乘以小时工资率，即为应付的计件工资。其计算公式如下：

$$应付计件工资=实际完成的定额工时数\times小时工资率$$

上式中，小时工资率是指职工每小时应得的平均工资额。

【例 3-12】 某工人本月生产甲、乙零件分别为 180 个和 360 个，每个零件的定额分别为 15 分钟和 30 分钟，该工人的小时工资率为 20 元。则应付该工人本月计件工资如下：

$$实际完成定额工时=\frac{180\times15+360\times30}{60}=225(小时)$$

$$应付计件工资=225\times20=4\,500(元)$$

2. 按集体计件制计算

实行集体计件制，应按照班组的产量和计件单价先求得班组的计件工资总额。然后在班组成员之间根据每个人的工资标准和实际工作时间进行分配。其计算公式如下：

$$应付班组计件=\sum\left(\begin{matrix}该班组加工某种产品合格\\品产量与料废产量之和\end{matrix}\times\begin{matrix}该种产品的\\计件单价\end{matrix}\right)$$

$$\begin{matrix}应付某工人\\的计件工资\end{matrix}=\begin{matrix}该工人按工作时间\\计算的工资\end{matrix}\times\begin{matrix}集体计件制下\\工资分配率\end{matrix}$$

上式中，集体计件制下工资分配率，可按下列公式计算：

$$\begin{matrix}集体计件制下\\工资分配率\end{matrix}=\frac{班组计件工资总额}{班组成员计时工资额}$$

【例 3-13】 某生产小组本月加工完成 M 部件 100 件，该部件计件单价为 140.16 元。该生产小组由甲、乙、丙 3 个不同等级的工人组成，甲、乙、丙 3 人的小时工资率分别为 8.4 元、10 元和 12 元，本月甲、乙、丙 3 人完成的工作时间分别为 200 小时、200 小时、180 小时，计算应付甲、乙、丙 3 人的计件工资额。

$$应付班组计件工资总额=100\times140.16=14\,016(元)$$

$$集体计件制下工资分配率=\frac{14\,016}{200\times8.4+200\times10+180\times12}=2.4$$

$$应付甲工人的计件工资=200\times8.4\times2.4=4\,032(元)$$

$$应付乙工人的计件工资=200\times10\times2.4=4\,800(元)$$

$$应付丙工人的计件工资=180\times12\times2.4=5\,184(元)$$

计时工资和计件工资以外的各种奖金、津贴、补贴、加班加点工资，以及特殊情况下支付的工资，则应按国家和企业的有关规定进行计算，不再详述。

三、人工费用的归集与分配

(一) 人工费用的归集

人工费用是通过“工资结算汇总表”和“其他薪酬分配表”及相关的实际支付凭证来归集的。

“工资结算汇总表”是进行工资结算和分配的原始依据，它是根据“工资结算单”按人员类别汇总编制的，“工资结算单”应当依据职工工资卡片、考勤记录、工作量(产量)记录等工资计算的原始记录编制。

天河机械厂 2×15 年 2 月份的工资结算汇总表(简化格式)如表 3-8 所示。

“其他薪酬分配表”是根据工资总额的一定比例，计算企业应当缴纳的职工福利费，养老保险费、失业保险费、医疗保险费、工伤保险费和生育保险费等社会保险费以及住房公积金，工会经费和职工教育经费等其他薪酬。

表 3-8 天河机械厂工资结算汇总表(简化格式)

2×15 年 2 月　　　　单位:元

部　门	计时工资	综合奖金	津贴补贴	其他工资	合　计
基本生产车间					
产品生产工人	260 000	29 000	3 000	28 000	320 000
车间管理人员	36 000	3 000	2 500	2 500	44 000
辅助生产车间					
供电车间					
生产工人	42 000	4 200	2 800	3 000	52 000
管理人员	10 000	1 000	2 000	3 000	16 000
供水车间					
生产工人	23 000	2 600	1 600	2 200	29 400
管理人员	10 000	1 000	2 000	2 800	15 800
企业管理部门	110 000	1 000	4 000	5 000	120 000
合　计	491 000	41 800	17 900	46 500	597 200

(二) 直接人工费用的分配

(1) 直接进行产品生产的生产工人薪酬，应记入“生产成本”账户。其中，生产工人的计件工资，属于直接计入费用，根据工资结算凭证(产量记录)直接记入某种产品成本的“直接人工”成本项目。

(2) 生产工人的计时工资及其他薪酬(辞退福利只计入当期损益)一般属于间接计入费用，但是在只生产一种产品时可直接记入该种产品成本的“直接人工”成本项目；在生产多种产品时则应按产品的生产工时比例等分配标准进行分配。按生产工时(实际或定额)比例分配计算公式如下(以生产工人工资为例)：

$$\text{直接人工费用分配率}=\frac{\text{本期发生的直接工资费用}}{\text{各种产品耗用的实际工时(定额工时)之和}}$$

某种产品应分配人工费＝该产品生产工时(实际或定额)×直接人工费用分配率

以天河机械厂 2×15 年 2 月份生产工人计时工资的核算与分配为例，说明如下所示。

【例 3-14】 天河机械厂生产甲、乙两种产品，各部门的计时工资如表 3-8。甲、乙产品生产工时分别为 12 000 小时、8 000 小时。按生产工时比例分配计算如下：

$$\text{直接人工费用分配率}=\frac{320\,000}{12\,000+8\,000}=16(\text{元/小时})$$

甲产品分配的工时工资费用＝12 000×16＝192 000(元)

乙产品分配的工时工资费用＝8 000×16＝128 000(元)

或 ＝320 000－192 000＝128 000(元)

工资费用分配是通过编制薪酬分配表进行的，格式如表 3-9 所示。

表 3-9 天河机械厂薪酬费用分配表

2×15 年 2 月　　金额单位:元

应借记项目		成本项目	直接计入	分配计入			费用合计
				生产工时(小时)	分配率(元/小时)	分配金额	
生产成本——基本生产成本	甲产品	直接人工		12 000		192 000	192 000
	乙产品	直接人工		8 000		128 000	128 000
	小　计			20 000	16	320 000	320 000
生产成本——辅助生产成本	供电车间	职工薪酬	52 000				52 000
	供水车间	职工薪酬	29 400				29 400
	小　计		81400				
制造费用	基本生产车间	职工薪酬	44 000				44 000
	供电车间	职工薪酬	16 000				16 000
	供水车间	职工薪酬	15 800				15 800
	小　计		75 800				75 800
管理费用		职工薪酬	120 000				120 000
合　　计			277 200			320 000	597 200

根据表 3-9，编制分配职工薪酬的会计分录如下：

借：生产成本——基本生产成本(甲产品)　192 000
　　　　　　——基本生产成本(乙产品)　128 000
　　生产成本——辅助生产成本(供电)　52 000
　　　　　　——辅助生产成本(供水)　29 400
　　制造费用——基本生产车间　44 000
　　　　　　——供电车间　16 000
　　　　　　——供水车间　15 800
　　管理费用——职工薪酬　120 000
　贷：应付职工薪酬　597 200

(三) 其他薪酬的分配

企业为职工缴纳的医疗保险费、工伤保险费、生育保险费等社会保险费和住房公积金，应当在职工为其服务的会计期间，根据工资总额的一定比例计算，应计入产品成本和期间费用，工会经费和教育经费可分别按工资总额的 2%和 1.5%计提。这些费用与工资费用一样，也是按照用途和发生部门进行归集和分配。

【知识链接】

“五险一金”及其提取比例

“五险一金”是指根据《中华人民共和国劳动法》《国务院关于建立统一的企业职工基本养老保险制度的决定》(国发〔1997〕26号)《社会保险费征缴暂行条例》(国务院令第259号)等法律、法规,用人单位给予劳动者的几种保障性待遇的合称,包括养老保险、医疗保险、失业保险、工伤保险和生育保险,还有住房公积金。

“五险”指的是五种保险,包括养老保险、医疗保险、失业保险、工伤保险和生育保险;“一金”指的是住房公积金。其中,养老保险、医疗保险和失业保险,这三种险和住房公积金是由企业和个人共同缴纳的保费,工伤保险和生育保险完全是由企业承担的,个人不需要缴纳。

根据2014年修订后的《企业会计准则第9号——职工薪酬》第七条和第十二条的规定,企业为职工缴纳的医疗保险费、工伤保险费、生育保险费等社会保险费和住房公积金,以及按规定提取的工会经费和职工教育经费,应当在职工为其提供服务的会计期间,根据规定的计提基础和计提比例计算确定相应的职工薪酬金额,并确认相应负债,计入当期损益或相关资产成本。

修订后的《企业会计准则第9号——职工薪酬》规定,将企业缴纳的养老保险和失业保险调整至离职后福利中,养老保险、失业保险等社会保险费属于设定提存计划。

企业应当在职工为其提供服务的会计期间,将根据设定提存计划计算的应缴存金额确认为负债,并计入当期损益或相关资产成本。

每个省市区的“五险一金”计提比例不尽相同。以北京市为例,其提取比例如下:

项　目	养老保险	医疗保险	失业保险	住房公积金	生育保险	工伤保险
企业提取比例	22%	12%	2%	7%	0.50%	0.50%

【例3-15】 以天河机械厂为例。根据天河机械厂2×15年2月份的薪酬费用分配表(见表3-9),计算提取社会保险、住房公积金、工会经费和职工教育经费等其他薪酬的情况,编制“其他薪酬分配表”如表3-10所示。

表3-10　天河机械厂其他薪酬分配表

2×15年2月　　　　单位:元

应借项目		成本项目	工资总额	其他薪酬
生产成本	甲产品	直接人工	192 000	83 520
	乙产品	直接人工	128 000	55 680
	小　计		320 000	139 200
生产成本	供电车间	直接人工	52 000	22 620
	供水车间	直接人工	29 400	12 789
	小　计		81 400	35 409

（续表）

应借项目		成本项目	工资总额	其他薪酬
制造费用	基本生产车间	职工薪酬	44 000	19 140
	供电车间	职工薪酬	16 000	6 960
	供水车间	职工薪酬	15 800	6 873
	小　计		75 800	32 973
管理费用		职工薪酬	120 000	52 200
合　　计			597 200	259 782

根据表 3-10 编制的会计分录如下：

借：生产成本——基本生产成本(甲产品)	83 520	
——基本生产成本(乙产品)	55 680	
生产成本——辅助生产成本(供电)	22 620	
——辅助生产成本(供水)	12 789	
制造费用——基本生产车间	19 140	
——供电车间	6 960	
——供水车间	6 873	
管理费用——职工薪酬	52 200	
贷：应付职工薪酬——其他薪酬		259 782

第五节 其他费用的归集和分配

一、折旧费用的核算

(一) 折旧的计算

折旧是指固定资产由于损耗而转移到产品成本或费用中去的那部分价值。企业计提固定资产折旧的方法主要有平均年限法、工作量法、双倍余额递减法和年数总和法等。折旧方法一经确定，不得随意调整。

为了简化折旧的计算工作，月份内开始使用的固定资产，当月不计提折旧，从下月起计提折旧，月份内减少的固定资产，当月仍计提折旧，从下月起停止计提折旧。

此外，企业除对已经提足折旧超龄使用的固定资产和单独估价入账作为固定资产的土地不再计提折旧外，应对所有的固定资产计提折旧。

【知识链接】

固定资产折旧的计算方法

1. 年限平均法

年限平均法又称直线法，是指将固定资产的应计折旧额均衡地分摊到固定资产预计使用寿命内的一种方法。采用这种方法计算的每期折旧额都相等。计算公式如下：

年折旧率＝(1－预计净残值率)÷预计使用寿命(年)×100%

月折旧率＝年折旧率÷12

月折旧额＝固定资产原价×月折旧率

2. 工作量法

工作量法是根据实际工作量计算每期应提折旧额的一种方法。计算公式如下：

单位工作量折旧额＝固定资产原价×(1－预计净残值率)÷预计总工作量

某项固定资产的月折旧额＝该项固定资产当月工作量×单位工作量折旧额

3. 双倍余额递减法

双倍余额递减法是指在不考虑固定资产预计净残值的情况下，根据每期期初固定资产原价减去累计折旧后的金额和双倍的直线法折旧率计算固定资产折旧的一种方法。

应用这种方法计算折旧额时，由于每年年初固定资产净值没有扣除预计净残值，所以在计算固定资产折旧额时，应在其折旧年限到期前两年内，将固定资产净值扣除预计净残值后的余额平均摊销。计算公式如下：

年折旧率＝2÷预计使用寿命(年)×100%

月折旧率＝年折旧率÷12

月折旧额＝每月月初固定资产账面净值×月折旧率

4. 年数总和法

年数总和法又称年限合计法，是指将固定资产的原价减去预计净残值后的余额，乘以一个以固定资产尚可使用寿命为分子、以预计使用寿命逐年数字之和为分母的逐年递减的分数计算每年折旧额。计算公式如下：

年折旧率＝尚可使用年限÷预计使用寿命的年限总和×100%

月折旧率＝年折旧率÷12

月折旧额＝(固定资产原价－预计净残值)×月折旧率

(二) 折旧费用的归集和分配

一种产品的生产往往需要多种机器设备，而每种机器设备又可能生产多种产品。因此，机器设备的折旧费用虽然是直接用于产品生产的费用，但一般属于分配工作比较复杂的间接计入费用，为了简化产品成本的计算工作，对于生产中使用的固定资产折旧没有专门设立成本项目，而是将其直接计入制造费用。

企业行政管理部门固定资产的折旧费用，用于其他经营业务的固定资产折旧费用，则应分别计入管理费用和其他业务支出。这就是说，折旧费用应该按照固定资产使用的车间、部门和用途，分别记入“制造费用”“管理费用”和“其他业务成本”等总账账户和所属明细账的借方，固定资产折旧总额应记入“累计折旧”账户的贷方。

由于企业每个月都要计算、分配折旧费用，因而当月的折旧额可以在上月折旧额的基础上加、减调整计算。即企业本月份应负担折旧费用，可以在上月固定资产折旧额的基础上，加上上月增加的固定资产的折旧额，减去上月减少的固定资产的折旧额计算求出。

【例 3-16】 天河机械厂 2×15 年 2 月折旧费用分配如下：基本生产车间发生折旧费用 28 600 元，供电车间发生折旧费用 5 800 元，供水车间发生折旧费用4 600元，企业行政管理部门发生折旧费用 11 000 元。

天河机械厂 2×15 年 2 月份的固定资产折旧费用分配表如表 3-11 所示。

表 3-11 天河机械厂折旧费用分配表

2×15 年 2 月　　单位：元

应借记账户	制造费用			管理费用	合计
	基本生产车间	供电车间	供水车间		
折旧金额	28 600	5 800	4 600	11 000	50 000

根据折旧费用分配表，编制会计分录如下：

借：制造费用——基本生产车间　28 600
　　制造费用——供电车间　5 800
　　　　　　——供水车间　4 600
　　管理费用　11 000
　贷：累计折旧　50 000

二、修理费的核算

固定资产修理费与折旧一样，也不单独设置成本项目，对于生产车间固定资产的修理费，应先在“制造费用”账户归集，归集完成后，于月末与其他制造费用一并按照一定的分配方法，计算分配计入不同的产品成本对象中，即从“制造费用”账户转入“生产成本”账户。对于企业行政管理部门固定资产的修理费用，应先在“管理费用”账户中归集，归集完成后，于月末直接转入当期损益中。2007 年颁布的《企业会计准则》中规定生产车间发生的固定资产修理费用不再记入“制造费用”账户，直接计入当期损益。

三、其他费用的核算

其他费用是指除了前述各项要素费用以外的各种费用。其他费用包括运输费、差旅费、邮电费、劳动保护费、租赁费、外部加工费、保险费、零星修理费、无形资产摊销、办公费、业务招待费和研究开发费等。

这些费用发生时，应根据有关付款凭证或转账凭证，先按其用途和发生地点归集记入“制造费用”“管理费用”“销售费用”等总账账户及其明细账户，然后分配计入产品成本或直接列入当期损益中。

【例 3-17】 天河机械厂 2×15 年 2 月各部门发生的办公费等其他费用如下：基本生产车间 1 600 元，供电车间 400 元，供水车间 500 元，企业行政管理部门2 500元。

根据有关费用支付凭证，编制会计分录如下：

借：制造费用——基本生产车间　　1 600
　　制造费用——供电车间　　400
　　　　　　——供水车间　　500
　　管理费用　　2 500
　贷：银行存款　　5 000

【关键术语】

要素费用　成本项目　计划成本　实际成本　定额消耗量　定额工时　原材料　外购动力　职工薪酬　计时工资　计件工资　日工资率

【问题思考】

1. 要素费用分配的基本程序是什么？
2. 要素费用分配的步骤有哪些？
3. 费用分配的标准有哪些？
4. 材料费用的分配有哪些方法？
5. 材料费用分配表如何编制？怎样进行账务处理？
6. 工资结算凭证有哪些？如何分配职工薪酬？
7. 外购动力费怎样计算和分配？

【实训案例】

奥博机械厂是生产大型机械设备的企业，属于技术密集型生产类型，且企业在生产过程中使用的大型、先进的设备较多，自动化程度较高。该企业生产和销售甲、乙两种机械产品，并以产品品种作为成本核算对象。

由于该企业历史悠久，因此成本管理基础工作比较扎实，生产车间的各项原始记录和业务统计工作比较完整；产品的生产计划合理稳定，各项指标的计划完整，定额管理科学完善，产品的各种消耗定额健全，特别是材料消耗的定额非常合理实用。

甲、乙两种机械产品的成本项目中均设有“直接材料”“直接人工”“直接燃料和动力”以及“制造费用”四个专栏。

材料费用的发生既有可以直接计入甲、乙两种产品中的直接计入费用，也有需要分配的间接计入费用。

直接人工费、直接燃料和动力费以及生产车间的制造费用都属于间接计入费用。

要求：为了合理地归集甲、乙两种产品的各项生产费用，从而合理地计算甲、乙两种产品的生产成本，请你根据以上所述具体情况，讨论分析以下问题。

(1) 该企业对于需要分配计入的材料费用应采用什么方法进行分配？为什么？

(2) 该企业采用什么标准分配生产工人的薪酬费用？为什么？

(3) 该企业应如何将直接燃料和动力费用以及制造费用在甲、乙两种产品之间进行合理分配，应采取什么标准？并说明理由。

本章练习

姓名______
学号______
分数______

扫二维码获得更多本章习题及案例

四、计算题

1. 某企业生产甲、乙、丙、丁四种产品，耗用材料的情况如下所示。

(1) 原料及主要材料耗用数量情况如表 3-12 所示。

表 3-12　原材料及主要材料耗用表　　　　金额单位：元

项　　目	计量单位	计划成本	甲产品	乙产品	丙产品	丁产品
A 材料	千克	45	2 375		4 104	
B 材料	千克	7.8	1 000	62 700		4 500
C 材料	千克	9.4	24 276		350	
D 材料	千克	250	32			

(2) 产量和产品单位定额消耗量资料如表 3-13 所示。

表 3-13　产量和产品单位定额消耗量表

产　　品	产　　量(件)	定额消耗量(千克)		
		A 材料	B 材料	C 材料
甲产品	400	2.5	2.6	52
乙产品	500	3	48	6
丙产品	700	4	60	0.4
丁产品	1 000	1	4.6	

(3) A 材料、B 材料和 C 材料按定额耗用量比例分配，D 材料按产品产量分配。

要求：根据上述资料编制材料费用分配表，编制材料费用分配的会计分录。

2. 某企业 2×15 年×月共耗电 72 500 度，每度电价格为 0.61 元。生产甲、乙两种产品耗用 50 000 度，没有按产品单独安装电表。电费按照甲、乙两种产品的生产工时比例分配。其中，甲产品生产工时为45 000 小时，乙产品生产工时为16 000小时，基本生产车间管理照明用电 7 000 度，企业行政管理部门用电 10 000 度，专设销售机构照明用电 5 500度。

要求：根据上述资料分配本月动力费用，将计算结果填入表 3-14，编制相应的会计分录。

表 3-14 外购动力费分配表

2×15 年×月

应借记科目	实际工时(小时)	分配率(元/小时)	分配金额(元)
生产成本——基本生产成本(甲产品)			
生产成本——基本生产成本(乙产品)			
制造费用			
管理费用			
销售费用			
合　计			

3. 职工王小利月标准工资为 3 600 元。8 月份 31 天,病假 3 天,事假 2 天,8 个休息日,出勤 18 天。根据其工龄,病假工资按工资标准的 90%计算,病假和事假期间没有节假日。

要求:按本章讲述的四种方法计算王小利 8 月份应发工资。

业务实训

业务实训一

1. 目的:练习多种产品共同耗用材料费用的定额费用比例法。

2. 资料:光明工厂基本生产甲、乙、丙三种产品,共同耗用 A 材料 3 060 千克,每千克3.5 元,三种产品的产量分别为 150 件、100 件、300 件,对 A 材料的消耗定额分别为 3 千克、1.5 千克、4 千克。

要求:按定额费用比例法,计算甲、乙、丙三种产品应分配的 A 材料费用,并填入表 3-15 中。

表 3-15 材料费用分配表

20××年×月　　　　金额单位:元

应借记科目			共同耗用材料费用		
总账科目	明细科目	成本项目	定额费用	分配率(元/千克)	分配金额
生产成本	甲产品	直接材料			
	乙产品	直接材料			
	丙产品	直接材料			
合　计					

业务实训二

1. 目的:练习职工薪酬的归集和分配。

2. 资料:光明机械厂生产甲、乙、丙三种产品。20××年×月应付职工工资为 457 500 元,其中,产品生产工人的工资为 282 500 元,车间管理人员工资为 45 000 元,企业行政管理部门人员工资 130 000 元。本月甲、乙、丙三种产品的生产工时分别为 8 000 小时、4 000 小时和3 000小时。企业确定的职工福利提取比例为工资总额的6%，按照有关规定，分别按工资总额的8%、0.8%和0.8%的比例，计提医疗保险、养老保险、失业保险费、工伤保险费和生育保险费等社会保险费，并分别按工资总额的8%、2%和1.5%计提住房公积金、工会经费、职工教育经费。

3. 要求：(1) 填制职工福利费计算表(见表3-16)。

表3-16　职工福利费计算表

20××年×月　　　　金额单位：元

车间或部门	工资总额	计提比例	提取职工福利费金额
产品生产工人			
车间管理人员			
企业行政管理人员			
合　计			

(2) 填制社会保险费计算表(见表3-17)。

表3-17　社会保险费计算表

20××年×月　　　　单位：元

部　门	工资总额	医疗保险(8%)	养老保险(20%)	失业保险(2%)	工伤保险(0.8%)	生育保险(0.8%)	合　计
产品生产工人							
车间管理人员							
行政管理人员							
合　计							

(3) 填制住房公积金、工会经费和职工教育经费计算表(见表3-18)。

表3-18　住房公积金、工会经费和职工教育经费计算表

20××年×月　　　　单位：元

部　门	工资总额	住房公积金(8%)	工会经费(2%)	职工教育经费(1.5%)	合　计
产品生产工人					
车间管理人员					
行政管理人员					
合　计					

(4) 采用生产工时分配法分配直接人工费，完成职工薪酬汇总表和直接人工费分配表(见表3-19和表3-20)。

表 3-19 职工薪酬汇总表

20××年×月 单位:元

部门	产品生产工人	车间管理人员	行政管理人员	合计
1. 工资总额				
2. 职工福利费				
3. 社会保险费				
医疗保险费				
养老保险费				
失业保险费				
生育保险费				
工伤保险				
4. 住房公积金				
5. 工会经费				
6. 职工教育经费				
合计				

表 3-20 直接人工费分配表

20××年×月 金额单位:元

产品名称	实际生产工时(小时)	分配率(元/小时)	分配金额
甲产品			
乙产品			
丙产品			
合计			

章前导引

第四章 辅助生产费用和制造费用的核算

教学目标

通过本章的学习，熟悉辅助生产费用和制造费用的内容；掌握辅助生产费用和制造费用的归集和分配方法；重点掌握辅助生产费用和制造费用各种分配方法的计算、适用范围和优缺点。

第一节 辅助生产费用的归集和分配

谈到成本，很多人可能只会想到归集产品生产过程中的原材料、生产工人的薪酬，而常常忘了生产产品时还会消耗供水、供电、供汽、运输等辅助生产部门提供的劳务或产品。一般来说，一个完备的生产企业会有专门的辅助生产部门来保证企业正常的生产经营活动。

一、辅助生产部门的特点

辅助生产部门是为企业的基本生产车间、行政管理等部门提供产品或劳务的生产部门，也称辅助生产车间。辅助生产车间一般不对外服务。因此，辅助生产部门发生的费用应由各受益的车间、部门负担。

辅助生产部门有的只生产一种产品或劳务，如供水、供电、运输等；有的则生产多种产品和劳务，如从事工具、模具、修理用备件的制造，以及机器设备的修理。

辅助生产部门发生的费用必须单独进行归集与核算，然后采用一定的方法在受益对象之间进行分配，计入各受益对象的成本中。可见，辅助生产产品和劳务成本的高低影响到企业产品成本的水平，所以做好辅助生产费用的归集与分配对于企业节约费用、降低成本都有积极的作用。

二、辅助生产费用的内容

辅助生产费用是辅助生产车间在一定时期内为基本生产车间和行政管理等部门提供劳务或产品而发生的各种耗费。具体包括两个部分内容：第一部分是该车间自身发生的各项费用，如耗用的各项要素费用，分摊的预付费用等，如直接材料费、直接人工费和制造费用等；第二部分是从其他辅助生产车间分配进来的费用，这部分费用是存在多个辅助生产车间时，由于相互提供劳务或产品而从其他辅助生产车间分进来的交互服务费用。

三、辅助生产费用的归集

（一）辅助生产费用归集的账户设置

1. “生产成本——辅助生产成本”账户

该账户是成本类账户，用来核算辅助生产费用的归集和分配。账户的借方登记辅助生产费用的归集数，贷方登记结转完工入库的自制材料、工具模具的成本及其向辅助生产车间、基本生产车间、行政管理部门等受益单位分配转出的劳务费用。期末若有余额，应在借方，表示辅助生产车间在产品的成本。该账户一般应按车间、劳务或产品设置明细账。

在只提供一种产品或劳务的辅助生产车间，只需按车间设置明细账；在提供多种产品或劳务的辅助生产车间，除按车间设置外，还应按各种产品或劳务设置明细账。

2. “制造费用——辅助生产车间”账户

该账户是成本类账户，用来核算辅助生产车间为组织和管理生产活动等发生的制造费用。账户的借方登记辅助生产车间发生的各项制造费用，贷方登记分配转出的辅助生产车间的制造费用。该账户一般无余额。

（二）辅助生产费用核算方法

辅助生产费用的核算方式有两种：一是辅助生产车间的制造费用单独核算的方式，二是辅助生产车间的制造费用不单独核算的方式。辅助生产车间的制造费用单独核算的方式下，需要设置“生产成本——辅助生产成本”和“制造费用——辅助生产车间”账户分别核算辅助生产费用；辅助生产车间不单独核算的方式下，只需设置“生产成本——辅助生产成本”账户。

1. 辅助生产车间单独核算制造费用方式

在这种方式下，对于辅助生产车间发生的各项费用，要区分是为提供劳务或产品发生的，可计入辅助生产成本的费用，还是为组织管理生产而发生的制造费用，分别记入上述两个账户。

辅助生产车间为提供劳务和生产产品发生的费用，记入“生产成本——辅助生产成本”账户及所属明细账，而辅助生产车间发生的为组织和管理生产而发生的制造费用先记入“制造费用——辅助生产车间”账户。月末，按照一定的方法分配转入“生产成本——辅助生产成本”账户，经分配结转后，“制造费用——辅助生产车间”账户应无余额。

【例 4-1】 天河机械厂设有供电和供水两个辅助生产车间，辅助生产车间的制造费用单独核算。根据 2×15 年 2 月该企业各项费用分配表，记入供电和供水车间的“生产成本——辅助生产成本”和“制造费用”明细账的资料如表 4-1 至表 4-4 所示。

表 4-1　辅助生产成本明细账

辅助车间：供电　　　　2×15 年 2 月

摘　　要	直接材料	直接燃料和动力	直接人工	制造费用	合　　计	转　　出
材料费用分配表	19 380				19 380	
外购动力分配表		6 750			6 750	
职工薪酬分配表			52 000		52 000	

（续表）

摘　　要	直接材料	直接燃料和动力	直接人工	制造费用	合　　计	转　　出
其他薪酬分配表			22 620		22 620	
待分配费用小计	19 380	6 750	74 620		100 750	
制造费用分配表				81 444.80	81 444.80	
辅助生产费用分配表						182 194.80
合　　计	19 380	6 750	74 620	81 444.80	182 194.80	182 194.80

表 4-2　辅助生产成本明细账

辅助车间：供水　　　　2×15 年 2 月

摘　　要	直接材料	直接燃料和动力	直接人工	制造费用	合　　计	转　　出
材料费用分配表	11 220				11 220	
外购动力分配表		8 250			8 250	
职工薪酬分配表			29 400		29 400	
其他薪酬分配表			12 789		12 789	
待分配费用小计	11 220	8 250	42 189		61 659	
制造费用分配表				48 227.28	48 227.28	
辅助生产费用分配表						109 886.28
合　　计	11 220	8 250	42 189	48 227.28	109 886.28	109 886.28

表 4-3　制造费用明细账

辅助车间：供电　　　　2×15 年 2 月

摘　　要	机物料	燃料动力	职工薪酬	折旧费	办公费	水电费	合　　计	转　　出
材料费用分配表	7 752						7 752	
外购动力分配表		4 500					4 500	
职工薪酬分配表			16 000				16 000	
其他薪酬分配表			6 960				6 960	
折旧计算表				5 800			5 800	

（续表）

摘　要	机物料	燃料动力	职工薪酬	折旧费	办公费	水电费	合　计	转　出
付款凭证					400		400	
待分配的制造费用	7 752	4 500	22 960	5 800	400		41 412	
辅助生产成本分配表						40 032.80	40 032.80	
制造费用分配表								81 444.80
合　计	7 752	4 500	22 960	5 800	400	40 032.80	81 444.80	81 444.80

表 4-4　制造费用明细账

辅助车间：供水　　2×15 年 2 月

摘　要	机物料	燃料动力	职工薪酬	折旧费	办公费	水电费	合　计	转　出
材料费用分配表	7 650						7 650	
外购动力分配表		3 000					3 000	
职工薪酬分配表			15 800				15 800	
其他薪酬分配表			6 873				6 873	
折旧计算表				4 600			4 600	
支付凭证					500		500	
待分配的制造费用	7 650	3 000	22 673	4 600	500		38 423	
辅助生产成本分配表						9 804.28	9 804.28	
制造费用分配表								48 227.28
合　计	7 650	3 000	22 673	4 600	500	9 804.28	48 227.28	48 227.28

2. 辅助生产车间不单独核算制造费用方式

有的企业辅助生产车间规模较小，发生的辅助生产费用较少，辅助生产单位不对外销售产品或劳务，不需要按规定的成本项目计算辅助生产成本，为了简化核算工作，辅助生产车间不单独设置“制造费用”账户。

在这种方法下，凡是辅助生产车间发生的各项费用，无论是为提供劳务或产品发生的，还是为组织管理生产而发生的制造费用，全部记入“生产成本——辅助生产成本”账户。这时，“生产成本——辅助生产成本”明细账是按照成本项目与费用项目相结合设置专栏，而不是仅按成本项目设置专栏。

【例 4-2】 黄河机械厂 2×15 年 1 月的辅助生产成本明细账如表 4-5 和表 4-6 所示（不设置制造费用的辅助生产成本明细账）。

表 4-5 辅助生产成本明细账

辅助车间:供电

摘 要	原材料	人工费	折旧费	办公费	合 计	转 出
材料费用分配表	7 752				7 752	
职工薪酬分配表		5 160			5 160	
其他薪酬分配表		722.40			722.40	
折旧计算表			1 930		1 930	
办公费支付凭证				385.60	385.60	
待分配费用合计	7 752	5 882.40	1 930	385.60	15 950	
辅助生产费用分配表						15 950

表 4-6 辅助生产成本明细账

辅助车间:供水

摘 要	原材料	人工费	折旧费	办公费	合 计	转 出
材料费用分配表	7 650				7 650	
职工薪酬分配表		2 940			2 940	
其他薪酬分配表		411.60			411.60	
折旧计算表			1 710		1 710	
办公费支付凭证				488.40	488.40	
待分配费用合计	7 650	3 351.60	1 710	488.40	13 200	
辅助生产费用分配表						13 200

总之,辅助生产费用发生时,应根据所编制的材料费用分配表、薪酬分配表、辅助生产费用分配表等原始凭证,编制相应会计分录如下:

借:生产成本——辅助生产成本——××辅助生产单位 1　　×××
　贷:原材料　　×××
　　材料成本差异(或借记)　　×××
　　应付职工薪酬　　×××
　　银行存款　　×××
　　周转材料　　×××
　　生产成本——辅助生产成本——××辅助生产单位 2　　×××

四、辅助生产费用的分配

辅助生产费用的分配,就是指将辅助生产成本各明细账上所归集的费用,采用一定的方法计算出辅助产品或劳务的总成本和单位成本,并按受益对象耗用的数量,分配计入基本生产成本或期间费用的过程。

由于辅助生产车间所生产的产品和劳务的种类不同,费用转出、分配的程序也不一样。

如果辅助生产车间提供的是产品,如辅助生产车间生产的是工具、模具和修理用备件等,则应在期末将辅助生产成本在完工产品和在产品之间进行分配,并结转完工产品成本,从"生产成本——辅助生产成本"账户的贷方转入"周转材料""原材料"等账户的借方,其他单位领用时,按周转材料或原材料的核算方法进行核算。

如果辅助生产车间提供的是劳务作业,如供水、供电、供热、机修、运输等劳务,则须将当期发生的辅助生产费用在各受益单位之间,按照所耗用数量或其他比例进行分配,分配后按受益单位不同分别记入不同的成本和费用账户。

具体来说,基本生产车间应分配的辅助生产费用,如果能直接确定是哪种产品耗用的,则直接记入"生产成本——基本生产成本"明细账的制造费用成本项目;如果是多种产品共同耗用的,则先记入"制造费用——基本生产车间",待制造费用归集后,记入"生产成本——基本生产成本"账户;行政管理部门耗用的,则记入"管理费用"账户。

辅助生产提供的产品和劳务,主要是为基本生产车间及行政管理部门服务的,但在某些辅助生产车间也有相互提供产品和劳务的情况,如机修车间为供水车间提供机修服务,而供水车间又为机修车间提供用水。为了正确计算辅助生产产品和劳务的成本,在分配辅助生产费用时,应在各辅助生产车间之间进行费用的相互分配,然后才是对外(即辅助生产车间以外的各受益单位)分配费用。

由于上述原因,辅助生产费用的分配是一个较为复杂的过程。为了使分配结果尽量接近客观,在分配时应根据企业各辅助生产部门生产产品的特点及其受益单位提供服务的情况,结合企业管理的条件和要求来选用适当的分配方法。

辅助生产费用的分配,通常采用的方法有直接分配法、交互分配法、计划成本分配法、代数分配法及顺序分配法。

(一) 直接分配法

直接分配法是指各辅助生产车间发生的费用,直接分配给辅助生产车间以外的各受益单位,不考虑各辅助生产车间之间相互提供产品或劳务的情况。在这种分配方式下,各辅助生产部门之间的费用互不分配,既不转出也不转入。具体计算公式如下:

$$\text{费用分配率(单位成本)}=\frac{\text{某辅助生产部门待分配费用}}{\text{该辅助生产部门提供给辅助生产部门以外受益对象的劳务总量}}$$

某受益对象应负担的费用=该受益对象接受的劳务供应总量×费用分配率

【例 4-3】 依[例 4-2]资料,黄河机械厂有供水、供电两个辅助生产车间,为基本生产和其他部门提供服务。2×15 年 1 月,供电、供水车间发生的辅助生产费用分别为 15 950 元和 13 200 元。各辅助生产车间提供的劳务数量如表 4-7 所示。

表 4-7 辅助生产车间生产数量以及各受益单位耗用量表

2×15 年 1 月

使用单位		电供应量(度)	水供应量(吨)
辅助生产车间	供电车间		2 000
	供水车间	1 000	

（续表）

使用单位		电供应量(度)	水供应量(吨)
基本生产车间	产品直接用	9 000	
	车间一般用	400	15 000
管理部门		600	5 000
合　计		11 000	22 000

根据表 4-7，用直接分配法计算各辅助生产部门的费用分配率如下：

供电车间费用分配率＝15 950÷(11 000－1 000)＝1.595

供水车间费用分配率＝13 200÷(22 000－2 000)＝0.66

采用直接分配法的辅助生产费用分配表如表 4-8 所示。

表 4-8 辅助生产费用分配表(直接分配法)

2×15 年 1 月　　　　金额单位：元

项　目		供电车间	供水车间	合　计
待分配辅助生产费用		15 950	13 200	29 150
供应辅助生产部门以外的劳务量		10 000(度)	20 000(吨)	—
费用分配率		1.595	0.66	—
基本生产车间产品直接用	耗用数量	9 000(度)		—
	应分配金额	14 355		14 355
基本生产车间一般用	耗用数量	400(度)	15 000(吨)	—
	应分配金额	638	9 900	10 538
管理部门	耗用数量	600(度)	5 000(吨)	—
	应分配金额	957	3 300	4 257
分配金额合计		15 950	13 200	29 150

根据表 4-8，编制会计分录如下：

借：生产成本——基本生产成本(直接燃料和动力)　　14 355
　　制造费用　　10 538
　　管理费用　　4 257
　贷：生产成本——辅助生产成本——供电车间　　15 950
　　　　　　　　　　　　　　　——供水车间　　13 200

采用直接分配法，各辅助生产部门待分配的费用只是对外(辅助生产部门之外的部门)分配一次，计算工作简便。但各辅助生产部门的费用都没有考虑所耗用的其他辅助生产部门的产品或劳务的成本，费用归集不完整。当辅助生产车间相互提供的产品或劳务数量差异较大时，辅助生产费用的归集和分配的结果往往与实际情况不符。因此，这种方法只适宜在辅助生产内部相互提供产品或劳务不多，不进行相互分配，对辅助生产成本和产品制造成本影响不大的情况下使用。

（二）交互分配法

交互分配法是将各辅助生产单位发生的费用，先在各辅助生产单位之间进行分配，再将交互分配以后辅助生产单位的全部应分配费用在辅助生产单位以外的受益对象之间进行分配的方法。

这种方法的特点是要进行两次分配。第一次分配是先根据各辅助生产车间相互提供的产品或劳务的数量和交互分配前的分配率，在各辅助生产车间之间进行一次交互分配；第二次分配是将各辅助生产车间交互分配后的实际费用（交互分配前的成本费用加上交互分配转入的成本费用，减去交互分配转出的成本费用），按向辅助生产车间以外各受益单位提供产品或劳务的数量和交互分配后的分配率，在辅助生产车间以外的单位之间进行分配。具体计算公式如下。

1. 第一次分配：交互分配

$$\text{某辅助生产车间交互分配率}=\frac{\text{该辅助生产车间直接费用额}}{\text{劳务供应总量}}$$

某辅助生产车间分配转入的辅助生产费用＝该辅助生产车间受益的劳务量×相应的交互分配率

某辅助生产车间分配转出的辅助生产费用＝提供给其他辅助生产车间受益的劳务量×相应的交互分配率

2. 第二次分配：对外分配

$$\text{某辅助生产车间对外费用分配率}=\frac{\text{该辅助生产车间对外待分配费用额}}{\text{辅助生产车间以外的受益单位耗用的劳务总量}}$$

其中：该辅助生产车间对外待分配费用额＝该辅助生产车间直接费用额＋交互分配转入的费用－交互分配转出的费用

某受益单位应分配的辅助生产费用＝该单位受益的劳务量×相应的对外费用分配率

【例 4-4】 天河机械厂有供电、供水两个辅助生产车间，为基本生产和其他部门提供服务。依[例 4-1]资料，2×15 年 2 月，供电、供水车间发生的辅助生产费用分别为 100 750 元和 61 659 元（见表 4-1 和表 4-2）。供电、供水车间发生的待分配的制造费用分别为 41 412 元和 38 423 元（见表 4-3 和表 4-4），各辅助生产车间提供的劳务数量如表 4-9 所示，待分配辅助生产费用如表 4-10 所示，按交互分配法编制“辅助生产费用分配”见表 4-11。

表 4-9　天河机械厂辅助生产车间生产数量以及各受益单位耗用量表

2×15 年 2 月

使用单位		用电（度）	用水（吨）
辅助生产车间	供电车间		20 000
	供水车间	10 000	
基本生产车间	甲产品直接耗用	100 000	
	车间一般用	20 000	20 000
管理部门		15 000	10 000
合　　计		145 000	50 000

表 4-10 天河机械厂待分配辅助生产车间生产费用资料表

2×15 年 2 月　　　　单位:元

账　户	供电车间	供水车间	合　计
生产成本——辅助生产成本	100 750	61 659	162 409
制造费用	41 412	38 423	79 835
合　计	142 162	100 082	242 244

表 4-11 天河机械厂辅助生产费用分配表(交互分配法)

2×15 年 2 月　　　　金额单位:元

项　目			交互分配			对外分配		
辅助生产车间			供电车间	供水车间	合计	供电车间	供水车间	合　计
待分配辅助生产费用			100 750	61 659	162 409			
待分配的制造费用			41 412	38 423	79 835			
小计			142 162	100 082	242 244	172 390.52	69 853.48	242 244
劳务供应量			145 000(度)	50 000(吨)	—	135 000(度)	30 000(吨)	—
费用分配率			0.980 428(元/度)	2.001 64(元/吨)	—	1.276 967(元/度)	2.328 449(元/吨)	
辅助生产车间	供电车间	分配数量		20 000(吨)	—			
		分配金额		40 032.80	40 032.80			
	供水车间	分配数量	10 000(度)		—			
		分配金额	9 804.28		9 804.28			
基本生产车间	产品耗用	分配数量				100 000(度)		—
		分配金额				127 696.70		127 696.70
	车间一般消耗	分配数量				20 000(度)	20 000(吨)	—
		分配金额				25 539.34	46 568.98	72 108.32
管理部门		分配数量				15 000(度)	10 000(吨)	—
		分配金额				19 154.48	23 284.50	42 438.98
分配金额合计			9 804.28	40 032.80	49 837.08	172 390.52	69 853.48	242 244

注:尾差计入管理费用。

表 4-11 中相关计算如下:

(1) 交互分配前的分配率。(单位成本)

供电车间费用分配率=142 162÷145 000=0.980 428(元/度)

供水车间费用分配率=100 082÷50 000=2.001 64(元/吨)

(2) 交互分配。

供电车间应负担水费=20 000×2.001 64=40 032.80(元)

供水车间应负担电费=10 000×0.980 428=9 804.28(元)

(3) 交互分配后的实际费用。

供电车间实际费用＝142 162＋40 032.80－9 804.28＝172 390.52(元)
供水车间实际费用＝100 082＋9 804.28－40 032.8＝69 853.48(元)

(4) 交互分配后的分配率。(单位成本)

供电车间费用分配率＝172 390.52÷135 000＝1.276 967(元/度)
供水车间费用分配率＝69 853.48÷30 000＝2.328 449(元/吨)

(5) 对外分配。

甲产品应负担电费＝100 000×1.276 967＝127 696.70(元)
基本生产车间一般用应负担电费＝20 000×1.276 967＝25 539.34(元)
管理部门应负担电费＝172 390.52－127 696.70－25 539.34＝19 154.48(元)
基本生产车间一般用应负担水费＝20 000×2.328 449＝46 568.98(元)
管理部门应负担水费＝69 853.48－46 568.98＝23 284.50(元)

根据表 4-11 编制会计分录如下：

(1) 交互分配。

借：制造费用——供电车间　　40 032.80
　　　　　　——供水车间　　9 804.28
　贷：生产成本——辅助生产成本——供电车间　　9 804.28
　　　　　　　　　　　　　　　——供水车间　　40 032.80

(2) 结转辅助生产车间的制造费用。辅助生产车间制造费用分配如表 4-12 所示。

表 4-12　天河机械厂辅助生产车间制造费用汇总表

2×15 年 2 月　　单位:元

辅助生产部门	交互分配前	交互分配转入数	合　计
供电车间	41 412	40 032.80	81 444.80
供水车间	38 423	9 804.28	48 227.28

借：生产成本——辅助生产成本——供电车间　　81 444.80
　　　　　　　　　　　　　　——供水车间　　48 227.28
　贷：制造费用——供电车间　　81 444.80
　　　　　　　——供水车间　　48 227.28

(3) 对外分配。

借：生产成本——基本生产成本——甲产品　　127 696.70
　　制造费用——基本生产车间　　72 108.32
　　管理费用　　42 438.98
　贷：生产成本——辅助生产成本——供电车间　　172 390.52
　　　　　　　　　　　　　　　——供水车间　　69 853.48

根据上述会计分录登记的辅助生产成本明细账、制造费用明细账见表 4-1 至表 4-4。

采用交互分配法，辅助生产车间内部进行了交互分配，从而提高了分配结果的客观性和正确性，但由于要进行两次分配，各辅助生产费用要计算两次费用分配率，还要进行费用的转出和转入，增加了计算的工作量。另外，由于交互分配采用的分配率是根据交互分配前的待分配费用计算的，不是各辅助生产部门的实际单位成本，因而计算结果也并非完全客观正确。这种方法一般适用于各辅助生产车间之间相互提供产品或劳务的数量较多的企业。

（三）计划成本分配法

计划成本分配法是指根据辅助生产提供产品或劳务的计划成本和各受益单位的受益量分配辅助生产费用的一种方法。辅助生产为各受益单位（包括其他辅助生产车间）提供的产品或劳务，一律按产品或劳务的实际耗用量和计划单位成本进行分配。辅助生产车间实际发生的费用，包括辅助生产交互分配转入的费用在内，与按计划单位成本转出的费用之间的差额，就是辅助生产产品或劳务的成本差异。对于这一成本差异，有两种处理方法：一种是可以将这部分差异追加分配给辅助生产以外的各受益单位；为简化计算，还有一种方法是将差异全部记入“管理费用”账户。第一种方法的计算公式及步骤如下。

（1）按计划成本分配。

某受益单位应分配劳务费用（含辅助生产单位）＝该受益对象的受益数量×单位计划成本

（2）分配成本差异。

$$\text{成本差异额}=\text{各辅助生产部门发生的费用}+\text{按计划成本分配转入的费用}-\text{按计划成本分配转出的费用}$$

$$\text{成本差异分配率}=\frac{\text{成本差异额}}{\text{辅助生产部门以外的受益单位的劳务量(或分配的计划成本)}}$$

某受益单位应分配的成本差异＝该受益单位受益量（或分摊的计划成本）×成本差异分配率

【例 4-5】 仍以[例 4-2]和表 4-7 中的有关资料，黄河机械厂按计划成本分配辅助生产费用，计划单位成本供电车间的电为 1.6 元/度，供水车间的水为 0.65 元/吨，则按计划成本分配法编制“辅助生产费用分配表”，如表 4-13 所示。

表 4-13　辅助生产费用分配表（计划成本分配法）　　金额单位：元

项目				供电车间	供水车间	合计
待分配生产费用				15 950	13 200	29 150
供应劳务总量				11 000（度）	22 000（吨）	—
计划单位成本				1.6	0.65	—
按计划成本分配	辅助生产车间	供电车间	耗用数量		2 000（吨）	—
			分配金额		1 300	1 300
		供水车间	耗用数量	1 000（度）		—
			分配金额	1 600		1 600

（续表）

项目				供电车间	供水车间	合计
按计划成本分配	基本生产车间	产品直接用	耗用数量	9 000(度)		—
			分配金额	14 400		14 400
		车间一般用	耗用数量	400(度)	15 000(吨)	—
			分配金额	640	9 750	10 390
	管理部门		耗用数量	600(度)	5 000(吨)	—
			分配金额	960	3 250	4 210
	按计划成本分配金额合计			17 600	14 300	31 900
辅助生产实际成本				17 250	14 800	32 050
成本差异分配	待分配差异额			−350	＋500	＋150
	成本差异分配率			−0.035(元/度)	0.025(元/吨)	—
	基本生产车间产品直接用			−315		−315
	基本生产车间一般用			−14	375	＋361
	管理部门			−21	125	＋104
	成本差异分配合计			−350	＋500	＋150

根据表 4-13，编制会计分录如下：

(1) 按计划成本分配。

借：生产成本——辅助生产成本——供电车间	1 300
——供水车间	1 600
——基本生产成本	14 400
制造费用	10 390
管理费用	4 210
贷：生产成本——辅助生产成本——供电车间	17 600
——供水车间	14 300

(2) 成本差异分配。

借：生产成本——基本生产成本	315
制造费用	361
管理费用	104
贷：生产成本——辅助生产成本——供电车间	350
——供水车间	500

为了简化核算，我们对辅助生产车间实际发生的费用（包括辅助生产交互分配转入的费用在内）与按计划单位成本转出的费用之间的差额（即辅助生产产品或劳务的成本差异），也可以不进行成本差异在辅助生产车间外的受益单位间进一步分配，而是将成本差异全部计入管理费用。采用这种方法，在[例 4-5]中，我们将供电车间的成本节约差异 350 元和供水

车间的成本超支差异500元直接记入“管理费用”账户，编制会计分录如下：

借：管理费用　　150
　贷：生产成本——辅助生产成本——供电车间　　350（红字）
　　　　　　　　　　　　　　——供水车间　　500

采用计划成本分配法，其优点是只要知道各受益单位耗用辅助生产车间的产品或劳务数量，就可以按照事先制定好的计划单位成本进行分配，因而大大简化了计算工作，而且成本计算的及时性强。同时，按照计划单位成本分配辅助生产费用，排除了辅助生产实际费用高低对各受益单位成本的影响，有利于分清企业内部各单位的经济责任。另外，该方法还能反映辅助生产车间产品或劳务的实际成本脱离计划成本的差异。

采用计划成本分配法的缺点是成本差异的计算不准确，因为本月实际总成本是按照直接发生费用加上计划转入成本计算的，而且如果企业计划单位成本制定得不准确，则会影响辅助生产费用分配的准确性。

计划成本分配法适用于计划管理水平较高，计划单位成本制定比较准确的企业。

(四) 代数分配法

代数分配法是运用代数中多元一次联立方程的原理，在辅助生产车间之间相互提供产品或劳务情况下的一种辅助生产成本费用分配方法。采用这种方法：首先，根据各辅助生产车间相互提供产品和劳务的数量关系，将各辅助生产车间提供的产品或劳务的单位成本设为未知数，建立方程式，求解计算出辅助生产产品或劳务的单位成本(分配率)；然后，根据各受益单位(包括辅助生产车间内、外部各单位)耗用辅助产品和劳务的数量以及求出的单位成本，计算各受益单位应分配计入的辅助生产费用。

【例4-6】 黄河机械厂有供水、供电两个辅助生产车间，为基本生产和其他部门提供服务。2×15年1月，供电、供水车间发生的辅助生产费用分别为15 950元和13 200元。各辅助生产车间向工厂和部门提供的劳务数量如表4-14所示。

表4-14　辅助生产车间生产数量以及各受益单位耗用量表

使用单位		用电(度)	用水(吨)
辅助生产车间	供电车间		2 000
	供水车间	1 000	
基本生产车间	产品直接用	9 000	
	车间一般用	400	15 000
管理部门		600	5 000
合计		11 000	22 000

假设 X 是每度电的成本，Y 是每吨水的成本，列联立方程式如下：

$$\begin{cases} 15\,950+2\,000Y=11\,000X \\ 13\,200+1\,000X=22\,000Y \end{cases}$$

解得：

$$\begin{cases}X\approx1.572\\Y\approx0.671\end{cases}$$

按代数分配法编制“辅助生产费用分配表”，如表 4-15 所示。

表 4-15　辅助生产费用分配表(代数分配法)　　　金额单位：元

项　　目			供电车间	供水车间	合　计
待分配辅助生产费用			15 950	13 200	29 150
待分配的劳务量			11 000(度)	22 000(吨)	—
费用分配率			1.572(元/度)	0.671(元/吨)	—
辅助生产车间	供电车间	分配数量		2 000(吨)	—
		分配金额		1 342	1 342
	供水车间	分配数量	1 000(度)		
		分配金额	1 572		1 572
基本生产车间	产品直接用	分配数量	9 000(度)		
		分配金额	14 148		14 148
	车间一般用	分配数量	400(度)	15 000(吨)	—
		分配金额	628.80	10 065	10 693.80
管理部门		分配数量	600(度)	5 000(吨)	—
		分配金额	943.20	3 365	4 308.20
分配金额合计			17 292	14 772	32 064

注：尾差计入管理费用。

根据表 4-15，编制会计分录如下：

借：生产成本——辅助生产成本——供电车间　　1 342.00
　　　　　　　　　　　　　　——供水车间　　1 572.00
　　　　——基本生产成本　　14 148.00
　　制造费用　　10 693.80
　　管理费用　　4 308.20
　贷：生产成本——辅助生产成本——供电车间　　17 292.00
　　　　　　　　　　　　　　　——供水车间　　14 772.00

代数分配法的优点是费用成本分配结果最为正确。代数分配法的缺点是，在辅助生产车间较多的情况下，未知数较多，计算复杂，因而这种分配法适宜在计算工作已经实现电算化的企业采用。

（五）顺序分配法

顺序分配法又称梯形分配法，是指各辅助生产车间之间的费用按受益多少的顺序依次排列，受益少的排在前面，先将费用分配出去，受益多的排在后面，后将费用分配出去的一种方法。

顺序分配法的特点是，前者的费用将分配给后者，后者将其自身待分配的费用加上从前者分配来的费用作为总的分配额继续往后分配，而不再分配给前者。前者进行分配计算分配率时，应以本身发生的辅助生产费用除以提供给包括其他辅助生产车间在内的所有受益对象的总劳务量计算得到，而后者计算相应分配率时，则以本身发生的辅助生产费用加上从前者分来的费用之和除以提供给除前者以外的其他受益对象的劳务量总数计算得到。具体计算公式如下：

$$\text{前者的费用分配率(单位成本)}=\frac{\text{该辅助生产部门待分配费用}}{\text{该辅助生产部门提供给其他所有受益对象的劳务总量}}$$

$$\text{后者的费用分配率(单位成本)}=\frac{\text{该辅助生产部门待分配费用＋从其他辅助生产部门分来的费用}}{\text{该辅助生产部门提供给除前面提供生产部门外其他所有受益对象的劳务总量}}$$

【例 4-7】 以[例 4-2]和表 4-7 中的有关资料，可以看出供电车间受益少排在前，供水车间受益多排在后，采用顺序分配法进行辅助生产费用的分配。编制辅助生产费用分配表，如表 4-16 所示。

表 4-16　辅助生产费用分配表(顺序分配法)　　金额单位：元

项　　目			供 电 车 间	供水 车 间	合　　计
待分配辅助生产费用			15 950	14 650	30 600
待分配的劳务量			11 000(度)	20 000(吨)	—
费用分配率			1.45(元/度)	0.732 5(元/吨)	—
辅助生产车间	供电车间	分配数量			—
		分配金额			
	供水车间	分配数量	1 000(度)		
		分配金额	1 450		1 450
基本生产车间	产品直接用	分配数量	9 000(度)		—
		分配金额	13 050		13 050
	车间一般用	分配数量	400(度)	15 000(吨)	—
		分配金额	580	10 987.50	11 567.50
管理部门		分配数量	600(度)	5 000(吨)	—
		分配金额	870	3 662.50	4 532.50
分配金额合计			15 950	14 650	30 600

其中：

供电车间费用分配率＝15 950÷11 000＝1.45(元/度)

供水车间费用分配率＝(13 200＋1 450)÷(22 000－2 000)＝0.732 5(元/吨)

根据“辅助生产费用分配表”编制会计分录如下：

借：生产成本——基本生产成本　13 050.00
　　　　　——辅助生产成本——供水　1 450.00
　制造费用　11 567.50
　管理费用　4 532.50
　贷：生产成本——辅助生产成本——供电车间　15 950.00
　　　　　　　　　　　　　　——供水车间　14 650.00

采用顺序分配法，各辅助生产车间之间不进行交互分配，各辅助生产费用只分配一次，既分配给辅助生产以外的受益单位，又分配给排列在后面的其他辅助生产车间或部门，计算也较为简单。但这种方法毕竟未全面考虑到各辅助生产部门之间交互服务的关系，分配结果的准确性受到一定影响，也不便于调动排列在先的辅助生产车间降低耗用以及排列在后的辅助生产车间提供产品或劳务的积极性。

另外，辅助生产部门之间受益多少的顺序往往难以确定，从而分配的先后顺序带有一定的主观性。所以，这种分配方法只适合在各辅助生产车间或部门之间相互受益程度有明显顺序，并且排列在先的辅助生产车间耗用比排列在后的辅助生产车间的费用较少的情况下采用。

各种辅助生产费用分配方法的比较如表 4-17 所示。

表 4-17　辅助生产费用分配方法比较表

方法	特　点	优缺点	适用范围
直接分配法	分配辅助生产费用时不考虑各辅助生产车间之间相互提供劳务或产品的情况，而是将各种辅助生产费用直接分配给辅助生产以外的各受益单位	优点：分配一次，计算简便 缺点：在辅助生产车间相互受益程度差异较大时，分配结果不够准确	辅助生产车间相互提供劳务不多或者差异不大的情况
顺序分配法	辅助生产费用按照辅助生产车间受益多少的顺序分配费用。受益少的先分配，受益多的后分配，即排在前面的受益少的单位先将辅助生产费用分配出去，不负担后面辅助生产单位的费用；排在后面的受益多的单位后将费用分配出去，要承担前面辅助生产单位分给它的费用	优点：与直接分配法相比，分配的正确性有所提高 缺点：计算工作量增加	各辅助生产车间受益程度有明显的区别
交互分配法	交互分配法有两次分配过程，第一次是先根据各辅助生产车间内部相互供应的数量和交互分配前的成本分配率（单位成本），在各辅助生产部门间进行分配；然后再将各辅助生产车间交互分配后的实际费用，按对外提供劳务的数量，在辅助生产车间以外的各个受益部门之间进行分配 交互分配法第二次分配（对外分配）的实际费用为交互分配前的成本加上分配转入的成本费用，减去交互分配转出的成本费用	优点：提高了分配的正确性 缺点：两次分配，计算复杂，工作量增加	辅助生产车间较多，相互提供劳务的工作量较大的情况

（续表）

方法	特　点	优缺点	适用范围
代数分配法	先根据解联立方程的原理，计算辅助生产劳务或产品的单位成本，然后根据各受益单位耗用的数量和单位成本分配辅助生产费用	优点：此方法有关费用的分配结果最正确 缺点：在辅助生产车间较多的情况下，未知数也较多，计算工作比较复杂	本方法适用于已经实现电算化的企业
计划分配法	辅助生产为各受益单位提供的产品或劳务，一律按产品或劳务的实际耗用量和计划单位成本进行分配 辅助生产车间实际发生的费用（包括辅助生产内部交互分配转入的费用）与按计划成本分配转出的费用之间的差额采用简化计算方法全部记入“管理费用”账户 计划成本分配法突出了以下特点： (1) 不求分配率，按照给出的计划单位成本直接分配 (2) 内部外部一起分配 (3) 实际成本与计划成本的差异，不再进行追加分配，采用简化计算方法全部记入“管理费用”账户	简化了计算工作量，便于考核分析各受益单位的经济责任；同时也能反映辅助生产车间实际成本脱离计划成本的差异	计划单位成本比较准确的情况

第二节　制造费用的归集和分配

一、制造费用的归集

制造费用是指企业各个生产单位（基本生产车间、分厂）为组织和管理生产活动而发生的各项费用。它包括生产单位管理人员薪酬，生产单位房屋建筑物、机器设备等的折旧费、租赁费、修理费，机物料消耗，低值易耗品，取暖费，保险费，设计制图费，试验检验费，劳动保护费，季节性或修理期间的停工损失等。

为了总括反映企业在一定时期内发生的制造费用的归集和分配情况，应设置“制造费用”总分类账户，该账户借方反映企业一定时期内发生的全部制造费用，贷方反映制造费用的分配转出数，月末一般无余额。

为了有利于对各生产车间和分厂发生的制造费用进行监督和控制，应分别按各生产车间、部门设置明细账，并采用多栏式账页，按制造费用的明细项目设置专栏，用来归集各费用项目的发生数额。

为了简化核算，也可在制造费用总账之下只按基本生产车间等部门设置明细账，将辅助生产部门的制造费用核算合并到辅助生产及其明细账。

【例 4-8】　承［例 4-1］，天河机械厂 2×15 年 2 月份相关资料，该厂辅助生产部门分别设置了“制造费用”账户，辅助生产成本的分配方法采用交互分配法，供电车间、供水车间的制造费用明细账如表4-3和表4-4所示，基本生产车间的制造费用明细账如表4-18所示。

表4-18 制造费用明细账

车间：基本生产车间　　　　2×15年2月

摘要	机物料	燃料及动力	职工薪酬	折旧费	办公费	水电费	合计	转出
材料费用分配表	35 700						35 700	
外购动力分配表		6 000					6 000	
职工薪酬分配表			44 000				44 000	
其他薪酬分配表			19 140				19 140	
折旧计算表				28 600			28 600	
付款凭证					1 600		1 600	
辅助生产费用分配表						72 108.32	72 108.32	
制造费用分配表								207 148.32
合计	35 700	6 000	63 140	28 600	1 600	72 108.32	207 148.32	207 148.32

二、制造费用的分配

通过制造费用的归集，企业将某一会计期间发生的制造费用都归集到制造费用总账及其明细账中。会计期末时，为了正确计算产品生产成本，必须将制造费用合理地分配到有关产品的成本中去。在只生产一种产品的车间，制造费用可以直接计入该种产品生产成本；在生产多种产品的车间中，制造费用则应该采用适当的分配方法分配计入各种产品的成本，即记入“生产成本——基本生产成本”总账及其明细账中的“制造费用”成本项目。

由于各生产车间的制造费用水平不同，所以制造费用应该按照各车间分别进行分配，而不能将各车间的制造费用统一起来在整个企业范围内进行分配。制造费用的分配方法有很多，主要有生产工时比例法、生产工人工资比例法、机器工时比例法和年度计划分配率法等。

（一）生产工时比例法

生产工时比例法是按照各种产品所用生产工人工时的比例分配制造费用的一种方法，其计算公式如下：

$$制造费用分配率=\frac{制造费用总额}{各产品生产工时总额}$$

$$某种产品应分配的制造费用=该种产品生产工时\times制造费用分配率$$

上述公式中的生产工时总额，一般是实际耗用的生产工时，但如果企业的工时定额比较准确，制造费用也可以按定额工时比例进行分配。

【例4-9】 承[例4-1]，假定天河机械厂2×15年2月发生的制造费用为207 148.32元，甲、乙两种产品的生产工时分别为40 000工时和20 000工时，制造费用按生产工时比例法计算分配如下：

制造费用分配率＝207 148.32÷(40 000＋20 000)＝3.452 472(元/小时)

甲产品应分配的制造费用＝40 000×3.452 472＝138 098.88(元)

乙产品应分配的制造费用＝20 000×3.452 472＝69 049.44(元)

按生产工时比例法编制“制造费用分配表”，如表 4-19 所示。

表 4-19 制造费用分配表(生产工时比例法)

2×15 年 2 月

产品名称	分配标准(生产工时)	分配率(元/小时)	分配金额(元)
甲产品	40 000	3.452 472	138 098.88
乙产品	20 000	3.452 472	69 049.44
合 计	60 000	—	207 148.32

根据表 4-19，编制会计分录如下：

借：生产成本——基本生产成本——甲产品　　138 098.88

　　　　　　　　　　　　　——乙产品　　69 049.44

　贷：制造费用　　207 148.32

按生产工时比例法分配制造费用是较为常用的一种分配方法，它能将劳动生产率与产品负担的制造费用结合起来，如劳动生产率高，则单位产品耗用的生产工时减少，所负担的制造费用就低，分配结果比较合理，因此，在实际工作中较多采用这种方法。运用这种方法必须正确组织好产品生产工时的记录与核算，以保证制造费用分配的客观性和准确性。

(二) 生产工人工资比例法

生产工人工资比例法是以各种产品的生产工人工资的比例分配制造费用的一种方法。其计算公式如下：

$$\text{制造费用分配率}=\frac{\text{制造费用总额}}{\text{各产品生产工人工资总额}}$$

某种产品应分配的制造费用＝该种产品生产工人工资×制造费用分配率

【例 4-10】 假定黄河机械厂 2×15 年 3 月基本生产车间制造费用的发生额为 22 500 元，生产甲、乙两种产品，该企业按生产工人的实际工资比例分配制造费用。甲、乙两种产品的生产工人工资分别为 42 000 元和 48 000 元，制造费用按生产工人工资比例计算分配如下：

制造费用分配率＝22 500÷(42 000＋48 000)＝0.25

甲产品应分配的制造费用＝42 000×0.25＝10 500(元)

乙产品应分配的制造费用＝48 000×0.25＝12 000(元)

按生产工人工资比例法编制“制造费用分配表”，如表 4-20 所示。

表 4-20 制造费用分配表(生产工人工资比例法)

产品名称	分配标准(生产工人工资)	分配率(元/件)	分配金额(元)
甲产品	42 000	0.25	10 500
乙产品	48 000	0.25	12 000
合 计	90 000	—	22 500

根据表 4-20,编制会计分录如下:

借:生产成本——基本生产成本——甲产品 10 500
——乙产品 12 000
贷:制造费用 22 500

采用这种分配方法,由于工资费用分配表中有现成的生产工人工资的资料,因而核算工作比较简单。这种方法适用于各种产品生产机械化程度大致相同的情况,否则会影响到制造费用分配的合理性。

(三) 机器工时比例法

机器工时比例法是按照各种产品所用机器设备运转时间比例分配制造费用的一种方法。其计算公式如下:

$$制造费用分配率=\frac{制造费用总额}{各产品所用机器工时总数}$$

某种产品应分配的制造费用=该种产品机器工时数×制造费用分配率

【例 4-11】 假定黄河机械厂 2×15 年 1 月基本生产车间制造费用的发生额为 22 500 元,所生产的甲、乙两种产品按机器工时比例分配制造费用,甲、乙两种产品的机器工时分别为 2 300 小时和 2 200 小时,制造费用按机器工时比例计算分配如下:

制造费用分配率=22 500÷(2 300+2 200)=5(元/小时)
甲产品应分配的制造费用=2 300×5=11 500(元)
乙产品应分配的制造费用=2 200×5=11 000(元)

制造费用按机器工时比例法编制“制造费用分配表”,如表 4-21 所示。

表 4-21 制造费用分配表(机器工时比例法)

产品名称	分配标准(机器工时)	分配率(元/小时)	分配金额(元)
甲产品	2 300	5	11 500
乙产品	2 200	5	11 000
合 计	4 500	—	22 500

根据表 4-21,编制会计分录如下:

借:生产成本——基本生产成本——甲产品 11 500
——乙产品 11 000
贷:制造费用 22 500

制造费用按机器工时比例法分配,适用于机械化程度较高的生产单位。采用这种方法,必须正确组织各种产品所耗用机器工时的记录工作，以保证分配的准确性。

以上三种方法都是先按照各生产车间当期实际发生的制造费用和实际的分配标准总量计算出本期的制造费用实际分配率，再根据实际分配率和各受益对象本期所发生的分配标准量计算各受益对象应承担的制造费用数额，故也称为实际分配率法。此外，制造费用还可以采用计划分配率来分配。

（四）年度计划分配率法

年度计划分配率法是按照年度开始前确定的全年适用的计划分配率分配费用的方法。其中的年度计划分配率是根据企业正常生产经营条件下各分厂和基本生产车间制造费用年度预算额和年度计划产量的定额分配标准量计算出来的。采用这种方法，无论每月实际发生的制造费用是多少，每月各种产品成本中的制造费用都按年度计划确定的计划分配率分配。具体计算公式如下：

$$制造费用年度分配率=\frac{该生产车间年度制造费用预算总额}{该生产车间年度计划产量的定额分配标准总量}$$

其中：年度计划产量的定额分配标准数可以是计划产量的生产工人工时，也可以是直接生产工人的工资，还可以是机器工时数等。

$$\begin{array}{c}某月某产品应分\\配的制造费用\end{array}=\begin{array}{c}该月该种产品实际产\\量定额分配标准量\end{array}\times\begin{array}{c}制造费用年度\\计划分配率\end{array}$$

采用年度计划分配率法，“制造费用”总账账户及其明细账户一般有月末余额，该余额可能是借方余额，也可能是贷方余额。借方余额表示实际发生的制造费用大于按计划分配的制造费用，贷方余额表示实际发生的制造费用小于按计划分配的制造费用。

对这些差额平时一般不作处理，逐月累计到年终时再将所有差额采用一定的方法一次性的计入 12 月份生产的各产品制造成本中。如可以按各产品全年已经累计承担的制造费用金额比例追加分配，此时全年都采用计划分配率法分配制造费用；也可以将存在的差额并入 12 月份的制造费用实际发生额中，然后采用实际分配率法分配 12 月份合并后的制造费用，此时只有 1～11 月采用计划分配率法分配制造费用，12 月份采用实际分配率法。

【例 4-12】 某企业第一基本生产车间全年制造费用预算额为 305 000 元，全年计划产量为 A 产品 15 000 件，B 产品 8 000 件；单位产品定额工时标准为 A 产品 4 小时，B 产品 2.5 小时。20××年 1 月份制造费用实际发生额为 34 800 元，A 产品实际产量为 1 800 件，B 产品实际产量为 800 件。则制造费用分配过程如下：

全年计划分配率＝305 000÷(15 000×4＋8 000×2.5)

＝3.812 5(元/小时)

本月 A 产品应承担的制造费用＝1 800×4×3.812 5＝27 450(元)

本月 B 产品应承担的制造费用＝800×2.5×3.812 5＝7 625(元)

A、B 产品应承担的制造费用合计：35 075 元。

1 月份“制造费用”账户借方实际发生额为 34 800 元，贷方发生额按计划分配率结转 35 075元，则贷方余额 275 元即为多分配数额，平时不作处理。

按[例 4-12]，假定到年末时，全年采用计划分配率已经累计分配制造费用310 000元，其中 A 产品 210 000 元，B 产品 100 000 元。全年实际发生制造费用 303 800 元，即全年累计多分配了 6 200 元，应进行调整冲回。

调整分配率＝－6 200÷310 000＝－0.02

A 产品应冲回制造费用＝－0.02×210 000＝－4 200(元)

B 产品应冲回制造费用＝－0.02×100 000＝－2 000(元)

多分配的制造费用调整冲回应编制红字分录，调整冲回后，“制造费用”账户余额结平。调整会计分录如下：

借：生产成本——基本生产成本——A 产品　　4 200

　　　　　　　　　　　　　　——B 产品　　2 000

　贷：制造费用——第一基本车间　　6 200

如果是“制造费用”账户借方余额年终进行追加调整，则应编制蓝字分录。

采用年度计划分配率法分配制造费用，因年度内各个月份都只按计划分配率和实际产量的定额分配制造费用，对实际发生的制造费用和计划分配额之间的差额不需进行处理，因此大大简化了核算程序。

这种方法特别适用于季节性生产企业，因为在这种企业中，每月实际发生的制造费用相差不多，但生产旺季和淡季产品的产量却相差悬殊。如果按照实际费用分配，各月单位产品成本中的制造费用将或高或低，波动太大，因而不便于进行成本分析，分清生产部门的经济责任，而采用年度计划分配率法可以较好地避免这一问题。但采用这种方法需要有较高的计划管理水平，否则，年度制造费用的计划数脱离实际数太多，会影响产品成本计算的正确性。

综上所述，制造费用有多种分配方法，在每种分配方法下又可以选择不同的分配标准。一个生产车间或企业到底选择什么分配方法，选择哪种分配标准，必须根据企业的生产特点、制造费用的组成内容和比重，以及企业成本管理的要求等来确定。

各种制造费用分配方法的比较如表 4-22 所示。

表 4-22　制造费用分配方法比较表

分配方法	分配标准	分配率	某产品应分配数	适用范围	特征
生产工时比例法	实际生产工时	制造费用总额÷各种产品实际生产工时总和	该产品实际生产工时×分配率	制造费用的发生与生产工时有密切的关系	“制造费用”账户期末没有余额
生产工人工资比例法	生产工人的工资总额	制造费用总额÷各种产品生产工人的工资总额	该产品生产工人工资的总额×分配率	制造费用的发生与生产工人工资有密切关系	“制造费用”账户期末没有余额
机器工时比例法	机器工时	制造费用总额÷各种产品机器工时之和	该产品实际机器工时×分配率	制造费用的发生与机器工时有密切关系	“制造费用”账户期末没有余额
年度计划分配率法	计划分配率	全年计划制造费用总额÷全年各种产品计划产量的定额工时总额	实际产量的定额工时×年度计划分配率	季节性生产企业	“制造费用”账户期末有余额

按照一贯性原则和可比性原则的要求，制造费用的分配方法和分配标准一旦确定，一般不宜经常变动，以保持不同时期成本的比较分析基础相同。

【关键术语】

辅助生产　辅助生产成本　直接分配法　交互分配法　计划分配法　代数分配法　顺序分配法　制造费用　生产工时比例法　生产工人工资比例法　机器工时比例法　年度计划分配率法

【问题思考】

1. 如何进行辅助生产费用的归集？
2. 常用的辅助生产费用分配方法有几种？各自有何特点？
3. 简述交互分配法的分配程序及适用范围、优缺点。
4. 简述计划成本分配法的分配程序及适用范围、优缺点。
5. 制造费用的范围包括哪些？
6. 制造费用的分配方法主要有哪几种？各有何优缺点？

本章习题

姓名______
学号______
分数______

扫二维码获得更多本章习题及案例

四、计算题

1. 资料：某企业有蒸汽和供水两个辅助生产车间，其待分配费用分别为32 000元和44 800元，辅助生产车间制造费用不通过“制造费用”账户核算。其劳务提供情况如表4-23所示。

表4-23 制造费用相关资料表　　单位：元

车间	提供劳务总量	受益单位及数量						
		蒸汽车间	供水车间	A产品	B产品	一车间	二车间	管理部门
蒸汽车间	100 000	—	20 000	17 000	33 600	9 400	15 000	5 000
供水车间	20 000	4 000	—	—	—	7 500	7 000	1 500

要求：用直接分配法和交互分配法对辅助生产费用进行分配，并编制相应的会计分录。

2. 资料：某企业第一基本生产车间生产甲、乙两种产品，20××年10月该车间发生的制造费用和有关资料如表4-24所示。

表4-24 制造费用分配相关资料表　　单位：元

项目	甲产品	乙产品	合计
生产工时(小时)	20 600	11 400	32 000
直接工资总额(元)	40 500	23 500	64 000
机器工时(小时)	5 300	2 700	8 000
10月份实际发生的制造费用			80 000

要求：分别按照生产工时比例法、生产工人工资比例法、机器工时比例法分配制造费用，并根据其分配结果作出账务处理。

3. 资料：某企业基本生产车间全年计划制造费用为63 200元，全年该产品的计划产量：甲产品54 000件，乙产品38 000件，单位产品工时定额：甲产品4小时，乙产品6小时。1月份实际产量：甲产品3 800件，乙产品2 800件，12月初制造费用有借方余额310元，12月份实际产量：甲产品3 900件，乙产品2 600件，该月实际制造费用6 200元。

要求：(1) 计算制费用年度计划分配率。

(2) 计算并结转1月份应分配转出的制造费用。

(3) 计算并结转12月份应分配转出的制造费用。

业务实训

业务实训一

目的：练习辅助生产费用的归集和分配

资料：海东企业辅助生产车间的制造费用不通过“制造费用”账户核算。该企业有供电、运输两个辅助生产车间，其费用分配的有关资料为：供电车间为A、B、C三种产品直接提供生产用电力，为车间、厂部提供照明用电，产品共同耗用的电费，按生产工时比例分配；运输车间为各车间、部门提供运输劳务，其费用按所提供的运输里程直接分配。

1. 2×15年×月份辅助生产车间发生各项费用如下：

(1) 分配原材料费用，其中：供电车间负担12 000元，运输车间负担14 000元。

(2) 分配工资费用，其中：供电车间负担1 500元，运输车间负担2 500元。

(3) 计提职工其他薪酬，其中：供电车间负担200元，运输车间负担350元。

(4) 以银行存款支付办公费，其中：供电车间负担600元，运输车间负担1 850元。

(5) 以银行存款支付劳动保护费，其中：供电车间负担1 500元，运输车间负担1 000元。

(6) 以银行存款支付水费，其中：供电车间负担400元，运输车间负担200元。

(7) 计提折旧费，其中：供电车间负担3 000元，运输车间负担2 500元。

(8) 摊销房租费，其中：供电车间负担3 000元，运输车间负担2 500元。

2. 2×15年7月份辅助生产车间对生产车间、管理部门及产品提供的生产工时及运输里程见表4-25。

表4-25　辅助生产车间提供的劳务量

2×15年7月

辅助生产车间名称	计量单位	使用车间、部门、产品和耗用数量					
		生产产品耗用			车间、部门一般耗用		
		A产品	B产品	C产品	第一生产车间	第二生产车间	管理部门
供电车间	生产工时	25 000	30 000	15 000			
	(度)	10 000			2 000	2 500	5 500
运输车间	运输里程(公里)				7 000	3 500	1 500

要求：(1) 根据资料1编制会计分录，登记辅助生产明细账(见表4-26和表4-27)。

(2) 根据资料2采用直接分配法(见表4-28)计算各产品、各部门应负担的辅助生产费用，根据计算结果编制会计分录。

表 4-26　辅助生产成本明细账

车间名称：供电车间

		凭证字号	摘　要	费 用 项 目							
月	日			材料费	职工薪酬	办公费	劳动保护费	水费	折旧费	房租费	合 计

表 4-27　辅助生产成本明细账

车间名称：运输车间

年		凭证字号	摘　要	费 用 项 目							
月	日			材料费	职工薪酬	办公费	劳动保护费	水费	折旧费	房租费	合 计

表 4-28　辅助生产费用分配表

（直接分配法）　　　　金额单位：元

辅助生产车间名称			供电车间	运输车间	合　计
待分配费用					
供应劳务量					
分配率					
产品耗用	A 产品	耗用数量			
		分配金额			
	B 产品	耗用数量			
		分配金额			
	C 产品	耗用数量			
		分配金额			
一般耗用	一车间	耗用数量			
		分配金额			
	二车间	耗用数量			
		分配金额			
企业管理部门		耗用数量			
		分配金额			
合　计					

业务实训二

目的：练习辅助生产费用的分配。

资料：海东企业 2×15 年 9 月有供电、供水两个辅助生产车间，其有关资料见表 4-29。

表 4-29　辅助生产车间发生的费用和提供的劳务量

2×15 年 9 月

项　目		供电车间	供水车间
待分配费用		150 000(元)	21 000(元)
供应劳务数量		800 000(度)	12 500(吨)
计划单位成本		0.20(元)	1.80(吨)
耗用劳务数量	供电车间		1 500(吨)
	机修车间	10 000(度)	
	第一基本生产车间	550 000(度)	6 000(吨)
	第二基本生产车间	210 000(度)	4 000(吨)
	企业管理部门	30 000(度)	1 000(吨)

要求:(1) 根据上列资料,分别采用直接分配法、交互分配法、代数分配法和计划成本分配法,对辅助生产费用进行分配(见表 4-30、表 4-31、表 4-32 和表 4-33)。

(2) 根据以上四种分配方法计算的结果,分别编制会计分录。

表 4-30　辅助生产费用分配表

(直接分配法)　　　　金额单位:元

辅助生产车间名称			供电车间	供水车间	合　计
待分配费用					
供应劳务数量					
单位成本(分配率)					
基本生产车间	一车间	耗用数量			
		分配金额			
	二车间	耗用数量			
		分配金额			
企业管理部门		耗用数量			
		分配金额			
合　　计					

表 4-31　辅助生产费用分配表

(交互分配法)　　　　金额单位:元

项　　目			交互分配			对外分配		
辅助生产车间名称			供电	供水	合计	供电	供水	合计
待分配费用								
供应劳务数量								
单位成本(分配率)								
辅助生产车间	供电	耗用数量						
		分配金额						
	供水	耗用数量						
		分配金额						
基本生产车间	一车间	耗用数量						
		分配金额						
	二车间	耗用数量						
		分配金额						
企业管理部门		耗用数量						
		分配金额						
合　　计								

表 4-32　辅助生产费用分配表

（代数分配法）　　　　金额单位：元

辅助生产车间名称			供电车间	供水车间	合　计
待分配费用					
供应劳务数量					
分配率					
辅助生产车间	供电	耗用数量			
		分配金额			
	供水	耗用数量			
		分配金额			
基本生产车间	一车间	耗用数量			
		分配金额			
	二车间	耗用数量			
		分配金额			
企业管理部门		耗用数量			
		分配金额			
辅助生产成本分配金额合计					
辅助生产成本借方合计					
辅助生产成本尾差					

表 4-33　辅助生产费用分配表

（计划成本分配法）　　　　金额单位：元

辅助生产车间名称			供电车间	供水车间	合　计
待分配费用					
供应劳务数量					
计划单位成本					
辅助生产车间	供电	耗用数量			
		分配金额			
	供水	耗用数量			
		分配金额			
基本生产车间	一车间	耗用数量			
		分配金额			
	二车间	耗用数量			
		分配金额			

（续表）

辅助生产车间名称		供电车间	供水车间	合　计
企业管理部门	耗用数量			
	分配金额			
按计划成本分配金额合计				
辅助生产实际成本				
辅助生产成本差异				

第五章
生产损失的核算

章前导引

教学目标

通过本章的学习，了解废品损失和停工损失的含义与种类；熟悉并理解废品损失和停工损失的概念、种类、内容并掌握其核算方法；掌握废品损失的概念及账务处理方法。

第一节 生产损失概述

一、生产损失的含义和种类

企业在生产经营过程中，会因为各种各样的原因而发生各种损失，这些损失按其是否能计入产品成本可以分为生产损失和非生产损失两大类。

生产损失是指企业在产品生产过程中由于生产原因而发生的各种损失。生产损失一般包括因生产不合格产品而形成的废品损失、停工待料或机器设备故障等形成的停工损失两部分。

非生产损失主要是由于企业经营管理或其他原因造成的损失。如坏账损失、汇兑损失、投资损失及固定资产盘亏、毁损、报废损失等。非生产损失与产品生产过程没有直接关联，按现行规定应记入“管理费用”“财务费用”“投资收益”“营业外支出”等账户。

生产损失都是与产品生产过程直接相关的损失，因此，应当由产品制造成本来承担，是产品制造成本的组成部分。

在不同的企业，生产损失产生的原因和数额的大小是不一样的。产生生产损失的原因有很多，诸如生产工艺水平、材质、工人的素质、企业管理水平等。

如果生产损失的数额较小，为了简化成本核算的工作，可不进行核算；但若生产损失的数额较大，为了控制生产损失发生的数额，并达到不断降低生产损失的目的，同时，也为了明确经济责任，提高企业的管理水平，保证企业生产的正常进行，就有必要进行生产损失的核算。

二、生产损失核算的任务

企业发生生产损失会造成人力、财力和物力的损失和浪费，影响企业生产计划的按时按量完成，还会提高企业产品的单位成本，影响企业产品的竞争力。因此，在会计上应及时揭示各种生产损失，分析其原因，以便采取有效措施，努力减少或消除生产损失，取得最大的经济效益。生产损失核算的任务主要有如下几个方面。

1. 明确经济责任，加强企业管理

为控制和降低生产损失，分析生产损失产生的原因，提出改进的措施，降低生产损失的数额，企业应确定适合于本企业的生产损失的核算方法，正确计算生产过程中的损失，确定产生生产损失的责任单位、环节和责任人，明确、追究相应责任，加强企业管理，提高效益。

2. 正确地分配生产损失

由于生产损失产生的原因不同，其账务处理方法也不同。有的应计入产品成本，而有的应记入“营业外支出”等账户。这时，就应根据规定的要求，将生产损失计入不同的账户中。

3. 正确地考核生产损失计划的执行情况

考核生产损失计划、定额的执行情况，明确经济责任，并根据实际情况对生产损失计划、定额进行修改。

第二节 废品损失的核算

一、废品损失概述

（一）废品的概念及废品的种类

1. 废品的概念

废品是指不符合规定的技术标准，不能按照原定用途使用，或者需要加工修复后才能使用的在产品、半成品和产成品。废品包括生产过程中发现的废品和入库后发现（由于生产加工过程造成）的废品。

会计上所称的废品是指由于生产原因造成的质量不符合规定的技术标准，不能按原定用途使用或者需要经过加工修理后才能按原定用途继续使用的在产品、半成品或产成品。

与废品的概念相近的还有次品。所谓次品，是指质量虽不符合规定技术标准，但可以不经返修即可降价出售或使用的产品。如日用品中的毛巾，印花错乱就是次品，但并不影响其使用，可降价销售。次品不含在废品之内，其成本与合格品相同，其降价损失直接影响企业的产品销售收入。

企业还可以根据废品产生的不同原因，将其分为工废品和料废品。

工废品是在产品加工过程中造成的，应由本生产车间操作人员负责；料废品由材料供应部门或前道工序（如铸造）原因造成，应由材料供应部门或前道工序负责。在计件工资制下，工废品不能计算生产工人的计件工资，料废品应当计算生产工人的计件工资。

会计上所核算的废品损失只包含废品所产生的直接损失，不含企业由于产生废品而延迟交货所形成的违约罚款或者商誉受损等所形成的间接损失。

2. 废品的种类

废品按其修复的技术可能性和修复费用的经济合理性，分为可修复废品和不可修复废品两种。

可修复废品是指在技术上能够修复，而且所耗修复费用在经济上合算的废品（两个条件均需同时具备）。

不可修复废品是指在技术上不能修复，或者虽可修复但所耗修复费用在经济上不合算的废品（两个条件只需具备其一）。

（二）废品损失的概念及种类

1. 废品损失的概念

废品损失是指因为产生废品而形成的损失，通常是指在生产过程中发现的、入库后发现不可修复废品的生产成本，以及可修复废品的修复费用，扣除回收的残料价值和应收赔款以后的净损失。

2. 废品损失的种类

废品损失包括不可修复废品的报废损失和可修复废品的修复损失。

不可修复废品的报废损失构成：报废产品的成本，扣除残料残值以及过失人的赔偿后的净损失。

可修复废品的修复损失构成：返修过程中发生的修复费用，扣除残料残值以及过失人的赔偿后的净损失。

3. 不作为废品损失处理的情况

不需要返修可以降价出售的不合格品，其降价损失不作为废品损失，直接减少销售收入，在计算损益时体现。

产品入库后由于保管不善等原因而损害变质的损失，属于管理上的问题，作为管理费用处理。

实行包退、包修和包换的“三包”企业，在产品出售以后发现的废品所造成的一切损失，作为销售费用处理。

废品的产生，增加了企业完工产品的成本，从而降低了企业的营业利润。针对废品产生的原因应采取相应的措施，降低废品率，正确核算企业废品损失对企业意义重大。

二、废品损失的核算

废品损失的核算分为单独核算和不单独核算两种方式。单独核算的企业，应编制相应的原始凭证，单独设置“废品损失”账户进行废品损失的归集和分配，同时，在基本生产成本明细账中设置“废品损失”成本项目；废品发生较少的企业，可以不单独核算废品损失，也不设置“废品损失”账户和“废品损失”成本项目。废品的各项生产费用和其他合格品的生产费用同时记在“生产成本——基本生产成本”账户中，在回收废品残料时，借记“原材料”账户和“生产成本——基本生产成本”账户，并在有关成本明细账的“直接材料”项目中扣除入库废品的残料价值，以正确计算合格品的成本。

（一）废品损失核算的凭证和账户

1. 废品损失的核算凭证

为了全面反映企业一定时期内发生废品损失的情况，加强废品损失的控制管理，企业设置了有关废品损失的凭证,这些凭证主要包括"废品通知单""废品交库单"和"返修用料领料单"等。

企业配备专职质量检验员,在产品质量检验中发现的废品,无论是在产品的生产过程中发现的,还是在半成品和产成品入库后发现的,产品质量检验人员都应填写一式三联的"废品通知单",分别由生产单位、质量检验部门和财会部门用于核算废品损失。

废品损失的归集和分配还应编制"废品损失计算表"和"废品损失分配表"等凭证。

对于交送仓库的不可修复的废品,应另填写"废品交库单",注明废品的残料价值,作为残料入库的依据。

对于可修复的废品,在返修中所领用的各种材料及所耗用的工时,应另填写"领料单"和"工作通知单"等,并注明"返修废品用",作为核算修复费用的原始凭证。

2. 设置的账户

"废品损失"账户是单独核算废品损失的企业用来归集和分配废品损失的账户。该账户的借方登记不可修复废品的生产成本和可修复废品的修复费用,包括修复废品发生的直接材料费用、直接人工费用、制造费用,贷方登记不可修复废品的残料回收价值、过失人赔偿和期末转入"生产成本——基本生产成本"账户的废品净损失,即转入合格品成本的净损失。

"废品损失"账户按基本生产车间分别产品品种设置明细账,以反映废品损失的构成,通常在"废品损失"明细账中按成本项目分设专栏和专行。

通常,期末在产品不负担废品损失,废品损失全部由本月完工产品负担。

(二) 废品损失的核算

1. 可修复废品损失的核算

可修复废品损失是指在修复过程中所发生的各项修复费用。扣除回收的残料价值和应收赔偿款以后构成可修复废品的净损失。其计算公式如下:

可修复废品损失=修复废品材料费用+修复废品人工费用+修复废品制造费用

修复期间发生的应根据原材料、职工薪酬、辅助生产费用和制造费用等分配表,借记"废品损失"账户,贷记"原材料""应付职工薪酬""生产成本——辅助生产成本""制造费用"等账户。

如有残值和应收赔偿款,则根据"废品交库单"以及其他结算凭证,借记"原材料""其他应收款"等账户,贷记"废品损失"账户。

修复费用减掉残料价值和赔偿款后的差额为废品净损失,应将废品净损失从"废品损失"账户的贷方转入"生产成本——基本生产成本"账户的借方及其有关成本明细账的废品损失项目。

【例 5-1】 某厂铸造车间在产品质量检验中,发现 8 件 A 铸件不合格,该批不合格品在技术上可以修复且修复费用不高,为可修复废品。修复这批铸件耗用材料 500 元,耗用工时 200 小时,每小时工费为 4.5 元,小时制造费用分配率为 2.5 元,修复过程中回收入库残料价值 10 元,废品责任人李菁菁赔偿款 100 元。

(1) 计算并归集修复费用。

直接材料费=500(元)

直接人工费=200×4.5=900(元)

制造费用=200×2.5=500(元)

可修复废品损失=修复废品材料费用+修复废品人工费用+修复废品制造费用

=500+900+500=1 900(元)

编制归集修复费用会计分录如下：

借：废品损失——铸造车间(A铸件)　　1 900
　贷：原材料　　500
　　应付职工薪酬　　900
　　制造费用　　500

(2) 结转入库残料价值及责任人赔偿，编制会计分录如下：

借：原材料　　10
　其他应收款——李菁菁　　100
　贷：废品损失——铸造车间(A铸件)　　110

(3) 计算并分配废品净损失。

废品净损失＝修复费用－残料残值－责任人赔偿＝1 900－10－100＝1 790(元)

编制分配废品净损失会计分录如下：

借：生产成本——基本生产成本(A铸件)　　1 790
　贷：废品损失——铸造车间(A铸件)　　1 790

可修复废品返修前发生的费用在“生产成本——基本生产成本”账户及相应的明细账中反映，不必转出，因为它不是废品损失，修复完成继续正常加工发生的费用也不是废品损失，应加入“生产成本——基本生产成本”账户及相应的明细账。

2. 不可修复废品损失的核算

不可修复废品损失是指不可修复废品的生产成本扣除回收的残料价值和应收赔偿款以后的净损失。不可修复废品的成本与同种合格品的成本是同时发生的，并已经记录在该种产品的生产成本明细账中。为了归集和分配不可修复的废品损失必须首先计算废品的生产成本，将其从该种产品的总成本中分离出来。

不可修复废品的生产成本可按废品所耗的实际费用计算，也可按废品所耗的定额费用计算。

1) 按废品所耗实际费用计算

按所耗实际费用计算废品成本，就是在废品报废时根据废品和合格品发生的实际费用采用一定的分配方法，在合格品和废品之间进行分配，计算出废品的实际成本，从“生产成本——基本生产成本”账户贷方转入“废品损失”账户的借方。不可修复废品的残料回收价值、应收赔偿款和应由本月合格产品负担的废品损失分别自“废品损失”账户的贷方，转入“原材料”“其他应收款”和“生产成本——基本生产成本”账户的借方。

按废品所耗实际费用计算废品成本的方法，符合实际，但是核算的工作量较大。

【例5-2】 某厂第二车间本月生产的1 000件甲产品中有不可修复的废品50件。根据生产工时记录和机器工时记录，合格品和废品所耗用的工时资料如表5-1所示，合格品和废品实际发生的各项费用如表5-2所示，该厂按所耗实际费用计算废品的生产成本。

各项费用在合格品和废品之间的分配方法如下：因原材料于生产开工时一次投入，故材料费按合格品和废品的数量比例分配；直接燃料及动力费用按机器工时比例分配；其他费用按生产工时比例分配。废品残料入库，价值1 500元。

表 5-1　合格品和废品的所耗用的工时统计表

项　目	生产工时	机器工时
合格品	26 600	5 700
废　品	1 400	300
合　计	28 000	6 000

表 5-2　合格品和废品的生产费用汇总表　　单位：元

项　目	直接材料	直接燃料动力	直接人工	制造费用	合　计
金　额	500 000	12 000	336 000	134 400	982 400

(1) 计算并结转不可修复废品的生产成本。

由于原材料在生产开工时一次全部投入，故直接材料费用按合格品和废品数量的比例分配，其他费用按生产工时比例分配。

① 废品的直接材料费用。

直接材料费的分配率＝500 000÷1 000＝500(元/件)
废品的直接材料费用＝50×500＝25 000(元)

② 废品的直接燃料及动力费用。

直接燃料及动力费的分配率＝12 000÷6 000＝2(元/小时)
废品的直接燃料及动力费用＝2×300＝600(元)

③ 废品的直接人工费用。

直接人工费用的分配率＝336 000÷28 000＝12(元/小时)
废品的直接人工费用＝12×1 400＝16 800(元)

④ 废品的制造费用。

直接制造费用的分配率＝134 400÷28 000＝4.8(元/小时)
废品的制造费用＝4.8×1 400＝6 720(元)

根据上述资料，编制的废品损失计算表如表 5-3 所示。

表 5-3　废品损失计算表

(按实际成本计算)　　产品名称：甲产品

车间：第二车间　　金额单位：元

项　目	数量(件)	生产工时(小时)	机器工时(小时)	直接材料	直接燃料及动力	直接人工	制造费用	合　计
总费用	1 000	28 000	6 000	500 000	12 000	336 000	134 400	982 400
分配率				500	2	12	4.8	

（续表）

项　目	数量（件）	生产工时（小时）	机器工时（小时）	直接材料	直接燃料及动力	直接人工	制造费用	合　计
废品成本	50	1 400	300	25 000	600	16 800	6 720	49 120
减：残料价值				1 500				
废品损失				23 500	600	16 800	6 720	47 620

根据表 5-3，编制会计分录如下：

借：废品损失——甲产品　　49 120
　贷：生产成本——基本生产成本——甲产品　　49 120

(2) 结转残料残值，编制会计分录如下：

借：原材料　　1 500
　贷：废品损失——甲产品　　1 500

(3) 将废品损失转入甲产品合格品成本。

借：生产成本——基本生产成本——甲产品　　47 620
　贷：废品损失——甲产品　　47 620

完工后发现的废品，其单位废品应负担的各项生产费用应与该单位合格品完全相同，可按照合格品产量和废品的数量比例分配各项生产费用，计算废品的实际成本。

2) 按废品所耗定额费用计算

按废品所耗定额费用计算其成本的方法也称按定额成本计算法，是指按照不可修复废品的数量和各项费用的定额计算废品的定额成本，再将分配的定额成本扣除废品残料回收价值，计算出废品损失，而不考虑废品实际发生的费用。

按废品所耗定额费用计算其成本的方法，核算工作比较简单，有利于考核和分析废品损失和产品成本。

该方法要求企业必须具备准确的定额成本资料，否则无论是废品的成本还是合格品的成本，计算的正确性都会受到影响。

【例 5-3】 依[例 5-2]资料，某厂第二车间本月生产的 1 000 件甲产品中有不可修复的废品 50 件。假设该企业按废品所耗定额费用计算其成本，废品的直接材料费定额是 500 元，单件生产的工时定额为 28 小时，单件机器工时定额为 6 小时。每机器工时的直接燃料及动力费用 2 元，每个生产工时的费用定额为：直接人工 12 元，制造费用 4.8 元，回收废品的残值为 1 500 元。

由于不可修复的废品是在完成全部生产过程后、产品验收入库时发现的，因此，根据以上资料计算出单件产品的费用定额后就可以根据各项费用定额和不可修复废品的数量计算出不可修复废品的生产成本。

(1) 计算不可修复废品的定额费用。

① 直接材料费用定额＝500(元)

② 直接燃料及动力费用定额＝2×6＝12(元)

③ 直接人工费用定额＝12×28＝336(元)

④ 制造费用定额＝4.8×28＝134.4(元)

根据上述资料,编制废品损失计算表,如表5-4所示。

表5-4 废品损失计算表

（按定额成本计算）　　产品名称:甲产品

车间:第二车间　　单位:元

项　目	直接材料	直接燃料动力	直接人工	制造费用	合　计
费用定额	500	12	336	134.40	982.40
废品定额成本	25 000	600	16 800	6 720	49 120
减:残料价值	1 500				
废品损失	23 500	600	16 800	6 720	47 620

根据表5-4,编制会计分录如下:

借:废品损失——甲产品　　49 120
　贷:生产成本——基本生产成本——甲产品　　49 120

(2) 结转残料残值,编制会计分录如下:

借:原材料　　1 500
　贷:废品损失——甲产品　　1 500

(3) 将废品损失转入甲产品合格品成本:

借:生产成本——基本生产成本——甲产品　　47 620
　贷:废品损失——甲产品　　47 620

【知识链接】

在废品损失核算中,不可修复废品的发生是"减量不减值"的,即投产一定数量的产品如果出现了不可修复的废品,其完工产品的数量就会减少,但不可修复废品发生的费用要转入产品生产成本中,其价值要转嫁到合格品的成本中,终归是可以被补偿的。

第三节 停工损失的核算

一、停工损失的内容

(一) 停工损失的定义及内容

停工损失是指企业的生产车间在停工期间所发生的各项费用。停工损失主要包括停工期间发生的材料费用、耗用的燃料及动力费用、应付给职工薪酬和应分配的制造费用等。

（二）停工的原因及核算范围

企业发生停工的原因有很多，例如生产单位发生停电、计划减产、供应不足、机器设备出现故障、对设备进行修理等。另外，有些企业的生产带有明显的季节性，这样也会引起季节性停工。停工时间有长有短，范围有大有小。企业并不是对所有的停工都要计算停工损失，一般情况下，为简化会计核算工作，企业可自行确定停工损失的计算范围和时间。对于停工不满一个工作日的，一般也不单独计算停工损失；辅助生产车间一般规模不大，停工期间的损失也不单独核算。

二、停工损失的核算

（一）核算凭证

发生停工损失时，应由停工的车间填制“停工单”，并在考勤记录中登记。在“停工单”上应详细列明停工的单位、停工范围、停工原因、起止时间、责任人、停工损失的金额等详细内容，“停工单”在有关部门审批后应作为账务处理的原始凭证。

（二）设置的账户

单独核算停工损失的企业，需增设“停工损失” 账户。该账户的借方登记发生的停工损失；贷方登记予以转销的停工损失，经过结转后，本账户月末无余额。

“停工损失”账户应按生产车间设置明细账，并按成本项目设置专栏，归集停工损失。

停工原因不同，停工损失的会计处理方法也有所不同。因自然灾害等非正常停工损失，应记入“营业外支出”账户，其余停工损失应记入“制造费用”账户，可采用预提、待摊的方法，由开工月份分期负担；若停工损失能取得赔偿，应以赔偿款冲减停工损失。

根据“停工单”和各种费用分配表等有关凭证，将停工期间发生的、应列作停工损失的费用，借记“停工损失”账户，贷记“原材料”“应付职工薪酬”和“制造费用”等账户。确认应有责任人赔偿的、属于自然灾害原因的停工损失应借记“其他应收款”“营业外支出”科目，应计入本月产品成本的停工损失，借记“生产成本——基本生产成本”账户，贷记“停工损失”账户。

（三）停工损失核算的会计分录

（1）当发生停工损失时，应根据停工单等凭证，应作会计分录如下：

借：停工损失
　贷：应付职工薪酬
　　　制造费用等

（2）可以向责任人或保险公司取得的赔款金额，应作会计分录如下：

借：其他应收款
　贷：停工损失

（3）如果是季节性、修理期间的停工损失，应预提计入制造费用，由生产期间的产品负担，在预提时应作会计分录如下：

借：制造费用
　贷：预提费用

(4) 在结转季节性、固定资产修理期间的停工损失时，应作会计分录如下：

借：预提费用
　贷：停工损失

(5) 如果是自然灾害发生的停工损失，应列入“营业外支出”账户，作会计分录如下：

借：营业外支出
　贷：停工损失

关于停工损失的会计处理程序如图 5-1 所示。

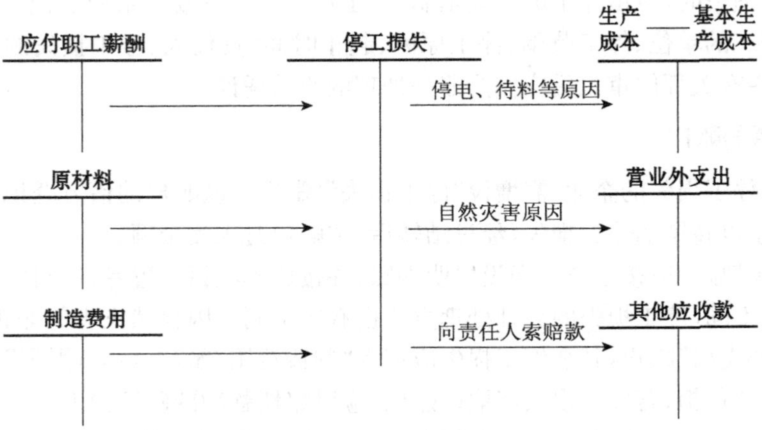

图 5-1　停工损失核算程序图

【关键术语】

生产损失　废品　废品损失　可修复废品　不可修复废品　废品的实际成本　废品的定额成本　停工损失　季节性停工

【问题思考】

1. 生产损失包括哪些？
2. 生产损失核算的任务是什么？
3. 废品如何进行分类？这种分类有什么作用？
4. 废品及废品损失的范围包括哪些？
5. 不可修复废品损失应如何计算？各种不同的计算方法有什么区别？
6. 废品损失应如何进行账务处理？
7. 停工损失的内容包括哪些？停工产生的原因有哪些？
8. 不同原因产生的停工损失应如何进行核算？

本章练习

姓名______
学号______
分数______

扫二维码获得更多本章习题及案例

四、计算题

1. 练习不可修复废品损失的核算

资料：20××年7月，甲公司生产车间生产甲产品，本月完工240件，经检验发现其中5件为不可修复废品。甲产品生产成本明细账上所列示的合格品和废品的生产费用为：直接材料60 000元，直接人工24 000元，制造费用14 700元，合计98 700元；甲产品耗用工时为：合格品5 910小时，废品90小时，合计6 000小时。原材料系生产开始时一次投入，废品回收的残料计价320元，应由责任人赔偿150元。

要求：(1) 根据以上资料，按废品所耗实际费用，编制废品损失计算表（见表5-5）。

(2) 根据废品损失计算表编制会计分录。

表5-5　废品损失计算表

产品：　　　　　　　　　　　　　　　　　　　　　　　　　　　数量：

车间：　　　　　　　　　　　　年7月　　　　　　　　　　　　金额单位：元

项　目	数量(件)	直接材料	生产工时(小时)	直接人工	制造费用	合　计
全部生产费用						
费用分配率						
废品的生产成本						
减：废品残值						
应收赔偿款						
废品损失						

2. 某企业基本生产车间生产甲产品，根据有关原始记录，本期生产合格品1 980件，废品20件，合格品生产工时9 900小时，废品生产工时100小时。根据甲产品成本计算单所列按成本项目反映原材料费用70 000元，薪酬费用20 000元，制造费用14 000元。原材料按产品产量比例分配，其他费用按生产工时比例分配。废品残料回收价值为200元。

要求：(1) 按废品所耗实际费用，计算甲产品不可修复废品成本及净损失。

(2) 编制有关的会计分录。

3. 某企业基本生产车间生产乙产品，在生产过程中发现不可修复废品10件。按所耗定额费用计算不可修复废品的生产成本。单件原材料费用定额为150元，已完成的定额工时共150小时，每小时的费用定额：薪酬费用1.80元，制造费用1.20元；不可修复废品的残料作价280元以辅助材料入库；应由过失人赔款80元。

要求：(1) 计算乙产品不可修复废品的成本及净损失。

(2) 编制有关的会计分录。

业务实训

业务实训一

目的:不可修复废品损失的核算。

基本案情:2×15 年 4 月,M 公司铸造车间在产品质量检验中,发现 100 件 B 铸件硬度不够。

案例分析:铸件硬度不够,经技术部门鉴定系配制浇注铁水的成分比例发生错误。以上铸件在技术上已无法修复,予以报废。

相关支出:本月生产 B 铸件 4 000 件,其中合格品生产工时为 117 000 小时,废品工时为 3 000小时。B 产品生产成本明细账所列合格品和废品的全部生产费用为:直接材料200 000元;直接人工 121 200 元;制造费用 72 000 元,共计 393 200 元。废品残料回收入库价值1 200元。

投料情况:该铸件所需原材料在生产开工时一次全部投入。

要求:(1) 计算不可修复废品的生产成本,编制"废品损失计算表"(见表 5-6)。

(2) 确认废品损失。

(3) 编制相应的会计分录。

表 5-6 废品损失计算表

车间名称:基本生产车间　　　　年 4 月　　　　产品名称:

废品数量:　　　　金额单位:元

项　目	数量(件)	直接材料	生产工时	直接人工	制造费用	成本合计
费用总额						
费用分配率						
废品成本						
减:废品残料						
废品损失						

业务实训二

目的:可修复废品损失的废品修复。

基本案情:M 公司铸造车间在产品质量检验中,发现 10 件阀门铸件出现不同程度的砂眼、气孔和飞边,如表 5-7 所示。

表 5-7 废品通知单

车　间:铸造　　　　工程:2　　　　编　号:66-236

生产小组:6　　　　机床:5　　　　开工日期:2×15/2/12

原工作通知单编号	零件		工序	计量单位	定额工时(分)	加工单价(元)	废品数量			实际工时(分)	应负担的工资
	名称	编号					工废	料废	退修		
0503	阀门	0412	8	只	90	8.00	10		10	100	800
废品原因:											

（续表）

<table>
<tr><td rowspan="2">原工作通知单编号</td><td colspan="2">零　件</td><td rowspan="2">工序</td><td rowspan="2">计量单位</td><td rowspan="2">定额工时（分）</td><td rowspan="2">加工单价(元)</td><td colspan="3">废品数量</td><td rowspan="2">实际工时（分）</td><td rowspan="2">应负担的工资</td></tr>
<tr><td>名称</td><td>编号</td><td>工废</td><td>料废</td><td>退修</td></tr>
<tr><td colspan="3">工废工件</td><td colspan="9">浇注中砂型塌陷出现砂眼、汽孔和飞边</td></tr>
<tr><td colspan="3">退修工件</td><td colspan="9">浇注中砂型塌陷出现砂眼、汽孔和飞边</td></tr>
<tr><td colspan="3">责任者：</td><td colspan="3">追偿废品</td><td colspan="6">备　　注</td></tr>
<tr><td>姓　名</td><td>工种</td><td>工号</td><td>数量</td><td>单价</td><td>金额</td><td colspan="6" rowspan="2">工废工件经查属责任赔偿</td></tr>
<tr><td>王军隆</td><td>浇注</td><td>1256</td><td>10</td><td>10.00</td><td>100.00</td></tr>
</table>

检验员：李军　　　　生产组长：王剑法　　　　责任人：王军隆

情况说明：经技术部门鉴定铸件的缺损情况，砂眼可通过填加填补剂、气孔可通过补焊、飞边通过打磨等措施修复，修复费用较少应为可修复废品。废品应进行修复。

修复支出：修复A铸件实际耗用材料500元，实际耗用工时200小时，小时人工费用分配率为4.56元，小时制造费用分配率为2.50元，修复过程中回收残料(已入库)10元，应由废品责任人王军隆赔偿100元。

要求：归集修复费用，并编制相应的会计分录。

第六章 完工产品和在产品的核算

章前导引

教学目标

通过本章的学习，了解完工产品和在产品的概念及工业企业在产品数量核算的意义和方法；掌握生产费用在完工产品和月末在产品之间划分的七种方法；能根据不同企业实际情况，采用适当的方法在完工产品和月末在产品之间进行费用的分配，以确定本期完工产品成本和月末在产品成本。

第一节 在产品数量的核算

一、在产品与完工产品的关系

（一）在产品含义

工业企业的在产品有广义和狭义之分。

广义在产品是就整个企业而言的，它是指没有完成全部生产过程，不能作为商品销售的产品。在产品包括正在各个生产工序加工的在制品和已经完成一个或多个生产步骤，尚未最终完工而需要继续加工的自制半成品。

狭义在产品是就一个生产单位（车间、分厂）或某一生产步骤而言的，仅指本生产单位或生产步骤正在加工中的在制品，该生产单位或生产步骤已经交出的自制半成品不包括在内。

（二）完工产品含义

在产品完成生产过程，验收入库以后就称为完工产品。

完工产品也有狭义和广义之分。

狭义的完工产品是指可以作为商品销售的产品即产成品。

广义的完工产品不仅包括产成品，还包括已在某一生产步骤完工，继续交由下一步骤加工或交给半成品库的半成品。

（三）期末在产品与本期完工产品成本计算的关系

企业发生的生产费用要按成本项目归集，并在各成本计算对象之间进行分配。月末，企业本月的生产费用合计数包括本月发生的生产费用和月初在产品成本，已经全部计入各种产品(各成本计算对象)的成本核算单中。完工产品成本的计算应视本月产品完工的具体情况而定，大体有以下三种情况。

(1) 如果该产品本月全部完工，月末没有在产品，则：

月初在产品成本＋本月发生的生产费用＝本月完工产品的总成本

此时，以总成本除以完工产品数量，即得到该产品的单位成本。

(2) 如果该产品本月全部没有完工，则生产费用合计数等于月末在产品成本，应结转到下期继续生产。

(3) 如果该产品既有已经完工交库产成品或自制半成品，又有正在加工的月末在产品，此时生产费用合计数就要按照一定的方法，在本月完工产品与月末在产品两者之间进行分配，从而计算出本期完工产品的总成本和单位成本以及期末在产品的成本。

生产费用与完工产品和在产品成本的关系如下：

期初在产品成本＋本月发生生产费用＝本月完工产品成本＋月末在产品成本

公式中的前两项之和是生产费用合计数或累计生产费用，到月末时，生产费用要在本月完工产品和本月末在产品之间进行分配，以确定本月完工产品和月末在产品的成本。为保证生产费用分配的正确性，必须正确组织在产品收、发和结存的数量核算，取得在产品的动态和结存的数量资料。

二、在产品数量的日常核算

为使生产费用在完工产品与在产品之间分配准确，即准确地确定完工产品和在产品的成本，首先要准确计算完工产品数量和月末在产品的数量。

完工产品数量易于确定，产品完工验收入库时，验收入库单记载了其准确数量，而月末在产品按生产流程分布于企业各个分厂、基本生产车间和各道不同工序上，其投料程序和完工程度各不相同，必须加强对在产品实物收、发、存的控制。

在产品数量是通过在产品收入、发出、结存账户进行核算的，实际工作中也称为在产品台账。在产品台账应分别车间并且按照产品的品种和在产品的名称设立，以便用来反映车间各种在产品的转入、转出和结存数量。其基本格式如表6-1所示。

表6-1 在产品台账

产品名称：甲产品　　生产单位：一车间　　计量单位：个

2×15年		摘要	收入		转出		结存	
月	日		凭证号	数量	凭证号	合格品	已完工	未完工
2	1	上月结转						60
2	10	收入	领1	200				
2	15	完工转出			收1	180		
2	31	本月合计		1 400			1 400	60

在产品台账应当根据有关资料凭证、在产品内部转移凭证、在产品检验凭证和产品交库

单等原始凭证逐笔登记。生产单位的核算人员应对在产品台账的登记情况进行审核和汇总。设置在产品台账，可以从账面上随时提供在产品信息，将账面结存数量和实存数量核对后，可为计算月末在产品的成本提供资料。

三、在产品清查及其盈亏的核算

为了保证在产品账实相符，企业必须定期或者不定期对在产品进行实地清查盘点。这样一方面可以检查在产品结存数量是否与投入数量相符，有无报废、损耗和短缺现象，也可以据以计算产品制造成本。如果在盘存过程中发现在产品盘亏或盘盈时，应填制“在产品盘点盈亏报告单”，载明在产品的账存数、实存数、盘盈、盘亏和毁损数以及盈亏原因和处理意见等。企业财务部门应认真审核“在产品盘点盈亏报告单”，并按照企业内部控制制度规定的审核程序，报送有关部门和领导审批，及时作出账务处理。

对于在产品清查结果具体账务处理方法，在《中级财务会计》有所介绍，在此不再重复。

第二节 生产费用在完工产品与在产品之间的分配

企业应根据在产品数量的多少、各月在产品数量变化的大小、各项费用在产品成本所占比重的大小以及定额管理基础的好坏等具体条件，将生产费用在完工产品和在产品之间进行划分，以便确定本期完工产品成本和期末在产品成本。采取合理而又简便的方法在完工产品和在产品之间分配生产费用是成本核算工作的一项重要任务。

前已述及，“生产成本——基本生产成本”账户中，月初在产品成本、本月生产费用、完工产品和月末在产品成本之间的关系，可用下面的关系式表达：

月初在产品成本＋本月生产费用＝本月完工产品成本＋月末在产品成本

上式中，有“本月完工产品成本”和“月末在产品成本”两个未知数，那么，在有两个未知数的等式中，要求出未知数，有两种办法，也就是确定本月完工产品成本和月末在产品成本的方法有两大类：一类是先确定月末在产品成本，然后再倒挤计算本月完工产品成本，称为扣除法；另一类是将公式中前两项之和按照一定的比例在完工产品成本和月末在产品之间进行分配，同时计算出完工产品成本和月末在产品成本，称为比例法。两种方法下的计算公式如下：

扣除法下：

本月完工产品成本＝月初在产品成本＋本月生产费用－月末在产品成本

比例法下：

月初在产品成本＋本月生产费用＝本月完工产品成本＋月末在产品成本

这两类方法中包括七种具体方法，即不计算在产品成本法、按年初固定数计算在产品成本法、在产品按所耗原材料费用计价法、约当产量比例法、在产品按完工产品成本计算法、在产品按定额成本计价法和定额比例法。

一、不计算在产品成本法

不计算在产品成本法是指企业在月末虽有在产品，由于在产品数量较少，价值也很低，并且各月月末在产品数量也比较稳定，为了简化成本核算工作，可以采取不计算在产品成本，即某种产品本月归集的生产费用全部由完工产品成本负担。

由于不计算在产品成本，期初、期末在产品成本均为零，则本月发生的生产费用等于本月完工产品成本，本月完工产品总成本除以本月完工产品产量即得单位产品制造成本。

自来水生产企业、采掘企业等均可采用这种方法。

二、按年初数固定计算在产品成本

按年初数固定计算在产品成本法，是指年内各月月末在产品的成本均按年初固定的在产品成本计算，各月月末、月初在产品的成本固定不变，当月发生的生产费用就是该月完工产品的成本。年终，根据实际盘点结果和生产耗费重新调整计算确定在产品成本，并将其作为次年在产品成本计算的依据，以免在产品成本与实际出入过大，影响成本计算的准确性。

这种方法适用于各月月末在产品数量较少、价值较大，或者虽然在产品数量大但各月之间在产品数量稳定，月初与月末在产品成本的差额不大，算不算各月在产品差额，对完工产品成本不会有较大的影响的产品。

冶炼企业的炉内溶液、化工企业的输送带和管道内的在产品数量都比较稳定，都可以采用这种方法。

三、在产品按所耗原材料费用计价法

月末在产品成本按所耗原材料费用计价法，是指月末在产品只计算其耗用的原材料费用，直接人工、制造费用等加工费用全部计入完工产品成本的方法。

在月末在产品成本按所耗原材料费用计价法下，某种产品的全部生产费用，减去月末在产品原材料费用，就得到完工产品成本。

月末在产品成本按所耗原材料费用计价法适用于各月末在产品数量较大、各月末在产品数量变化较大，同时原材料费用在产品成本中所占比重也较大的产品，如纺织、造纸、酿酒等行业的产品，直接材料费用占产品成本总额的70%以上。基于这些特征，这些产品的月末在产品可以只计算材料成本，不考虑分配直接人工费用和制造费用等加工费用，直接人工费用和制造费用全部由本月完工产品成本来负担。

采用月末在产品成本按所耗原材料费用计价法，本月完工产品成本等于月初在产品材料成本加上当月发生的全部生产费用，再减去月末在产品材料成本。

假定原材料在生产开始一次投入，用计算公式可表示如下：

$$\text{月末在产品成本}=\text{月末在产品数量}\times\text{该产品单位材料成本}$$

$$\text{产品单位材料成本}=\frac{\text{原材料费用总额}}{\text{完工产品数量}+\text{月末在产品数量}}$$

【例6-1】 某企业生产A产品，由于该产品成本的原材料费用所占比重较大，直接人工、制造费用等加工费用占的比重较少，月末在产品只计算原材料费用。现设某月初A产品成本为 5 000 元(只含材料费用),本月发生材料费用 65 000 元,原材料在生产开始时一次性投入,本月发生直接人工费用 2 000 元,制造费用 400 元。本月 A 产品完工数量 200 件,月末在产品 80 件。

要求:在产品按所耗原材料费用计价法划分月末在产品成本和本月完工产品成本。

$$直接材料费用分配率=\frac{5\,000+65\,000}{200+80}=250(元/件)$$

月末在产品成本=250×80=20 000(元)

本月完工产品成本=(5 000+65 000−20 000)+2 000+400=52 400(元)

从[例 6-1]可知,月末在产品成本只包含原材料费用,本期的加工费用全部由完工产品成本负担。

四、在产品成本按完工产品成本计价法

月末在产品按完工产品成本计价法,是将月末在产品视同已经完工的产品分配费用。

这种方法适用于月末在产品已经接近完工,或者产品已经加工完毕,但尚未验收或包装入库的产品。在这种情况下,在产品成本已接近完工产品成本,为了简化核算工作,将月末在产品视同完工产品。

五、在产品按定额成本计价

在产品按定额成本计价是指根据月末在产品的数量和在产品单位定额成本,计算出月末在产品成本,然后用本月生产费用累计数扣除月末在产品成本,从而计算出完工产品成本的方法。实际生产费用脱离定额的差异全部由本月完工产品成本负担。

这种方法适用于各项消耗定额和费用定额比较准确、稳定,定额管理基础工作较好,并且各月末在产品数量也比较稳定的企业。否则,当实际耗费与定额之间的差异较大时,会影响到成本计算的正确性。其计算公式如下:

月末在产品定额成本=月末在产品数量×单位在产品定额成本

月末在产品直接材料成本=月末在产品数量×单位在产品定额材料费用

月末在产品直接燃料及动力成本=月末在产品机器定额工时×单位定额机时费用

或　　=月末在产品数量×单位在产品定额机时费用

月末在产品直接人工成本=月末在产品完成定额工时×单位工时定额人工费用

或　　=月末在产品数量×单位在产品定额人工费用

月末在产品制造费用=月末在产品完成定额工时×单位工时定额制造费用

或　　=月末在产品数量×单位在产品定额制造费用

本月完工产品成本=月初在产品定额成本+本月发生生产费用−月末在产品定额成本

【例 6-2】 天河机械厂一车间生产甲、乙两种产品。两种产品的完工产品与月末在产品费用的分配均采用在产品按定额成本计价的方法。甲、乙两种产品的原材料均在开工时一次投入。甲产品月末在产品 50 件,单件原材料费用定额为 500 元,单位在产品定额机器工时 14 小时,单位定额机时费用为 4 元,单位定额人工工时 22 小时,单位工时定额人工费用 14 元,单位工时定额制造费用 7 元;乙产品月末在产品 100 件,单件原材料费用定额 126 元,单位

在产品定额机器工时10.8小时,单位定额人工工时15小时。其他资料和月末在产品定额成本的计算如表6-2所示。

表6-2 月末在产品定额成本计算表

车间:一车间　　　　2×15年2月　　　　金额单位:元

产品名称	在产品数量(件)	直接材料费用定额	机器工时定额	人工工时定额	直接燃料及动力(每机时4元)	直接人工(每工时14元)	制造费用(每工时7元)	定额成本合计
甲产品	50	25 000	700	1 100	2 800	15 400	7 700	50 900
乙产品	100	12 600	1 080	1 500	4 320	21 000	10 500	48 420
合　计	—	37 600	1 780	2 600	7 120	36 400	18 200	99 320

表6-2中数字计算过程如下所示。

(1) 甲在产品定额成本的计算。

甲在产品直接材料费用定额成本=月末在产品数量×单位在产品定额材料费用
=50×500=25 000(元)

甲在产品直接燃料及动力费用定额成本=月末在产品机器定额工时×单位定额机时费
=50×14×4=2 800(元)

甲在产品直接人工定额成本=月末在产品完成定额工时×单位工时定额人工费用
=50×22×14=15 400(元)

甲在产品制造费用定额成本=月末在产品完成定额工时×单位工时定额制造费用
=50×22×7=7 700(元)

甲在产品定额成本=25 000+2 800+15 400+7 700=50 900(元)

(2) 乙在产品定额成本的计算。

乙在产品直接材料费用定额成本=月末在产品数量×单位在产品定额材料费用
=100×126=12 600(元)

乙在产品直接燃料及动力费用定额成本=月末在产品机器定额工时×单位定额机时费
=100×10.8×4=4 320(元)

乙在产品直接人工定额成本=月末在产品完成定额工时×单位工时定额人工费用
=100×15×14=21 000(元)

乙在产品制造费用定额成本=月末在产品完成定额工时×单位工时定额制造费用
=100×15×7=10 500 (元)

乙在产品定额成本=12 600+4 320+21 000+10 500=48 420(元)

采用在产品按定额成本计价的方法,月末在产品定额成本与实际成本之间的差异(脱离定额差异)全部由完工产品负担,不尽合理。

如前所述,在各项消耗定额或费用定额比较准确、稳定,又不需要经常修订定额的条件下,采用这种分配方法能够比较准确、简便地解决完工产品与月末在产品之间分配费用的问题,否则,会影响产品成本的正确性。

采用这种分配方法,如果产品成本中直接材料费用所占的比重较大,为了进一步简化成本计算工作,月末在产品成本可以直接按定额原材料费用计算,其他各项实际费用计入完工产品成本。即在产品按所耗直接材料费用计价法,与在产品按定额成本计价法结合应用。

根据天河机械厂 2×15 年 2 月各种费用分配表及有关的凭证以及月初各成本项目余额资料，登记甲、乙两种产品的基本生产成本明细账如表 6-3 和表 6-4 所示。该企业甲、乙两种产品的在产品按定额成本计价。

表 6-3 基本生产成本明细账

产品名称:甲产品　　2×15 年 2 月

项　目	直接材料	直接燃料及动力	直接人工	制造费用	合　计
月初在产品成本	15 020	3 400	27 500	13 540.12	59 460.12
本月发生生产费用	215 080	54 000	275 520	138 098.88	682 698.88
本月生产费用合计	230 100	57 400	303 020	151 639	742 159
转出完工产品成本	205 100	54 600	287 620	143 939	691 259
月末在产品成本	25 000	2 800	15 400	7 700	50 900

表 6-4 基本生产成本明细账

产品名称:乙产品　　2×15 年 2 月

项　目	直接材料	直接燃料及动力	直接人工	制造费用	合　计
月初在产品成本	21 090	7 200	36 736	13 809.56	78 835.56
本月发生生产费用	105 450	36 000	183 680	69 049.44	394 179.44
本月生产费用合计	126 540	43 200	220 416	82 859	473 015
转出完工产品成本	113 940	38 880	199 416	72 359	424 595
月末在产品成本	12 600	4 320	21 000	10 500	48 420

六、约当产量法

约当产量法就是根据完工产品的数量和月末在产品的约当产量比例来分配生产费用，从而计算出完工产品成本和月末在产品成本的方法。

约当产量是将月末在产品的数量按完工程度折合为相当于完工产品的数量。

约当产量法适用于月末在产品数量较大，各月末在产品数量变化也比较大，产品成本材料费用和直接人工费用等加工费的比重相差不多的产品。

采用约当产量法计算月末在产品成本和本月完工产品成本，通常可分为以下三个步骤。

（一）计算在产品的约当产量

月末，企业应根据“产品交库单”确定本月完工产品的数量，通过实地盘点或“在产品收发结存明细账”确定月末在产品的数量，并根据月末在产品完工程度确定月末在产品约当产量。其计算公式如下：

月末在产品约当产量＝月末在产品数量×在产品完工程度(或投料程度)

要特别注意的是，月末在产品约当产量必须区分不同成本项目（直接材料、直接人工和制造费用）分别计算求得，然后，再按不同成本项目分别计算约当产量单位成本。

其中直接材料成本项目按投料程度折算，直接人工和制造费用成本项目一般按完工程度折算，而产品的投料程度与完工程度通常是不一致的。

1. 分配直接材料成本项目时在产品约当产量的计算

月末在产品和本期完工产品在分配原材料费用时，先将月末在产品的数量换算成约当产量，然后再按照完工产品数量和月末在产品约当产量的比例分配材料费用。此时月末在产品约当产量等于月末在产品数量乘以在产品投料程度。用公式表示如下：

$$月末在产品约当产量=月末在产品的数量\times在产品投料程度$$

在产品的投料程度是指在产品已投入的直接材料费用占完工产品应投入直接材料费用的比重。投料程度的高与低又与产品生产的投料方式密切相关。企业产品生产的投料方式主要有以下两种。

1）一次投料方式

一次投料就是在产品生产开始时一次投入产品生产所需要的全部直接材料，则月末在产品的投料程度为100%，在产品的约当产量即是在产品的数量。此时直接材料费用可根据月末在产品实际数量与完工产品数量的比例分配。用公式表示如下：

$$月末在产品约当产量=月末在产品数量$$

2）逐步投料方式

逐步投料就是直接材料随生产进度陆续投入或在每道工序开始时投入，具体可分为以下三种状况。

（1）在产品直接材料的投料程度与该产品的完工程度相同或基本相同时，在产品的约当产量可按完工程度折算。此时：

$$月末在产品约当产量=月末在产品数量\times在产品完工程度$$

（2）直接材料在每道工序开始时一次性投入本工序所耗直接材料，此时在产品的投料程度要根据从最初投产到该工序时在产品累计已投入的直接材料费用占完工产品应投入的直接材料费用的比重来确定。计算公式如下：

$$某工序在产品投料程度=\frac{该工序单位在产品已投入材料费用}{单位完工产品应投入材料费用}\times100\%$$

$$某工序在产品约当产量=该工序在产品数量\times该工序在产品的投料程度$$

【例6-3】 某企业生产丙产品经三道工序连续加工制成，原材料随加工进度分工序三次投入，原材料于每道工序开始时一次性投入，单位完工产品应投入材料50千克（定额消耗量），第一、第二、第三道工序定额消耗量分别为20千克、20千克和10千克，本月末第一、第二、第三道工序的在产品数量分别为40件、30件和20件。

要求：计算企业月末该种产品的约当产量。

约当产量的计算方法过程如下：

某道工序约当产量＝该工序月末在产品数量×该工序在产品的投料程度

$$第一道工序约当产量=40\times\frac{20}{50}\times100\%=16(件)$$

$$第二道工序约当产量=30\times\frac{20+20}{50}\times100\%=24(件)$$

$$第三道工序约当产量=20\times\frac{20+20+10}{50}\times100\%=20(件)$$

月末乙产品(在产品)约当产量＝16＋24＋20＝60(件)

(3) 直接材料于每道工序开始以后逐步投入，则：

$$\text{某工序在产品投料率}=\frac{\text{前面各工序累计材料消耗定额}+\text{本工序材料消耗定额}\times50\%}{\text{单位产品定额消耗量}}$$

其中，各工序结存的在产品在本工序的平均投料程度按50％计算。

【例6-4】 资料见[例6-3]，丙产品仍需三道工序加工成完工产品，单位产品材料定额消耗量50千克，第一、第二、第三道工序材料定额仍为20千克、20千克和10千克，设原材料是在每道工序开始以后逐步投入，第一、第二、第三道工序月末在产品数量依然是40件、30件和20件。

要求：计算月末在产品的约当产量。

$$第一道工序月末在产品约当产量=40\times\frac{20\times50\%}{50}=8(件)$$

$$第二道工序月末在产品约当产量=30\times\frac{20+20\times50\%}{50}=18(件)$$

$$第三道工序月末在产品约当产量=20\times\frac{20+20+10\times50\%}{50}=18(件)$$

乙产品的约当产量＝8＋18＋18＝44(件)

从以上内容可以看出，投料方式不同与投料程度高低有密切关系；即使在逐步投料方式下，每种状况下投料程度也各不相同。

2. 分配其他成本项目费用时在产品约当产量的计算

产品成本中直接人工、制造费用等生产费用随着产品生产工艺过程的进行而逐步增加，它们与在产品的完工程度密切相关，因此分配时应按在产品的完工程度来计算在产品的约当产量。

测定在产品完工程度的方法有以下两种：

(1) 若产品生产为单步骤均衡生产，则完工程度不特指时通常为50％。

月末在产品约当产量＝月末在产品数量×在产品完工程度(一般为50％)

(2) 若生产为多步骤连续生产的产品，各工序由于所耗工时不一定相同，因而各道工序月末在产品的完工程度也不相同，当各工序在产品数量和加工工作量差别较大时，应按照各工序从最初投产以来的累计工时定额占完工产品工时定额的比率计算，各工序月末在产品完工程度和月末在产品约当产量可按下列公式计算：

$$\text{某工序在产品的完工程度}=\frac{\text{单位在产品前面各工序工时定额之和}+\text{单位在产品在本工序工时定额}\times\text{在产品在该工序的完工程度}}{\text{单位完工产品工时定额}}$$

注：在产品在该工序的完工程度不特指时按50％计算。

【例6-5】 某企业丁产品分三道工序加工而成，各工序在产品的加工程度均按50％计算。该产品工时定额为50小时，其中第一、第二、第三道工序工时定额分别为18小时、20小时和12小时，第一、第二、第三道工序在产品数量分别为60件、80件、150件。

要求：计算在产品约当产量。

在产品约当产量计算过程如下：

$$第一道工序约当产量=60\times\frac{18\times50\%}{50}=10.8(件)$$

$$第二道工序约当产量=80\times\frac{18+20\times50\%}{50}=44.8(件)$$

$$第三道工序约当产量=150\times\frac{18+20+12\times50\%}{50}=132(件)$$

$$月末在产品约当产量=10.8+44.8+132=187.6(件)$$

根据计算结果编制“在产品的加工程度和在产品约当产量计算表”，如表6-5所示。

表6-5 在产品的加工程度和在产品约当产量计算表

产品名称：丙产品

工 序	各工序在产品数量（件）	各工序工时定额（小时）	各工序完工程度（%）	在产品约当产量（件）
一	60	18	18	10.8
二	80	20	56	44.8
三	150	12	88	132
合 计	290	50	—	187.6

（二）计算约当产量单位成本（费用分配率）

约当产量单位成本也称费用分配率，应分别不同的成本项目及其所对应的约当产量分别计算。计算公式如下：

$$直接材料项目约当产量单位成本=\frac{本月直接材料费用合计数}{完工产品产量+月末在产品直接材料约当产量}$$

$$直接人工项目约当产量单位成本=\frac{本月直接人工费用合计数}{完工产品产量+月末在产品直接人工约当产量}$$

$$制造费用项目约当产量单位成本=\frac{本月制造费用合计数}{完工产品产量+月末在产品制造费用约当产量}$$

（三）计算本月完工产品成本与月末在产品成本

本月完工产品成本＝本月完工产品数量×费用分配率（约当产量单位成本）

或 ＝（月初在产品成本＋本月发生生产费用）－月末在产品成本

月末在产品成本＝月末在产品约当产量×费用分配率（约当产量单位成本）

或 ＝（月初在产品成本＋本月发生生产费用）－本月完工产品成本

（四）约当产量法的运用

1. 一次投料方式约当产量法的运用

【例6-6】 光明工厂生产的甲产品采用约当产量分配法计算本月完工产品成本和月末

在产品成本。2×15 年 1 月，该工厂完工产量为 1 200 件，月末在产品 200 件，原材料于生产开始时一次投入，在产品平均完工程度为 50%。本月生产费用资料如表 6-6 所示。

表 6-6　生产费用资料表

产品名称：甲产品　　2×15 年 1 月　　单位：元

项　目	直接材料	直接人工	制造费用	合　计
月初在产品成本	10 120	4 778	3 450	18 348
本月发生生产费用	44 080	19 950	19 536	83 566
本月生产费用合计	54 200	24 728	22 986	101 914

（1）原材料费用在本月完工产品与月末在产品之间分配。

月末在产品原材料约当产量＝200×100%＝200（件）

原材料费用分配率＝$\frac{54\ 200}{1\ 200+200}$＝38.71（元/件）

本月完工产品应分配原材料费用＝1 200×38.71＝46 452（元）

月末在产品应分配原材料费用＝54 200－46 452＝7 748（元）

（2）直接人工费用和制造费用在本月完工产品与月末在产品之间分配。

月末在产品直接人工费用约当产量＝200×50%＝100（件）

直接人工费用分配率＝$\frac{24\ 728}{1\ 200+100}$＝19.02（元/件）

本月完工产品应分配直接人工费用＝1 200×19.02＝22 824（元）

月末在产品应分配直接人工费用＝24 728－22 824＝1 904（元）

制造费用分配率＝$\frac{22\ 986}{1\ 200+100}$＝17.68（元/件）

本月完工产品应分配制造费用＝1 200×17.68＝21 216（元）

月末在产品应分配制造费用＝22 986－21 216＝1 770（元）

（3）计算本月完工产品成本和月末在产品成本。

本月完工产品成本＝46 452＋22 824＋21 216＝90 492（元）

月末在产品成本＝7 748＋1 904＋1 770＝11 422（元）

该企业甲产品成本计算单如表 6-7 所示。

表 6-7　产品成本计算单

产品名称：甲产品　　2×15 年 1 月　　金额单位：元

项　目	直接材料	直接人工	制造费用	合　计
月初在产品成本	10 120	4 778	3 450	18 348
本月发生生产费用	44 080	19 950	19 536	83 566
本月生产费用合计	54 200	24 728	22 986	101 914

（续表）

项目	直接材料	直接人工	制造费用	合计
在产品约当产量(件)	200	100	100	
完工产品数量(件)	1 200	1 200	1 200	
费用分配率(约当产量单位成本)(元/件)	38.71	19.02	17.68	75.41
完工产品成本	46 452	22 824	21 216	90 492
月末在产品成本	7 748	1 904	1 770	11 422

2. 逐步投料方式约当产量法运用

逐步投料方式又分为两种情况，下面分别进行说明。

(1) 原材料于每工序开始时一次投入，约当产量法的运用。

【例 6-7】 某厂生产 B 产品，需要经过三道工序加工制成，原材料于每道工序开始时一次投入。2×15 年 1 月有关生产费用资料如表 6-8 所示。

表 6-8　生产费用资料

产品名称:B 产品　　　　2×15 年 1 月　　　　单位:元

项目	直接材料	直接人工	制造费用	合计
月初在产品成本	16 000	5 000	7 000	28 000
本月发生生产费用	82 000	25 000	28 000	135 000
本月生产费用合计	98 000	30 000	35 000	163 000

B 产品本月完工 1 000 件，月末在产品 400 件，各工序结存的在产品及定额资料如表 6-9 所示。

表 6-9　在产品数量及定额资料情况

产品名称:B 产品　　　　2×15 年 1 月

工序	在产品数量(件)	材料消耗定额(千克)	工时定额(小时)
一	150	80	30
二	130	80	40
三	120	100	50
合计	400	260	120

要求：采用约当产量法计算确定本月完工产品成本和月末在产品成本。

首先，计算月末在产品的约当产量，计算过程如下：

材料费用约当产量的计算：

$$第一道工序在产品材料约当产量=150\times\frac{80}{260}\times100\%=46.15(件)$$

$$第二道工序在产品材料约当产量=130\times\frac{80+80}{260}\times100\%=80(件)$$

$$第三道工序在产品材料约当产量=120\times\frac{80+80+100}{260}\times100\%=120(件)$$

加工费约当产量的计算：

$$第一道工序在产品加工费约当产量=150\times\frac{30\times50\%}{120}\times100\%=18.75(件)$$

$$第二道工序在产品加工费约当产量=130\times\frac{30+40\times50\%}{120}\times100\%=54.17(件)$$

$$第三道工序在产品加工费约当产量=120\times\frac{30+40+50\times50\%}{120}\times100\%=95(件)$$

分配直接材料费用时约当产量＝46.15＋80＋120＝246.15(件)

分配加工费用时约当产量＝18.75＋54.17＋95＝167.92(件)

在产品约当产量计算结果如表 6-10 所示。

表 6-10　在产品约当产量计算

产品名称:B 产品　　2×15 年 1 月

工序	在产品数量(件)	材料消耗定额(千克)	工时定额(小时)	材料约当产量		加工费约当产量	
				投料率	约当产量(件)	完工率	约当产量(件)
一	150	80	30	30.77%	46.15	12.5%	18.75
二	130	80	40	61.54%	80	41.67%	54.17
三	120	100	50	100%	120	79.17%	95
合计	400	260	120	—	246.15	—	167.92

其次，根据月末在产品约当产量和本月完工产品数量，将直接材料费用、直接人工费用和制造费用的累计数，分别在本月完工产品和月末在产品两者之间进行分配或划分，从而计算并确定本月完工产品成本和月末在产品成本。计算结果见表 6-11。

表 6-11　产品成本计算单

产品名称:B 产品　　2×15 年 1 月　　金额单位:元

项　　目	直接材料	直接人工	制造费用	合　　计
月初在产品成本	16 000	5 000	7 000	28 000
本月发生生产费用	82 000	25 000	28 000	135 000
本月生产费用合计	98 000	30 000	35 000	163 000
在产品约当产量(件)	246.15	167.92	167.92	
完工产品数量(件)	1 000	1 000	1 000	
合计(件)	1 246.15	1 167.92	1 167.92	
费用分配率(约当产量单位成本)(元/件)	78.642	25.687	29.968	134.297
完工产品成本	78 642	25 687	29 968	134 297
月末在产品成本	19 358	4 313	5 032	28 703

(2) 原材料于每道工序开始后逐步投入的约当产量法的运用。

【例 6-8】 接[例 6-7],B 产品投料方式为原材料是在每道工序开始后逐步投入,其他资料同[例 6-7]。

要求:采用约当产量法计算确定本月完工产品成本和月末在产品成本。

首先,应计算出月末在产品的约当产量,计算过程如下:

$$第一道工序在产品材料约当产量=150\times\frac{80\times50\%}{260}\times100\%=23.08(件)$$

$$第二道工序在产品材料约当产量=130\times\frac{80+80\times50\%}{260}\times100\%=60(件)$$

$$第三道工序在产品材料约当产量=120\times\frac{80+80+100\times50\%}{260}\times100\%=96.92(件)$$

$$分配原材料费用时约当产量=23.08+60+96.92=180(件)$$

分配加工费用约当产量计算与[例 6-7]完全相同。

其次,应根据月末在产品约当产量和本月完工产品数量,将直接材料费用、直接人工费用和制造费用的累计数,分别在本月完工产品和月末在产品两者之间进行划分,从而计算并确定本月完工产品成本和月末在产品成本。计算结果如表 6-12 所示。

表 6-12 产品成本计算单

产品名称:B 产品　　　　2×15 年 3 月　　　　金额单位:元

项　　目	直接材料	直接人工	制造费用	合　　计
月初在产品成本	16 000	5 000	7 000	28 000
本月发生生产费用	82 000	25 000	28 000	135 000
本月生产费用合计	98 000	30 000	35 000	163 000
在产品约当产量(件)	180	167.92	167.92	
完工产品数量(件)	1 000	1 000	1 000	
合计(件)	1 180	1 167.92	1 167.92	
费用分配率(约当产量单位成本)(元/件)	83.051	25.687	29.968	138 706
完工产品成本	83 051	25 687	29 968	138 706
月末在产品成本	14 949	4 313	5 032	24 294

七、定额比例法

定额比例法是按完工产品和月末在产品的定额消耗量或定额费用的比例来分配生产费用,从而计算并确定完工产品成本和月末在产品成本。

定额比例法分配费用时,原材料费用要按照原材料定额消耗量或原材料定额费用比例进行分配;直接人工和制造费用等各项加工费用,应按定额工时的比例进行分配。其计算公式如下:

$$费用分配率=\frac{月初在产品成本+本月生产费用}{完工产品的定额消耗量+月末在产品定额消耗量}$$

完工产品成本=完工产品的定额消耗量×费用分配率

月末在产品成本=月末在产品的定额消耗量×费用分配率

当企业产品消耗原材料品种较多时，上式中可用定额费用代替定额消耗量来分配材料费用，达到可以减少核算工作量的目的。

【例 6-9】 光明工厂生产的乙产品采用定额比例法计算本月完工产品成本和月末在产品成本。2×15 年 1 月，该工厂生产费用资料见表 6-13。本月生产完工产品 800 件，在产品 200 件，乙产品单位原材料定额为 50 元，单位工时定额为 28 小时，月末在产品工时定额总计为 2 300 小时，原材料于生产开始时一次投入。生产费用分配时，直接材料按原材料定额费用比例分配，各项加工费用按定额工时比例分配。

表 6-13　生产费用资料表

产品名称：乙产品　　　　2×15 年 1 月　　　　单位：元

项　　目	直接材料	直接人工	制造费用	合　　计
月初在产品成本	18 050	4 695	2 930	25 675
本月发生生产费用	19 950	17 442	17 094	54 486
本月生产费用合计	38 000	22 137	20 024	80 161

按定额比例法，直接材料费用分配如下：

完工产品定额材料费用=800×50=40 000(元)

期末在产品定额材料费用=200×50=10 000(元)

$$直接材料费用分配率=\frac{18\ 050+19\ 950}{40\ 000+10\ 000}=0.76$$

完工产品分配材料费用=40 000×0.76=30 400(元)

在产品分配材料费用=10 000×0.76=7 600(元)

按定额比例法，直接人工费用分配如下：

完工产品定额工时=800×28=22 400(小时)

$$直接人工费用分配率=\frac{4\ 695+17\ 442}{22\ 400+2\ 300}\approx 0.9$$

完工产品分配直接人工费用=22 400×0.9=20 160(元)

月末在产品分配直接人工费用=22 137−20 160=1 977(元)

按定额比例法，制造费用分配如下：

$$制造费用分配率=\frac{2\ 930+17\ 094}{22\ 400+2\ 300}\approx 0.81$$

完工产品分配制造费用=22 400×0.81=18 144(元)

月末在产品分配制造费用=20 024−18 144=1 880(元)

月末完工产品和在产品总成本计算如下：

完工产品成本＝30 400＋20 160＋18 144＝68 704(元)

月末在产品成本＝7 600＋1 977＋1 880＝11 457(元)

划分完工产品与月末在产品成本的过程，可以直接在“产品成本明细账”或者“产品成本计算单”中完成，如表 6-14 所示。

表 6-14 产品成本计算单

产品名称：乙产品　　　　2×15 年 1 月　　　　金额单位：元

项目	直接材料	直接人工	制造费用	合计
月初在产品成本	18 050	4 695	2 930	25 675
本月发生生产费用	19 950	17 442	17 094	54 486
本月生产费用合计	38 000	22 137	20 024	80 161
完工产品定额	40 000	22 400	22 400	
月末在产品定额	10 000	2 300	2 300	
费用分配率	0.76	0.9	0.81	
完工产品成本	30 400	20 160	18 144	68 704
月末在产品成本	7 600	1 977	1 880	11 457

与月末在产品按定额成本计价法相类似，定额比例法仍然要求企业定额管理基础较好，各项消耗定额或定额成本比较准确、稳定。在产品按定额成本计价法要求月末在产品数量比较稳定，起落变化不大，这样月初在产品脱离定额成本的差额与月末在产品脱离定额成本的差额就可以相互冲抵，对本月完工产品成本的影响就不大。当各月月末在产品数量波动较大时，为了避免在产品按定额成本计价法的不足，就只能采用定额比例法。

第三节 完工产品成本的结转

通过以上各种方法，工业企业产品生产过程中发生的各项生产费用在各种产品之间进行分配的基础上，又在同种产品的完工产品与月末在产品之间进行了划分，计算出了各种产品的总成本和单位成本，它们是企业生产经营和内部管理的重要财务信息之一。

完工产品验收入库后，应将其成本从“生产成本——基本生产成本”账户的贷方转入有关账户借方。对完工入库产成品的成本，应转入“库存商品”账户的借方；完工入库的自制材料、工具、模具等的成本，应转入“原材料”“周转材料”账户的借方。结转后，“生产成本——基本生产成本”账户的借方余额，就是月末在产品的成本。

在实际工作中，对生产多个产品的企业而言，为了便于管理和核算，往往要编制成本汇总表，统一结转多个产品成本。

【例 6-10】 根据[例 6-2]天河机械厂的相关资料，编制 2×15 年 2 月份的产成品成本汇总表，如表 6-15 所示。

表 6-15 产成品成本汇总表

公司名称:天河机械厂　　　　2×15 年 2 月　　　　金额单位:元

应借科目	产成品名称	产量(件)	成本	直接材料	直接燃料和动力	直接人工	制造费用	成本合计
库存商品	甲产品	1 000	总成本	205 100	54 600	287 620	143 939	691 259
			单位成本(元/件)	205.10	54.6	287.62	143.94	691.25
	乙产品	900	总成本	113 940	38 880	199 416	72 359	424 595
			单位成本(元/件)	126.6	43.2	221.57	80.40	471.77
总成本合计		—	—	319 040	93 480	487 036	216 298	1 115 854

根据表 6-15,编制会计分录如下:

借:库存商品——甲产品　　691 259
　　　　　——乙产品　　424 595
　贷:生产成本——基本生产成本——甲产品　　691 259
　　　　　　　　　　　　　——乙产品　　424 595

【关键术语】

完工产品　在产品　不计算在产品成本法　按年初固定数计算在产品成本法　在产品成本按所耗材料费计价法　约当产量法　在产品按完工产品成本计价法　在产品按定额成本计价法　定额比例法

【问题思考】

1. 什么是在产品?在产品数量如何核算?
2. 完工产品和月末在产品之间分配费用的方法有哪几种类型?
3. 确定完工产品和月末在产品之间分配费用的方法时,应考虑哪些具体条件?
4. 完工产品与月末在产品之间费用分配方法有几种?它们各自的特点、适用范围、计算分配程序以及优缺点如何?
5. 原材料每道工序随加工工序陆续投入和原材料在每道工序开始时一次投入两种情况下应该如何分别计算各道工序的完工率(投料率)?
6. 定额比例法和在产品按定额成本计价法有何异同?

本章练习

姓名______
学号______
分数______

扫二维码获得更多
本章习题及案例

四、计算题

1. 资料：某企业甲产品月末在产品数量较少。20××年5月份发生的各项生产费用为：直接材料费用72 000元，直接燃料及动力费用24 000元，直接人工费用18 000元，制造费用80 000元。甲产品本月投产502件，完工验收入库500件，在产品2件。

要求：(1) 采用何种方法将生产费用在完工产品和在产品之间分配？为什么？

(2) 计算该企业甲产品20××年5月份完工产品的总成本和单位成本，填入表6-16。

表6-16　产品成本计算单

产品名称：甲产品　　20××年5月　　单位：元

完工产品数量：

摘　　要	直接材料	直接人工	直接燃料及动力	制造费用	合　　计
本月生产费用					
本月完工产品成本					
完工产品单位成本					

2. 某企业乙产品月初在产品数量较大，但各月在产品数量变化不大。本月在产品年初固定成本为：直接材料费用1 000元，直接燃料及动力费用2 000元，直接人工费用1 200元，制造费用800元；本月发生的各项生产费用为：直接材料费用2 000元，直接燃料及动力费用4 000元，直接人工费用3 000元，制造费用1 000元。本月完工验收入库产品200件，在产品20件。

要求：(1) 采用何种方法将生产费用在完工产品和在产品之间分配？为什么？

(2) 计算该企业乙产品本月完工产品的总成本和单位成本，填入表6-17。

表6-17　产品成本计算单

产品名称：乙产品　　20××年×月　　单位：元

完工产品数量：

摘　　要	直接材料	直接人工	直接燃料及动力	制造费用	合　　计
月初余额					
本月生产费用					
本月完工产品成本					
完工产品单位成本					
在产品成本					

3. 某企业生产A产品，原材料在生产开始时一次投入，产品成本中材料费用所占比重很

大。3月初在产品成本为材料费用20 000元。3月份发生的生产费用为：直接材料费用42 000元，直接人工费用3 000元，制造费用1 000元。本月完工验收入库产品200件，在产品20件。

要求：(1) 采用何种方法将生产费用在完工产品和在产品之间分配？为什么？

(2) 计算该企业乙产品本月完工产品的总成本和单位成本，填入表6-18。

表6-18　产品成本计算单

产品名称：A产品　　　　20××年3月　　　　单位：元

完工产品数量：

摘　要	直接材料	直接人工	直接燃料及动力	制造费用	合　计
月初余额					
本月生产费用					
生产费用合计					
本月完工产品成本					
完工产品单位成本					
在产品成本					

业务实训

业务实训一

目的：练习在产品完工率的计算。

资料：粤海企业20××年8月生产的甲产品经过三个生产工序，各工序单位产品工时定额及在产品数量如表6-19所示。各工序在产品完工程度按平均50%计算。

表6-19　工时定额及在产品数量

工　序	工时定额(小时)	各工序在产品数量(件)
一	32	250
二	40	360
三	28	160
合　计	100	770

要求：计算各工序的完工率和约当产量并编制表格。(见表6-20)

表6-20　各工序的完工率和约当产量计算表

工　序	工时定额(小时)	完工率(%)	在产品数量(件)	约当产量(件)

业务实训二

目的：练习生产费用在完工产品和月末在产品之间的分配。

资料：粤海企业20××年9月生产乙产品，有关月初在产品成本和本月生产费用如表6-21所示。

表6-21　月初在产品成本和本月生产费用　　单位：元

项　　目	直接材料	燃料动力	直接人工	制造费用	合　　计
月初在产品成本	4 680	430	1 320	400	6 830
本月生产费用	43 460	3 170	5 880	2 300	54 810

其他资料如下：

(1) 乙产品本月完工80件，月末在产品20件，原材料在生产开始时一次投入，在产品完工程度50%。

(2) 乙产品月末在产品单件定额成本为：直接材料470元，燃料及动力20元，直接人工42元，制造费用18元。

(3) 乙产品完工产成品单件定额成本为：直接材料470元，燃料及动力36元，直接人工70元，制造费用31元。

要求：根据上列资料，按照以下几种分配方法计算乙产品完工产品成本和月末在产品成本。

(1) 按约当产量比例法分配计算并填写表6-22。

(2) 按在产品定额成本法分配计算并填写表6-23。

(3) 按完工产品和月末在产品的定额比例分配计算并填写表6-24。

(4) 按年初在产品成本数固定计算并填写表6-25。

(5) 月末在产品按所耗材料费计价法(材料费用采用约当产量法分配)并填写表6-26。

(6) 根据上述各种方法计算的完工产品成本，编制产成品验收入库的会计分录。

表6-22　乙产品成本计算单

(约当产量法)　　金额单位：元

摘　　要	直接材料	燃料动力	直接人工	制造费用	合　　计
月初在产品成本					
本月生产费用					
合　　计					
约当产量(件)					
分配率(元/件)					
完工产品成本(件)					
月末在产品成本(件)					

表 6-23　乙产品成本计算单

（定额成本法）　　　　金额单位：元

摘　　要	直接材料	燃料动力	直接人工	制造费用	合　　计
月初在产品成本					
本月生产费用					
合　　计					
完工产品成本（件）					
月末在产品成本（件）					

表 6-24　乙产品成本计算单

（定额比例法）　　　　金额单位：元

摘　　要	直接材料	燃料动力	直接人工	制造费用	合　　计
月初在产品成本					
本月生产费用					
合　　计					
完工产品的定额成本					
期末在产品的定额成本					
合　　计					
分配率（元/件）					
完工产品的实际成本（件）					
期末在产品实际成本（件）					

表 6-25　乙产品成本计算单

（按年初数固定计算法）　　　　金额单位：元

摘　　要	直接材料	燃料动力	直接人工	制造费用	合　　计
月初在产品成本					
本月生产费用					
合　　计					
完工产品成本（件）					
月末在产品成本（件）					

表 6-26　乙产品成本计算单

（在产品按所耗材料费计价法）　　　　金额单位：元

摘　　要	直接材料	燃料动力	直接人工	制造费用	合　　计
月初在产品成本					
本月生产费用					
合　　计					
约当产量(件)					
分配率(元/件)					
完工产品成本(件)					
月末在产品成本(件)					

章前导引

第七章 产品成本计算的基本方法

教学目标

通过本章的学习，理解企业的生产经营特点和管理要求对成本计算对象的影响，了解产品成本计算的基本方法和其他方法；全面了解品种法、分批法、分步法的含义、特点和适用范围，理解生产费用计入产品成本的基本程序；掌握多品种产品的成本计算方法；掌握一般的分批法和简化的分批法计算产品成本；掌握逐步结转分步法中按实际成本综合结转和成本还原的方法及平行结转分步法。

第一节 成本计算方法概述

一、成本计算对象的确定

成本计算是指将企业生产经营过程中发生的生产费用，采用一定的程序和方法，对成本计算对象进行归集和分配，从而计算各成本计算对象的总成本和单位成本的一个过程。

企业进行成本计算，首先要确定成本计算对象，即在成本计算过程中，为了归集与分配生产费用而确定成本归属对象，或者说是生产费用的具体承担者。成本计算对象一般由生产费用归属的实体(产品)、成本计算的主体、成本计算期和生产费用在完工产品与在产品之间的分配四个要素构成。

(一) 企业生产特点对成本计算对象的影响

在市场经济下，不同行业与不同企业的生产特点是千差万别的，但根据企业生产的一般特点，可以将工业企业作以下分类。

1. 企业生产的分类

1) 生产按工艺过程特点分类

工业产品的生产工艺过程是指产品从投产到完工的全部过程。按生产工艺过程的特点，工业企业的生产可分为单步骤生产和多步骤生产两种类型。

单步骤生产是指生产工艺过程不能间断，或者受工作地点限制，生产地点不便分散间断而必须集中完成的生产。前者如发电企业，整个利用水能、风能、核能发电的过程不能中断，后者如采掘企业,采掘过程一次只能完成一个地点的任务。单步骤生产的生产周期通常比较短,一般只能由一个企业或车间整体进行,不能由几个部门协作进行。

多步骤生产是指工艺技术上可以间断,可以在不同时间、不同地点分别进行,并由若干加工步骤组成的生产。如冶金、纺织、机械制造等企业的生产。多步骤生产具有工艺技术复杂、生产周期长、生产由多个车间或多个企业协作完成的特点。多步骤生产按其产品加工方式不同,又可分为连续式生产和装配式生产两种类型。

(1) 连续式生产是指材料投产后,要依次经过各个生产步骤的连续加工才形成产成品的生产。其前一生产步骤完成的半成品,是后一步骤继续加工的对象,直至最后一个步骤完工才形成产成品。如纺织、冶金等行业生产。

(2) 装配式生产是指先将各种材料分别平行进行加工,制成各种零、部件,然后将零、部件装配成产成品的生产。如机械、车辆、船舶、飞机、仪表、电器等行业的生产。

2) 生产按产品生产组织特点分类

企业的生产组织形式不同,决定成本计算的对象也不一样。按其生产组织的特点,可分为大量生产、成批生产和单件生产三种类型。

大量生产是指不断地重复生产品种相同产品的生产。在这种生产的企业或车间中,产品的品种较少而产量大,重复性强,专业化水平高,而且比较稳定。如冶金、采掘、纺织、面粉、化肥、造纸、酿酒等工业生产。

成批生产是指按照事先规定的产品批别和数量进行生产。在这种生产的企业或车间中,产品的品种、规格较多,而且有一定重复性。成批生产按照产品批量的大小,又可分为大批生产和小批生产。大批生产类似于大量生产,小批生产类似于单件生产。如服装、陶瓷、机械产品生产等。

单件生产是指按照用户的订单要求,生产个别的、性质特殊的产品的生产。单件生产的企业或车间中,生产的产品品种规格多、数量少,很少重复生产。一般单位价值或科技含量可能较高,如船舶制造、航空制造、专用设备制造等。

2. 生产特点对成本计算对象的影响

如前所述,成本计算对象由四个因素构成,因此生产特点对成本计算对象的影响也包含了以下四个方面:

(1) 从生产工艺过程的特点和生产组织方式的特点看,它们都分别对成本计算对象有影响。

(2) 不同生产类型,产品成本计算期不同,这主要取决于生产组织的特点,因此对成本计算期有影响。

(3) 产品的生产特点在一定程度上也影响生产费用计入产品成本程序。

(4) 由前面三项可知,由于成本计算期与产品生产周期不一致,月末可能会出现三种产品加工状态:全部为完工产品、全部为在产品及部分为完工产品和部分为在产品。由于可能有在产品的存在,因而存在月末要将产品的生产成本采用一定的方法在完工产品与在产品之间分配问题;在单件小批生产情况下,由于成本计算期与产品生产周期一致,产品完工时才计算完工产品成本,因而,在月末一般不需要将产品成本在完工产品与在产品之间分配。可见,由于企业的生产特点的不同,对生产成本在期末的完工产品与在产品之间的分配产生的影响是不同的。

由此可见，各种因素的互相影响和组合，构成如下三种不同的成本计算对象：

(1) 在大量大批、单步骤生产，或大量大批、多步骤生产情况下，成本管理上不要求按生产步骤计算成本时，成本计算对象就是全厂某月份生产的某种产品——产品的品种。

(2) 在大量大批、多步骤生产情况下，成本管理上要求按步骤计算成本时，成本计算对象就是各步骤某月份生产的半成品或产成品——产品的生产步骤。

(3) 在单件小批生产情况下，无论是单步骤生产还是多步骤生产，成本计算对象通常是全厂生产的某批或某件产品——产品的批别或件别。

(二) 企业的成本管理要求对成本计算对象的影响

成本计算对象的确定，除了受生产类型的特点影响外，还必须考虑企业在管理上是否有特殊的要求，采用适合本企业的成本计算方法。

在多步骤、大量与大批的生产中，生产工艺过程由若干可以间断的分散在不同地点进行的生产步骤组成或不断重复，除了可以按产品的品种或者批别核算成本外，还可以提供半成品成本资料。因此，如果企业管理上要求分步骤计算各步骤生产产品的成本，提供半成品资料，那么成本计算对象就可确定为各加工步骤的半成品和最后步骤的产成品。

在单步骤、小批单件的生产中，几批或几种产品投产时间与完工时间比较接近，可以按产品的批别或品种作为成本计算对象。具体核算时，强调要考虑组织生产的经济性、合理性与管理上的要求，可以对客户订单做适当规定或细分，按重新组织的生产批别或者件数作为成本计算对象。

二、产品成本计算方法的确定

产品成本的计算方法，是指把生产费用在企业生产的各种产品之间，产成品和在产品之间进行分配的方法。产品成本计算的内容主要有成本计算对象的确定，成本项目的确定，生产费用的归集及其计入产品成本的程序，间接费用的分配，成本计算期的确定、生产费用在完工产品和在产品之间的分配，产品总成本和单位成本的计算等。如前所述，由于生产特点和管理要求不同，企业采用的产品成本计算方法也不同，工业企业产品成本计算有基本方法和其他方法。

(一) 产品成本计算的基本方法

为了适应各种类型生产的特点和管理要求，计算产品成本时有三种成本计算对象以及以产品成本计算对象为主要标志的三种不同的成本计算方法。

1. 品种法

品种法也称简单法，是指以产品品种作为成本计算对象，据以归集生产费用，计算产品成本的一种方法。

品种法适用于大量大批单步骤生产的企业或车间，如发电、采掘工业等。另外，有些大量大批多步骤生产的企业，由于生产规模较小，管理上不要求按照生产步骤计算产品成本，或者车间是封闭式的，即从原材料投入到产成品制成，全部过程都在一个车间完成。管理上不要求按步骤计算产品成本，也可以采用品种法计算成本，如小型水泥厂、造纸厂等。

在产品制造业，不论采用什么成本计算方法，最终都必须按照产品品种计算出每种产品的总成本和单位成本。这是对成本计算最起码的共同要求，因此品种法是最基础的成本计算方法。品种法计算成本简单易行，直接体现了成本计算的基本原则和必要程序，其他成本计算方法都是在品种法基础上的进一步发展。

2. 分批法

分批法是按照产品的批别作为成本计算对象归集生产费用，计算产品成本的一种方法。分批法主要适用于单件小批生产或管理上不要求分步骤计算成本的多步骤企业，如重型机械、船舶制造、精密仪器、专用设备以及主要产品以外的新产品试制、来料加工、工具模型制造、工业性修理作业等。分批法要求按照产品的批别或订单设置生产成本明细账，将应由各批产品承担的生产费用记录到对应的成本项目中，月末汇总各批产品所发生的生产费用及生产费用累计数，当产品加工完成时，再计算各完工批次产品总成本及其单位成本。对一批产品分次完工，分次出售的部分，可先按定额成本或计划成本先由生产成本明细账中转出，然后待该批产品完工后，再汇总计算出该批产品的实际总成本和单位成本。在投产批数多，月末完工批数较多的情况下，也可以采用一种简化的计算方法，称为简化分批法。分批法按产品投产的批别分别计算成本，产品成本计算期与生产周期一致，与会计报告期可能不一致。

3. 分步法

分步法是以产品的生产步骤作为成本计算对象，计算产品成本的方法。在连续加工式多步骤、大量或大批生产的企业，由于其生产过程可以划分为若干个生产步骤，且每个加工步骤均有自制半成品，在管理上需要单独掌握各种自制半成品的成本，因此在计算产品成本时，通常采用分步法。

在分步法的成本计算中，生产成本的计算程序与实际的生产步骤基本一致，上一步骤完工的半成品要转入下一阶段继续加工或装配，相应地，半成品账面的成本也要随同转移，要求按照产品具体的品种和各个生产步骤的半成品作为成本计算对象，设置生产成本明细账，分别按各自的产量计算半成品或产成品的总成本和单位成本。分步法按照是否计算半成品成本，可分为计算半成品成本的逐步结转法和不计算半成品成本的平行结转法两大类。其中，逐步结转法又可分为综合结转法和分项结转法。分步法按月计算成本，产品成本计算期与会计报告期一致，与生产周期可能不一致。

成本计算基本方法如表 7-1 所示。

表 7-1 成本计算的基本方法

成本计算方法	生产组织	生产工艺过程和管理要求	成本计算对象	成本计算期	企业
品种法	大量大批生产	单步骤生产或管理上不要求分步骤计算成本的多步骤生产	品种	定期	发电、采掘等
分批法	单件小批生产	小批、单件，管理上不要求分步骤计算成本的多步骤生产	批别	不定期	船舶、专用设备等
分步法	大量大批生产	管理上要求分步骤计算成本的多步骤生产	步骤	定期	冶金、纺织等

(二) 产品成本计算的其他方法

1. 分类法

分类法是指按产品类别作为成本计算对象,归集生产费用,先计算类别完工产品总成本,然后再计算类别内部完工产品的一种方法。

分类法和企业的生产类型没有直接的关系,因而可以在各种类型的生产中应用。凡是产品品种、规格繁多,又可以根据一定要求划分为若干类别的企业或车间,均可采用分类法计算成本。例如,钢铁厂生产的各种型号和规格的生铁、钢锭和钢材;无线电元件厂生产的各种不同规格的无线电元件;灯泡厂生产的各种不同类别和瓦数的灯泡;针织厂生产的各种不同规格的针织品;食品厂生产的各种饼干、糕点和面包等。这些企业虽然生产类型各不相同,但是它们在生产某类产品时,都有一个共同的特点,就是所需原材料相同,生产工艺相同或相近,都可以采用分类法计算产品成本。在实际工作中,在类别内分配各项费用的方法多采用系数法和定额比例法进行核算。

2. 定额法

定额法是以产品的定额成本为基础,加、减脱离定额的差异、材料成本差异和定额变换差异,来计算产品实际成本的方法。它是在加强企业计划管理和定额管理的基础上产生的。

定额法不是成本计算的基本方法,它与企业生产类型没有直接联系,它是为了加强成本管理,进行成本控制而采用的一种成本计算与管理相结合的方法。

定额法主要适用于定额管理制度比较健全,定额管理基础工作比较好,产品生产已经定型,各项消耗定额比较准确、稳定的企业。

(三) 产品成本计算方法的应用

在实际工作中,很少有企业只采用单一的主要成本计算方法,大部分企业必须采用混合成本计算法。因为,生产工艺过程的复杂性、生产组织特点和产品生产的多样性,对成本计算工作提出的问题,不是单一成本计算方法就能解决得了的,它要求多种成本计算方法相结合。

1. 可以同时使用几种成本计算方法

在同一企业中,由于管理要求不同,可以采用不同的成本计算方法。在工业企业中,分为基本生产车间和辅助生产车间。基本生产车间的产品主要是对外销售,因此要求成本核算准确,可按照产品的生产类型选择适当的成本方法。例如,某机器制造厂生产某种设备,属于大量大批多步骤生产,可采用分步法计算产品成本。而本企业中的机修车间是辅助生产车间,虽然某些产品也属于多步骤生产,但为了简化核算则可采用品种法计算产品成本。

2. 可以结合使用几种成本计算方法

同一产品不同的成本计算步骤,可以采用不同的成本计算方法,反映出同一产品结合使用几种成本计算方法的特征。例如,某些单件小批生产企业,可采用分批法计算产成品成本,但从产成品所经过的步骤来看,在不同的阶段有可能实现或需要反映各阶段半成品的成本,则要采用分步法计算成本。

同一产品的不同成本项目的核算,可以采用不同的成本计算方法。例如,某些原材料成本占产品总成本的比重较大的产品,可以对“直接材料”成本项目采用逐步结转分步法结转成本,对于“直接人工”与“制造费用”等比重较小的成本项目,可以按比例分配计算。

总之,在实际工作中,应当根据企业不同的生产特点和管理要求,考虑企业的规模和管理水平等具体条件,从实际出发,对各种成本计算法灵活运用,才能做好成本核算工作。

第二节 产品成本计算的品种法

一、品种法概述

(一)品种法的含义和适用范围

产品成本计算的品种法,是以产品品种作为成本核算对象,来归集生产费用、计算产品成本的一种方法。不论什么类型的产品生产,也不论管理要求如何,各种产品成本计算方法最终都必须计算出各种产品品种的实际总成本和单位成本。按照产品品种计算产品成本是成本计算的最起码要求,因此,品种法是产品成本计算的最基本的方法。

品种法主要适用于大量大批单步骤生产企业,在这种类型的企业中,产品的生产技术过程不能从生产技术上划分为生产步骤,另外,大量大批生产的企业,不断地重复生产同品种的产品,品种少且较稳定,因而也就不可能按产品批别计算产品成本,如发电、采掘、铸造、供水企业。

品种法还适用于大量大批多步骤生产,但管理上不要求按生产步骤计算产品成本的企业。在大量大批多步骤生产的企业中,如果生产规模较小,或者车间是封闭式的(从原材料投入到产品产出的全部生产过程,都在一个车间内进行),或者生产是按流水线组织的,各步骤的半成品只能满足本企业连续加工的需要,直到产品加工完毕,因而管理上不要求分步骤计算产品成本,只要求按照产品品种计算成本,如小型水泥厂、造纸厂、玻璃制品厂、糖果厂和砖瓦厂等。

(二)品种法的特点

运用品种法的企业,根据各种成本计算方法在成本核算对象、成本计算期和生产费用分配方面的不同,具有如下特点。

1. 以产品品种为成本核算对象

在采用品种法计算成本时,以企业最终完工的产品品种为成本核算对象,设置生产成本明细账(产品成本计算单,下同),归集生产费用,计算产品成本。如果进行单一产品生产,成本核算对象就是这一种产品,以这种产品开设成本明细账,并按成本项目归集生产费用,在这种情况下,发生的费用都是直接费用,不存在各种成本核算对象之间分配费用的问题。如果进行多品种生产,就要按不同产品分别开设成本明细账,并按成本项目归集生产费用,凡各产品直接发生的生产费用,可直接计入该产品成本,凡各种产品的共同费用,则需采取适当的分配方法分配计入各种产品成本。

2. 以会计报告期为产品成本计算期

在采用品种法计算成本时,品种法的成本计算期是定期的,于每月的月末计算产品成本,成本计算期与会计报告期相一致,但与生产周期不一致。由于大量大批的生产总是连续不断地进行，无法在产品完工时立即计算其生产成本，所以成本计算一般按月进行，以日历月份确定的会计报告期作为成本计算期。

3. 生产费用一般需要在完工产品和月末在产品之间进行分配

在采用品种法计算成本时，应区分不同情况处理在产品成本。在简单生产的企业中，月末在产品没有或很少的情况下，月末可以不计算在产品成本，这样生产成本明细账中归集的全部生产费用，就是各该产品的总成本，除以产品产量，就是各该产品的单位成本；在大量大批生产的企业中，如果月末在产品较多，应采用适当的分配方法，将生产成本明细账中归集的全部生产费用在完工产品与月末在产品之间进行分配，分别计算完工产品的成本和月末在产品成本。

（三）品种法的成本计算程序

品种法是最基本的产品成本计算方法。品种法体现了产品成本核算的基本程序，品种法的核算程序包含着一切成本计算方法的基本原理，其他各种成本计算方法都是在品种法的基础上，结合生产特点和管理要求进行简化、组合或发展而成的。前面各章所述产品成本计算的程序和方法，就是以品种法的核算程序为例。其具体的程序如下所示。

（1）按产品品种开设生产成本明细账（产品成本计算单），并按成本项目登记月初在产品成本。企业在“生产成本”总账下，一般按生产单位（分厂、车间）性质不同，设置“基本生产成本”和“辅助生产成本”二级账；同时，按照企业确定的成本核算对象（即产品品种），设置基本生产成本明细账，按照辅助生产单位提供的产品（劳务）品种，设置辅助生产成本明细账；在“制造费用”总账下，按生产单位设置明细账。基本生产成本明细账和辅助生产成本明细账应按成本项目设专栏，制造费用明细账应按费用项目设专栏。

（2）月末根据各项生产费用的原始资料和其他有关资料，编制各项生产费用分配表，分配各要素费用，即根据费用分配表，将生产产品发生的直接费用，记入各生产成本明细账相应的成本项目中；将生产车间组织和管理生产发生的间接费用记入各车间制造费用明细账的有关项目中（日常产生的制造费用在发生时，根据有关凭证记入各车间制造费用明细账中）。

（3）归集和分配待摊费用和预提费用。

（4）根据辅助生产车间制造费用明细账本期发生额，结转入“生产成本——辅助生产成本”中，即归集和分配辅助生产制造费用。

（5）根据“生产成本——辅助生产成本”归集的费用，结转辅助生产成本，或采用适当方法编制辅助生产费用分配表，记入有关明细账中，即归集和分配辅助生产费用。

（6）根据各基本生产车间制造费用本期发生额，编制“制造费用分配表”，记入各产品生产成本明细账中的有关成本项目，即归集和分配基本生产制造费用。

（7）归集和分配废品损失和停工损失。

（8）将各产品生产成本明细账的产品成本根据有关资料，采用适当的方法，在完工产品和月末在产品之间进行分配，并计算出完工产品总成本和单位成本，即分配计算完工产品成本和月末在产品成本。

（9）编制完工产品成本汇总表，结转完工产品成本。如果企业辅助生产的制造费用不单独核算，则第 4 步骤可以省略；如果企业不单独核算废品损失和停工损失，则第 7 步骤可以省略。其计算程序如图 7-1 所示。

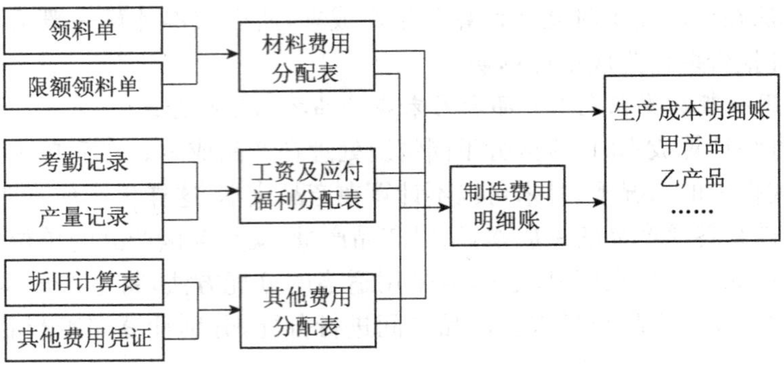

图 7-1　品种法成本计算程序示意图

二、品种法举例

【例 7-1】 珠江机械厂设有一个基本生产车间，大量生产甲、乙两种产品，工艺过程属于单步骤生产。根据生产特点和管理要求，确定采用品种法计算产品成本。成本项目有“直接材料”“直接人工”“制造费用”。该企业另设运输车间，为基本生产车间和厂部提供运输服务。运输车间的制造费用不单独核算。现以该企业 2×15 年 12 月份的资料为例，说明品种法的成本计算程序和账务处理。

该厂 2×15 年 12 月份有关产品成本核算资料如表 7-2 所示。

1. 产量资料(见表 7-2)

表 7-2　产量资料表　　计量单位:件

产品名称	月初在产品	本月投产	完工产品	月末在产品	月末在产品完工率
甲产品	800	7 200	6 500	1 500	60%
乙产品	320	3 680	3 200	800	40%

2. 月初在产品成本(见表 7-3)

表 7-3　月初在产品成本资料表　　单位:元

产品名称	直接材料	直接人工	制造费用	合　计
甲产品	8 090	5 860	6 810	20 760
乙产品	6 176	2 948	2 728	11 852

3. 本月发生生产费用

(1) 材料费用。根据本月领料凭证汇总表，本月生产甲产品耗用材料 4 410 元，生产乙产品耗用材料 3 704 元，生产甲、乙产品共同耗用材料 9 000 元。运输车间耗用材料 900 元，基本生产车间耗用消耗性材料 1 938 元，行政管理部门领用价值 800 元的材料做修理用。

(2) 薪酬费用。根据本月工资结算汇总表，本月基本生产车间生产工人工资10 000元，其管理人员工资 1 600 元，运输车间人员工资 800 元，行政管理部门人员工资 4 000 元。职工福利费按工资总额的 14%提取，五险一金等其他薪酬合计按工资总额的 40%提取。

(3) 其他费用。基本生产车间厂房、机器设备折旧费为 5 800 元，水电费为 260 元，办公费为 402 元。运输车间固定资产折旧费为 200 元,水电费为 160 元,办公费为 40 元。行政管理部门固定资产折旧费为 1 500 元,水电费 200 元,办公费 800 元。

4. 工时记录

甲产品实际耗用工时为 1 800 小时,乙产品实际耗用工时为2 200小时。

5. 本月完成工作量

本月运输车间共完成 2 100 公里运输工作量,其中:基本生产车间耗用2 000公里,行政管理部门耗用 100 公里。

6. 有关费用分配方法

(1) 甲、乙产品共同耗用材料按定额耗用量比例分配。甲产品材料定额耗用量为 3 000 千克,乙产品材料定额耗用量为 1 500 千克。

(2) 基本生产车间生产工人工资按甲、乙产品工时比例分配。

(3) 辅助生产费用按运输公里比例分配。

(4) 制造费用按甲、乙产品工时比例分配。

(5) 按约当产量法分配计算甲、乙完工产品和月末在产品成本。甲产品耗用的材料随加工程度陆续投入,乙产品耗用的材料于生产开始时一次投入。

6. 成本计算程序

(1) 开设成本计算单并登记月初在产品成本

按产品品种开设"产品成本计算单"(见表 7-12 和表 7-13),并登记月初在产品成本。

(2) 归集和分配本月发生的各项要素费用

① 编制材料费用分配表(见表 7-4)和相应的会计分录。

表 7-4　材料费用分配表

2×15 年 12 月　　　　金额单位:元

应借账户		成本或费用项目	直接计入	分配计入			合计
				分配标准	分配率	分配金额	
生产成本——基本生产成本	甲产品	直接材料	4 410	3 000 千克	2 元/千克	6 000	10 410
	乙产品	直接材料	3 704	1 500 千克		3 000	6 704
	小计		8 114	4 500 千克		9 000	17 114
生产成本——辅助生产成本——运输车间		机物料	900				900
制造费用		机物料	1 938				1 938
管理费用		材料	800				800
合　计			11 752				20 752

分配材料费用的会计分录如下:

借:生产成本——基本生产成本——甲产品　　10 410
　　　　　　　　　　　　　——乙产品　　6 704
　　　　——辅助生产成本——运输车间　　900
　　制造费用　　1 938
　　管理费用　　800
　贷:原材料　　20 752

② 编制工资及其他薪酬分配表(见表 7-5)和相应的会计分录。

表 7-5 工资及其他薪酬分配表

2×15 年 12 月　　金额单位:元

应借账户		成本或费用项目	工资			其他薪酬(40%)	合计
			分配标准	分配率	分配额		
生产成本——基本生产成本	甲产品	直接人工	1 800 小时	2.5 元/小时	4 500	1 800	6 300
	乙产品	直接人工	2 200 小时		5 500	2 200	7 700
	小计		4 000 小时		10 000	4 000	14 000
生产成本——辅助生产成本——运输车间		人工费用			800	320	1 120
制造费用		人工费用			1 600	640	2 240
管理费用		人工费用			4 000	1 600	5 600
合计					16 400	6 560	22 960

分配工资的会计分录如下:

借:生产成本——基本生产成本——甲产品　　4 500
　　　　　　　　　　　　　——乙产品　　5 500
　　　　　——辅助生产成本——运输车间　　800
　　制造费用　　1 600
　　管理费用　　4 000
　贷:应付职工薪酬——工资　　16 400

计提其他薪酬的会计分录如下:

借:生产成本——基本生产成本——甲产品　　1 800
　　　　　　　　　　　　　——乙产品　　2 200
　　　　　——辅助生产成本——运输车间　　320
　　制造费用　　640
　　管理费用　　1 600
　贷:应付职工薪酬——其他薪酬　　6 560

③ 编制固定资产折旧费分配表(见表 7-6)和相应的会计分录。

表 7-6 折旧费分配表

2×15 年 12 月　　单位:元

应借账户	费用项目	累计折旧
生产成本——辅助生产成本——运输车间	折旧费	200
制造费用	折旧费	5 800
管理费用	折旧费	1 500
合计		7 500

计提折旧费的会计分录如下：

借：生产成本——辅助生产成本——运输车间　　200
　　制造费用　　5 800
　　管理费用　　1 500
　贷：累计折旧　　7 500

④ 编制其他费用汇总表(见表 7-7)和相应的会计分录。

表 7-7　其他费用汇总表

2×15 年 12 月　　　　单位:元

应 借 账 户	水电费	办公费	合　计
生产成本——辅助生产成本——运输车间	160	40	200
制造费用	260	402	662
管理费用	200	800	1 000
合　　计	620	1 242	1 862

分配(支付)其他费用的会计分录如下：

借：生产成本——辅助生产成本——运输车间　　200
　　制造费用　　662
　　管理费用　　1 000
　贷：银行存款　　1 862

(3) 归集辅助生产成本编制相应报表和会计分录

归集辅助生产成本(见表 7-8)并编制辅助生产费用分配表(见表 7-9)和相应的会计分录。

表 7-8　辅助生产成本明细账

车间:运输车间　　　　单位:元

2×15 年		摘　　要	机物料	工资	其他薪酬	折旧费	水电费	办公费	合　计
月	日								
12	31	材料费用分配表	900						900
		工资及其他薪酬分配表		800	320				1 120
		折旧费分配表				200			200
		其他费用汇总表					160	40	200
		合　　计	900	800	320	200	160	40	2 420
		辅助生产费用分配表	900①	800	320	200	160	40	2 420

① ▭代表红字，下同。

表 7-9 辅助生产费用分配表

车间:运输车间　　2×15 年 12 月　　金额单位:元

应借账户	费用项目	耗用量(公里)	分配率	分配额
制造费用	运输费	2 000	1.15 (元/公里)	2 300
管理费用	运输费	100		120
合　计		2 100		2 420

分配辅助生产费用的会计分录如下:

借:制造费用　　2 300

　管理费用　　120

　贷:生产成本——辅助生产成本——运输车间　　2 420

(4) 归集基本生产车间制造费用并编制相应报表和会计分录

归集基本生产车间制造费用(见表 7-10)并编制制造费用分配表(见表 7-11)和相应的会计分录。

表 7-10 制造费用明细账

车间:基本生产车间　　单位:元

2×15 年		摘　要	材料料	工资	其他薪酬	折旧费	办公费	水电费	运输费	合　计
月	日									
12	31	材料费用分配表	1 938							1 938
		工资及其他薪酬分配表		1 600	640					2 240
12	31	折旧费分配表				5 800				5 800
		其他费用汇总表					402	260		662
		辅助生产费用分配表							2 300	2 300
		合　计	1 938	1 600	640	5 800	402	260	2 300	12 940
		辅助生产费用分配表	1 938	1 600	640	5 800	402	260	2 300	12 940

表 7-11 制造费用分配表

车间:基本生产车间　　2×15 年 12 月　　金额单位:元

应借账户			成本项目	分配标准(生产工时)	分配率	分配额
生产成本	基本生产成本	甲产品	制造费用	1 800 小时	3.235 (元/小时)	5 823
		乙产品	制造费用	2 200 小时		7 117
合　计				4 000 小时		12 940

分配制造费用的会计分录如下:

借:生产成本——基本生产成本——甲产品　　5 823

　　　　　　　　　　　　　——乙产品　　7 117

　贷:制造费用　　12 940

(5) 编制产品成本计算单

编制产品成本计算单，如表 7-12 和表 7-13 所示。

表 7-12　产品成本计算单

产品：甲产品　　　　2×15 年 12 月　　　　金额单位：元

摘　　要	直接材料	直接人工	制造费用	合　计
月初在产品成本	8 090	5 860	6 810	20 760
本月发生生产费用	10 410	6 300	5 823	22 533
合　　计	18 500	12 160	12 633	43 293
完工产品数量(件)	6 500	6 500	6 500	—
在产品约当产量(件)	900	900	900	—
约当产量合计(件)	7 400	7 400	7 400	—
费用分配率(元/件)	2.50	1.64	1.71	5.85
完工产品成本	16 250	10 660	11 115	38 025
月末在产品成本	2 250	1 500	1 518	5 268

注：计算月末在产品成本时，各项费用要注意将全部费用分配完毕，即要将尾差计入其中。

表 7-13　产品成本计算单

产品：乙产品　　　　2×15 年 12 月　　　　金额单位：元

摘　　要	直接材料	直接人工	制造费用	合　计
月初在产品成本	6 176	2 948	2 728	11 852
本月发生生产费用	6 704	7 700	7 117	21 521
合　　计	12 880	10 648	9 845	33 373
完工产品数量(件)	3 200	3 200	3 200	—
在产品约当产量(件)	800	320	320	—
约当产量合计(件)	4 000	3 520	3 520	—
费用分配率(元/件)	3.22	3. 025	2.797	—
完工产品成本	10 304	9 680	8 950.40	28 934.40
月末在产品成本	2 576	968	894.60	4 438.60

(6) 编制完工产品成本汇总表(见表 7-14)和结转完工产品成本的会计分录。

表 7-14　产品成本汇总表

2×15 年 12 月　　　　金额单位：元

产品名称	产量(件)	成　本	直接材料	直接人工	制造费用	合　计
甲产品	6 500	总成本	16 250	10 660	11 115	38 025
		单位成本(元/件)	2.50	1.64	1.71	5.85
乙产品	3 200	总成本	10 304	9 680	8 950.40	28 934.40
		单位成本(元/件)	3.22	3.025	2.797	9.042

结转完工产品成本的会计分录如下：

借：库存商品——甲产品　　38 025.00
　　　　　　——乙产品　　28 934.40
　贷：生产成本——基本生产成本——甲产品　　38 025.00
　　　　　　　　　　　　　　——乙产品　　28 934.40

第三节 产品成本计算的分批法

一、分批法概述

（一）分批法的含义及适用范围

1. 分批法的含义

分批法是以产品批别或购货单位订单作为成本计算对象来归集生产费用并计算产品成本的一种方法。

产品批别在成批组织生产的企业或车间中，是按照一定品种、一定数量产品划分的。因此，分批法也就是计算一定品种、一定批量的产品成本的方法。

在实际工作中，产品的品种和每批产品的批量往往是根据客户的订单确定的，所以分批法又称订单法，主要适用于单件、小批生产的企业和车间，如重型机械、船舶、精密仪器和专用设备的制造，以及主要产品生产之外的新产品试制、来料加工、自制设备、修理作业等。

在单件、小批生产的企业，生产是根据与客户签订的购销合同或订单来进行的。各张订单所订的产品往往种类不同或规格不一，所用的原料和制造方法各异，所以一张订单的成本必须与其他订单的成本分别计算。有些小批生产企业也有根据企业事先规定的产品种类、规格，小批量组织生产的，各批产品种类、规格不同，也必须分批计算成本。

2. 分批法的适用范围

分批法主要适用于下列类型的生产企业：

1）根据与购买者签订的购销合同或订单来组织生产的企业

有些企业专门根据购买者的要求，生产特殊规格、规定数量的产品。购货单位的订货可能是单件的大型产品，如船舶、大型锅炉；也可能是多种同样规格的产品，如根据购货单位的设计图样生产几件实验室用的特种仪器或零配件等。

2）产品种类经常变动的小规模制造厂

如生产门窗把手、插销等小五金工厂，由于规模小，工人数量少，同样要根据市场需要不断变动产品的种类和数量，不可能按产品设置流水线大量生产，因而必须按每批产品的投产计算其成本。

3）承揽修理业务的工厂

修理业务多种多样，要根据承接的各种修理工作分别计算成本，向客户收取款项。这种企业往往要根据合同的规定，在生产成本上加约定利润。

4）新产品试制车间

由于新产品的试制要承担一定的风险，因此在新产品的试制阶段，产量一般较少，所以专门试制、开发新产品的车间,要按新产品的种类或批别分别计算成本。

总之,这些企业的共同特点是一批产品通常不重复生产,即使重复,也是不定期的。企业生产计划的编制及日常检查、核算工作都以购货者的订货为依据,或企业事先规定的批量为依据。

(二) 分批法的特点

1. 以产品批别(订单或生产通知单等)作为成本计算对象,开设产品成本计算单或设置基本生产成本明细账

在单件小批生产类型的企业中,生产一般是根据购货单位的订单来组织的。但是,订单和批别并不是同一个概念。如果一份订单有几种产品,或虽只有一种产品但数量较多且要求分批交货时,就必须按品种划分批别;如果同一会计期间的几张订单中有相同的产品,也可将其合并为一批组织生产并计算成本。在这种情况下,分批法的成本核算对象,就不是购货单位的订货单,而是企业生产计划部门下达的"生产任务通知单"。因此,分批法的成本核算对象是产品的批次或批别。

财会部门应按"生产任务通知单"的生产批别分别成本项目开设生产成本明细账(产品成本计算单),归集费用并计算成本。即使相同的产品,由于批别不同,费用也要划分清楚。直接费用根据材料、职工薪酬分配表所归集的金额计入;由各订单共同负担的间接费用按发生地归集,然后按一定标准,定期分配计入有关明细账中。

2. 成本计算期与会计报告期不一致,而与产品的生产周期一致

在分批法下,虽要求按月归集各批产品的生产费用,但由于是以产品的批别或批次作为成本计算对象,因而只有当该批产品全部完工时,才能通过成本计算单将生产费用归集完整,计算出该批产品的全部成本。因此,分批法的成本计算期与会计报告期不一致,而与该批产品的生产周期一致。也就是说,在分批法下,完工订单的成本反映在成本报表上,不仅包括报告期发生的成本费用,还包括以前各期所发生的成本费用。

3. 一般不存在批内完工产品和月末在产品之间分配生产费用的问题

在分批法下,如果是单件生产,在产品完工以前,成本计算单中所记费用为在产品成本;产品完工时,其所记费用则为产品总成本。如果为小批生产,月末计算成本时,往往已全部完工,或者全部未完工,这时通常也不需要在完工产品和在产品之间分配费用。如果是批量生产,在批量较大,跨月陆续完工交货时,则有必要计算完工产品和月末在产品成本,以便计算先交货的产品成本。通常做法是如果完工产品数量较少,可采用简化的方法计算完工产品成本,如按计划单位成本或定额单位成本计价。如果完工产品数量较多,可采用定额比例法或约当产量法等比较准确的方法在完工产品与在产品之间分配费用。

为了减少在完工产品与月末在产品之间分配费用的工作,提高成本计算的准确性和及时性,在合理组织生产的前提下,可以将批量较大的订单适当分为几个较小产品批量的生产订单,以使同一批产品尽量同时完工,避免跨月陆续完工的情况。但批量确定要合理、要经济,而且不能加大核算工作量。

二、一般分批法的成本计算程序及举例

(一) 一般分批法的成本计算程序

1. 按产品批别设立生产成本明细账(产品成本计算单)

采用分批法计算产品成本时,企业通常按批别组织生产,生产计划部门要发出"生产通

知单”，将生产任务下达给各生产车间，并通知会计部门。会计部门应根据产品批别，设立产品成本计算单，并按车间、成本项目设专栏，计算该批产品成本。除财会部门设置的成本明细账外，为了分析、考核各车间的工作成绩，加强车间成本管理，各车间也可按每一订单或每一批产品开设一张成本明细账，记录每一订单在本车间发生的费用。

2. 按产品批别归集和分配本月生产费用，编制各种费用分配表，登记产品成本计算单

在分批法下，要按产品的批别来归集和分配生产费用。能按批次划分的直接计入费用，要在费用的原始凭证上注明产品的批别(或批次)、生产通知单、订单号，以便直接计入各批产品成本计算单；对于不能分清属于某批产品的费用，如辅助生产成本、各车间制造费用，以及管理部门有关费用则要在费用原始凭证上注明费用的用途、发生地点、费用明细项目，按企业确定的分配方法在各批产品之间进行分配，再计入各批产品成本计算单。

3. 单件、小批生产一般不单独计算废品损失

如果要计算的话，可根据废品报废凭证，计算不可修复废品成本，从各有关成本明细账中的直接材料、直接人工和制造费用等成本项目中减除，转入废品损失。可修复废品的修复费用可根据费用分配表记入废品损失明细表。在分批法下，废品损失一般能直接归属于各订单，这样就可以从废品损失明细账直接转入各有关订单的成本明细账内。

4. 月终，各车间要将各订单在本车间发生的费用抄送会计部门进行核对

当某订单、生产通知单或某批产品完工、检验合格后，应由车间填制完工通知单，其中一份送财会部门以便结算成本。

5. 产品完工时，计算各批完工产品总成本及单位成本，并结转完工产品成本

月末加计完工批别成本明细账中所归集的生产费用，计算完工产品的实际总成本和单位成本；月末各批未完工产品明细账内归集的生产费用即为月末在产品成本；如月末有部分产品完工、部分产品未完工的，要采用适当的方法在完工产品和未完工产品之间分配费用。在分批法下，批内跨月陆续完工的情况不多。因而在有陆续跨月完工情况下，月末计算完工产品成本时，可采用计划成本、定额成本或最近时期相同产品的实际成本对完工产品成本进行计价的简易方法计算，然后将其从基本成本明细账中转出，余下的即为在产品成本。等全部产品完工时，再计算该批全部产品的实际总成本和单位成本。

分批法成本核算程序，如图 7-2 所示。

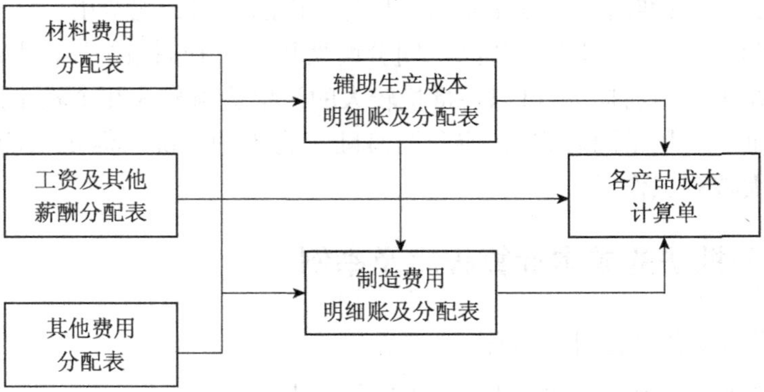

图 7-2　分批法成本核算程序图

（二）一般分批法举例

【例 7-2】 长江工厂属小批生产类型的小型企业，设有一个基本生产车间，按批次组织生产。该工厂生产甲、乙、丙三种产品，采用分批法计算产品成本，设置直接材料、直接人工、制造费用三个成本项目。该厂 2×15 年 11 月份生产的产品批号有：701 批次甲产品 6 台，10 月份投产，本月完工；702 批次乙产品、703 批次丙产品的完工产品成本按计划成本结转，待该批产品全部完工后，再重新结算完工产品的总成本和单位成本。

要求：根据该厂 11 月份有关生产费用发生情况资料，运用一般分批法进行该月成本计算。

（1）根据有关凭证编制直接材料费用分配表，如表 7-15 所示。

表 7-15　直接材料费用分配表

2×15 年 11 月　　单位：元

应借科目	直接材料
生产成本	
701 批次甲产品	7 650
702 批次乙产品	48 975
703 批次丙产品	36 000
小　计	92 625
制造费用	2 050
管理费用	1 750
合　计	96 425

（2）根据有关凭证编制直接人工费用分配表，如表 7-16 所示。

表 7-16　直接人工费用分配表

2×15 年 11 月　　单位：元

应借科目	金　额
生产成本	
701 批次甲产品	5 100
702 批次乙产品	7 025
703 批次丙产品	4 400
小　计	16 525
制造费用	3 450
管理费用	2 895
合　计	22 870

（3）根据制造费用明细账（略），结算制造费用，按生产工时比例进行分配，编制制造费用分配表，如表 7-17 所示。

表 7-17 制造费用分配表

2×15 年 11 月　　　　金额单位:元

产品批次	生产工时(小时)	分配率(元/小时)	分配金额
701 批次甲产品	8 000		3 200
702 批次乙产品	12 500		5 000
703 批次丙产品	3 250		1 300
合计	23 750	0.4	9 500

(4) 根据直接材料分配表,直接人工分配表,制造费用分配表等资料,登记各批产品成本计算单,并计算完工产品总成本和单位成本,各批产品成本计算单如表 7-18、表 7-19 和表 7-20 所示。

表 7-18 产品成本计算单

产品名称:甲产品　　　　投产日期:2×15 年 10 月
产品批次:701　　　　完工日期:2×15 年 11 月
产品批量:6 台　　　　金额单位:元

2×15 年		摘　要	直接材料	直接人工	制造费用	合　计
月	日					
10	31	结存(已累计成本)	13 800	8 200	6 150	28 150
11	30	直接材料分配表	7 650			7 650
	30	直接人工分配表		5 100		5 100
	30	制造费用分配表			3 200	3 200
	30	合　计	21 450	13 300	9 350	44 100
	30	结转完工产品成本(6 台)	21 450	13 300	9 350	44 100
	30	单位成本	3 575	2 216.67	1 558.33	7 350

表 7-19 产品成本计算单

产品名称:乙产品　　　　投产日期:2×15 年 11 月
产品批次:702　　　　完工日期:
产品产量:10 台　　　　完工数量:6 台
　　　　金额单位:元

2×15 年		摘　要	直接材料	直接人工	制造费用	合　计
月	日					
11	30	直接材料分配表	48 975			48 975
	30	直接人工分配表		7 025		7 025
	30	制造费用分配表			5 000	5 000
	30	本月发生成本合计	48 975	7 025	5 000	61 000

（续表）

2×15年		摘　　要	直接材料	直接人工	制造费用	合　　计
月	日					
11	30	每台计划成本	4 800	900	650	6 350
	30	结转完工产品成本(6台)	28 800	5 400	3 900	38 100
	30	单位成本	4 800	900	650	6 350
	30	在产品成本(4台)	20 175	1 625	1 100	22 900

表 7-20　产品成本计算单

投产日期：2×15年11月
产品名称：丙产品　　完工日期：
产品批次：703　　完工数量：2台
产品批量：8台　　金额单位：元

2×15年		摘　　要	直接材料	直接人工	制造费用	合　　计
月	日					
11	30	直接材料分配表	36 000			36 000
	30	直接人工分配表		4 400		4 400
	30	制造费用分配表			1 300	1 300
	30	本月生产成本合计	36 000	4 400	1 300	41 700
	30	每台计划成本	4 500	1 700	500	7 700
	30	结转完工产品成本(2台)	9 000	3 400	1 000	13 400
	30	在产品成本(6台)	27 000	1 000	300	28 300

(5) 根据各批次产品成本计算单，编制产品成本计算汇总表，如表 7-21 所示。

表 7-21　产品成本计算汇总表

2×15年11月　　金额单位：元

成本项目	701甲产品(6台)		702乙产品(6台)		703丙产品(2台)	
	总成本	单位成本	总成本	单位成本	总成本	单位成本
直接材料	21 450	3 575	28 800	4 800	9 000	4 500
直接人工	13 300	2 216.67	5 400	900	3 400	1 700
制造费用	9 350	1 558.33	3 900	650	1 000	500
合　　计	44 100	7 350	38 100	6 350	13 400	6 700

从[例 7-2]可以看出，该厂当月投产的产品当月没有全部完工，只有部分完工，因此采用了计划成本法计算当月完工产品成本，带有一定的估计性，所以在某批产品全部完工后，要重新计算该批全部产品的实际总成本和单位成本，以保证成本计算的准确性。

三、简化分批法

在小批或单件生产的企业，如果同一月份内投产的产品批数很多，则各种间接费用在各批产品之间按月分配的工作量将很大。在这种情况下，可采用一种简化分批法。

(一) 简化分批法的含义和特点

1. 简化分批法的含义

简化分批法也称累计间接费用分批法。它是指在单件小批生产的企业或车间中，如果同一月份内投产批数繁多而且月末完工批数较少，这时，每月发生的各项间接计入费用，不是按月在各批产品之间进行分配，而是将这些间接费用先分别累计起来，待产品完工时，按照完工产品累计生产工时的比例，在各批完工产品之间再进行分配，从而计算出完工产品的总成本及单位成本的一种成本计算方法。其计算公式如下：

$$\text{全部产品某项累计间接费用分配率}=\frac{\text{期初结存该项全部产品间接费用}+\text{本月发生该项全部产品间接费用}}{\text{期初结存全部在产品累计工时}+\text{本月发生全部工时数}}$$

$$\text{某批完工产品应负担的某项间接计入费用}=\text{该批完工产品累计生产工时}\times\text{全部产品某项累计间接计入费用分配率}$$

2. 简化分批法的特点

采用这种方法，仍应按照产品批别设立产品明细账，但在各批产品完工之前，账内只需按月登记可直接计入的费用（如原材料费用）和生产工时。每月发生的各项间接计入的费用，不必按月在各批产品之间进行分配，而是先将其在专设的基本生产成本二级账中，按成本项目分别累计起来，只是在有完工产品的月份，才按完工产品累计的生产工时的比例，在各批完工产品之间分配间接计入费用，计算、登记各批完工产品的成本，而各批产品的全部在产品应负担的间接计入费用，仍以总数反映在基本生产成本二级账中，而不在各批产品间进行分配，不分批计算在产品成本。因此，这种方法也叫不分批计算在产品成本的分批法。

采用简化分批法，必须设立基本生产成本二级明细账。基本生产成本二级明细账有如下作用：

(1) 按月提供企业或车间全部产品的累计生产费用和生产工时（实际生产工时或定额生产工时）。为此，该二级明细账应按成本项目登记全部产品的月初在产品费用，本月生产费用和累计生产费用，以及全部产品的月初在产品生产工时、本月生产工时和累计生产工时。

(2) 在有完工产品的月份，按照上述公式计算、登记全部产品累计间接计入费用分配率，以及完工产品总成本和月末在产品总成本。

由此可见，简化的分批法和一般分批法的不同之处在于：

(1) 分配间接计入费用的时间是在有完工产品时进行，没有完工产品时不分配间接计入费用。

(2) 通过计算累计间接计入费用分配率来分配间接费用。间接计入费用在各批次完工产品与在产品之间的分配是一次完成的，采用同一间接计入费用分配率。

简化分批法可大大简化生产费用的分配和登记工作。如果月末未完工产品的批数越多，核算工作就越简化。

由于简化分批法间接计入费用累计计算分配率，因而这种方法在各月间接计入费用水平相差悬殊的情况下不适合采用，否则会影响各月产品成本计算的正确性。另外，在各批产品成本明细账中，无法反映在产品成本。

3. 简化分批法的计算程序

(1) 按产品批别设立基本生产成本明细账和基本生产成本二级账，在账内增设生产工时专栏。根据"生产任务通知单"设立多张基本生产成本明细账和一张基本生产成本二级账，根据材料费用分配表和生产工时记录等，将各批别耗用的材料费用和耗用的工时记入各基本生产成本明细账和基本生产成本二级账；根据"其他费用分配表"，将人工费用和制造费用等记入基本生产成本二级账。

月终，将二级账中的直接材料费用和生产工时与成本明细账中直接材料费用和生产工时核对。

(2) 计算间接费用分配率并分配间接费用。月终，如有完工产品，计算累计间接费用分配率，并据此分配间接费用，登记"基本生产成本明细账"。

(3) 根据基本生产成本明细账记录的完工产品生产工时和应负担的间接计入费用，汇总登记基本生产二级账内应转出的完工产品的成本和生产工时。

(4) 计算完工产品总成本和单位成本。

(二) 简化分批法举例

【例 7-3】 假设某工业企业为小批生产多种产品企业，为了简化产品成本计算工作，采用简化分批法计算成本，该企业 2×15 年 9 月(本月)生产情况如表 7-22 所示。

表 7-22 9 月份产品生产情况表

产品批次及名称	批量(件)	本月生产工时(小时)	投产日期	生产完工情况
801A	14	600	8 月 10 日	8 月 31 日完工 4 件 9 月 30 日完工 10 件
802B	50	1 200	8 月 15 日	9 月 30 日全部完工
803C	100	1 000	8 月 20 日	9 月 30 日完工 80 件 20 件尚未完工
903C	80	1 000	9 月 25 日	全部产品尚未完工

本企业原材料在生产开始时一次投入，在产品完工率均为 50%。本月发生的人工费用合计为 5 000 元，制造费用为 8 000 元。

(1) 根据原始凭证或原始记录将各批产品本月耗用的直接材料费用和工时汇总，如表 7-23 所示。

表 7-23 直接材料费用和工时耗用汇总表

生产工时：小时
金额单位：元

摘要	801A		802B		803C		903C		合计	
	材料	工时	材料	工时	材料	工时	材料	工时	材料	工时
月初	1 000	400	3 000	800	5 000	800			9 000	2 000
本月	—	600	—	1 200	—	1 000	5 600	1 000	5 600	3 800
累计	1 000	1 000	3 000	2 000	5 000	1 800	5 600	1 000	14 600	5 800

(2) 根据有关凭证和原始记录汇总表登记基本生产成本二级明细账,并计算出累计间接计入费用分配率,如表7-24所示。

表7-24 基本生产成本二级明细账

生产工时:小时

2×15年9月　　金额单位:元

摘　要	直接材料	工　时	直接人工	制造费用	合　计
月初在产品	9 000	2 000	1 000	1 600	11 600
本月发生	5 600	3 800	5 000	8 000	18 600
累计	14 600	5 800	6 000	9 600	30 200
全部产品累计间接计入费用分配率			1.03(元/小时)	1.66(元/小时)	
本月完工转出	8 000	4 600	4 738	7 636	20 374
月末在产品	6 600	1 200	1 262	1 964	9 826

表中全部产品累计间接计入费用分配率的计算过程如下:

$$\text{全部产品累计人工费用分配率}=\frac{6\ 000}{5\ 800}=1.03(\text{元/小时})$$

$$\text{全部产品累计制造费用分配率}=\frac{9\ 600}{5\ 800}=1.66(\text{元/小时})$$

(3) 根据前述资料编制产品成本计算单,计算各批产品的总成本及单位成本,分别如表7-25、表7-26、表7-27和表7-28所示。

表7-25 产品成本计算单

金额单位:元

投产日期:8月10日

产品批号及名称:801A　　完工日期:8月31日完工4件

产品批量:14件　　9月30日完工10件

2×15年 月	日	摘　要	直接材料	工　时(小时)	直接人工	制造费用	合　计
8	31	本月发生额	1 000	400			
9	30	本月发生	—	600			
9	30	本月累计	1 000	1 000			
9	30	累计间接计入费用分配率			1.03(元/小时)	1.66(元/小时)	
9	30	本月转出完工产品成本	1 000	1 000	1 030	1 660	3 690
9	30	完工产品单位成本	100		103	166	369

表 7-26　产品成本计算单

产品批号及名称:802B　　投产日期:8 月 15 日
产品批量:50 件　　完工日期:9 月 30 日
金额单位:元

2×15 年		摘　要	直接材料	工　时（小时）	直接人工	制造费用	合　计
月	日						
8	31	本月发生额	3 000	800			
9	30	本月发生额	—	1 200			
9	30	本月累计	3 000	2 000			
9	30	累计间接计入费用分配率	—	—	1.03（元/小时）	1.66（元/小时）	
9	30	本月转出完工产品成本	3 000	2 000	2 060	3 320	8 380
9	30	完工产品单位成本	60	—	41.2	66.4	167.60

表 7-27　产品成本计算单

产品批号及名称:803C　　投产日期:8 月 20 日
产品批量:100 件　　完工日期:9 月 30 日完工 80 件
金额单位:元

2×15 年		摘　要	直接材料	工　时（小时）	直接人工	制造费用	合　计
月	日						
8	31	本月发生额	5 000	800			
9	30	本月发生额	—	1 000			
9	30	本月累计	5 000	1 800			
9	30	累计间接计入费用分配率			1.03（元/小时）	1.66（元/小时）	
9	30	本月转出完工产品成本	4 000	1 600	1 648	2 656	8 304
9	30	完工产品单位成本	50		20.6	33.20	103.8
9	30	期末余额	1 000	200			

表 7-28　产品成本计算单

产品批号及名称:903C　　投产日期:9 月 25 日
产品批量:80 件　　完工日期:
金额单位:元

2×15 年		摘　要	直接材料	工　时（小时）	直接人工	制造费用	合　计
月	日						
9	30	本月发生额	5 600	1 000			

在上述各批产品成本计算单中，对于有完工产品（包括全批完工或批内部分完工）的批

次，除了登记直接材料费用，生产工时及本月累计数外，还应根据基本生产成本二级明细账登记各项累计间接计入费用分配率。而对于没有完工产品的批次，则只登记直接材料费用和生产工时即可，其他不再登记，如表 7-28 所示。

801A 和 802B 两批产品，月末全部完工，因此其累计的直接材料费用和生产工时即为完工产品的直接材料费用和生产工时，以其生产工时分别乘以各项累计间接计入费用分配率，即为完工产品的该项间接费用。

803C 只有一批产品，月末部分完工，部分尚未完工，因此，还应在完工产品和月末在产品之间用约当产量法分配费用，分配过程如下：

(1) 直接材料费用的分配。因为该企业原材料在生产开始时一次投入，因此直接材料费用按完工产品与月末在产品的数量比例分配。

直接材料费用分配率＝5 000÷(80＋20)＝50(元/件)
完工产品应负担的材料费用＝80×50＝4 000(元)
在产品应负担的材料费用＝20×50＝1 000(元)

(2) 直接人工及制造费用的分配。因为在产品完工程度为 50%，所以：

在产品约当产量＝20×50%＝10(件)
生产工时分配率＝1 800÷(80＋10)＝20(小时/件)
完工产品耗用的生产工时＝80×20＝1 600(小时)
在产品耗用的生产工时＝10×20＝200(小时)

则：

完工产品应负担的人工费用＝1 600×1.03＝1 648(元)
完工产品应负担的制造费用＝1 600×1.66＝2 656(元)
完工产品总成本＝4 000＋1 648＋2 656＝8 304(元)

第四节 产品成本计算的分步法

一、分步法概述

(一) 分步法的含义和种类

产品成本计算的分步法，是以产品品种及其所经过的生产步骤作为成本核算对象，来归集生产费用、计算产品成本的一种方法。

在采用分步法计算产品成本时，由于企业生产特点不同以及对生产步骤成本管理要求不同，并且出于简化成本核算工作的考虑，在进行各个生产步骤成本的计算和结转时，有逐步结转和平行结转两种方法。产品成本计算的分步法，也就分为逐步结转分步法和平行结转分步法两类。

逐步结转分步法是指半成品成本随实物在各生产步骤之间的转移而逐步结转的一种分

步法。采用这种分步法，不仅能计算出最后步骤所完工的产成品成本，还能计算出前面步骤所完工的半成品成本，所以又称为计算半成品成本的分步法。

在逐步结转分步法下，各生产步骤之间半成品成本的结转，按照半成品在下一步骤产品成本明细账中（或产品成本计算单）反映的方法不同，分为综合结转和分项结转两种。

综合结转是将上一步骤的半成品成本转入下一步骤时，不分成本项目，全部计入下一步骤产品生产成本明细账的“直接材料”或专设的“自制半成品”等综合性成本项目，从而综合反映各步骤所耗上一步骤所产半成品成本。

分项结转是将上一步骤的半成品成本转入下一步骤时，按其原始成本项目，分别计入下一步骤产品生产成本明细账对应的成本项目，从而分项反映各步骤所耗上一步骤所产半成品成本。

平行结转分步法是先计算出各个生产步骤在最终产成品成本中所占的份额，然后将这若干个份额简单相加、平行汇总，计算出最终产成品成本的方法。采用这种分步法，只能计算出最后步骤所完工的产成品成本，不能计算出前面步骤所完工的半成品成本，所以又称为不计算半成品成本的分步法。

（二）分步法的特点

1. 成本核算对象为各种产品品种及其所经过的生产步骤

分步法的成本核算对象是产品品种及其所经过的生产步骤，但两类分步法略有区别。

逐步结转分步法是计算半成品成本的分步法，其成本核算对象是产成品及其所经生产步骤的半成品，前面步骤需要计算半成品成本，且半成品成本随实物的转移而结转，直到最后步骤计算出完工产品成本。

平行结转分步法是不计算半成品成本的分步法，其成本核算对象是产成品及其所经生产步骤，各步骤只归集本步发生的费用，只计算和结转各步骤在最终产成品成本中的份额，半成品成本不随实物的转移而结转。

在分步法下，应按照产品的生产步骤开设产品生产成本明细账（产品成本计算单）。如果进行单一产品生产，成本核算对象就是该种产品及其所经过的各生产步骤，产品成本明细账应该按照产品的生产步骤开设；如果进行多品种生产，成本核算对象则是各种产品及其所经过的生产步骤，产品生产成本明细账应该按照各种产品的每个步骤开设。

企业生产产品所发生的各项生产费用，凡是能直接计入各成本核算对象的，应当直接计入按成本核算对象设立的产品生产成本明细账；不能直接计入各成本核算对象的，应当先按生产步骤归集，月末再按一定标准分配计入各成本核算对象的产品生产成本明细账。企业发生的制造费用，一般先按生产单位（分厂、车间）归集，月末再直接计入或分配计入各成本核算对象的产品生产成本明细账。

在实际工作中，分步法中作为成本核算对象的生产步骤，与产品的实际生产步骤的划分不一定完全一致。一般而言，在按生产步骤设立车间的企业中，分步计算成本也就是分车间计算成本。但是，如果企业生产规模很大，车间内又分成几个生产步骤，而管理上又要求分步计算成本，则需要在车间内再分步计算成本；相反，如果企业规模很小，管理上也不要求分车间计算成本，则可以把几个车间合并为一个步骤计算成本。因此，企业既应根据成本管理的要求，又应本着简化核算工作的原则，确定成本核算对象。

2. 产品成本计算期与会计报告期相一致

分步法是以产品品种及其所经过的生产步骤作为成本核算对象，而产品又是大量大批重复生产，所以成本计算无法与生产周期一致，而是与会计报告期相一致，即按月定期进行产品成本计算。

3. 通常需要把生产费用在完工产品与月末在产品之间分配

在大量大批的多步骤生产中，由于生产过程较长且可以间断，产品往往都是跨月陆续完工，成本计算期与生产周期不一致，各步骤月末一般都有在产品。这样，为了准确确定完工产品成本和月末在产品成本，需要采用适当的分配方法，将汇集在产品生产成本明细账中的生产费用合计数，在两者之间进行分配。由于两类分步法在成本核算对象上的差异，生产费用在完工产品和在产品之间的分配也有所不同。

逐步结转分步法的成本核算对象是产成品及其所经生产步骤的半成品，半成品成本随实物的转移而结转，前面步骤计算半成品成本，直到最后步骤计算出完工产品成本。因此，月末各生产步骤将生产费用在完工产品和月末在产品之间进行分配时，本月发生的生产费用包括本步发生的费用加上上步转入的半成品成本，完工产品是指本步完工的半成品（最后步骤为产成品），月末在产品是指本步正在加工尚未完工的在制品，即狭义的在产品。

平行结转分步法的成本核算对象是产成品及其所经生产步骤，各生产步骤只归集本步发生的费用，半成品成本不随实物的转移而结转，前面步骤不能计算半成品成本。采用平行结转分步法，每一生产步骤的生产费用也要在其完工产品与月末在产品之间进行分配，但这里的完工产品，是指企业最后完工的产品；某步骤完工产品费用，是该步骤生产费用中用于产成品成本的份额。与此相联系，这里的在产品是指尚未产成的全部在产品和半成品，这是就整个企业而言的广义在产品。

广义的在产品包括：

（1）尚在本步骤加工中的在产品，即狭义在产品。

（2）本步骤已完工转入半成品库的半成品。

（3）已从半成品库转到以后各步骤进一步加工、尚未最后产成的产品。

因此，这里的在产品费用，是指包括三个部分的广义在产品的费用。其中后两部分的实物已经从本步骤转出，但其费用仍留在本步骤产品成本明细账中，尚未转出。这就是说，在平行结转分步法下，各步骤的生产费用（不包括所耗上一步骤的半成品费用）要在产成品与广义在产品之间进行分配，计算这些费用在产成品成本中所占的份额和在广义在产品成本中所占的份额。

（三）分步法的适用范围

分步法主要适用于大量、大批的多步骤生产，例如纺织、造纸、冶金、水泥、化工、机器制造等企业。在这些企业中，产品生产可以分为若干个生产步骤进行，例如，纺织企业的生产可分为纺纱、织布等步骤；造纸厂的生产可分为制浆、制纸等步骤；冶金企业的生产可分为炼铁、炼钢、轧钢等步骤；机器制造企业的生产可分为铸造、加工、装配等步骤。这些企业为了加强各生产步骤的成本管理，不仅要求按照产品品种计算各种产成品的实际总成本和单位成本，而且还要求按照生产步骤归集生产费用，计算各生产步骤的成本，以便全面考核产成品及其所经生产步骤成本计划的执行情况。

1. 逐步结转分步法的适用范围

逐步结转分步法主要适用于半成品可以加工为不同产品，或者有半成品对外销售和需要考核半成品成本的企业，特别是大量大批、连续式多步骤生产的企业。

在这些企业中，产品的生产工艺过程是由一系列循序渐进的、性质不同的加工步骤所组成，前面步骤所完工的半成品都是后一生产步骤的加工对象，只有最后步骤生产的才是产成品。例如，棉纺织企业在纺纱步骤中，原料（原棉）投入生产后，经过清花、梳棉、并条、粗纺、细纱等工序，纺成各种棉纱；然后送往织布步骤，经过络经、整经、浆纱、穿筘、织造等工序，织成各种棉布，再经过整理、打包，即可入库待售。作为半成品的棉纱，既可以加工成各种成品布，也可以作为商品对外销售。

与这类生产工艺过程特点相联系，为了加强对各生产步骤成本的管理，适应对外销售或同行业评比以及成本控制等方面的要求，不仅要求计算各种产成品成本，而且要求按照产品的生产步骤归集生产费用，计算各步骤半成品成本。

2. 平行结转分步法的适用范围

平行结转分步法主要适用于在成本管理上要求分步归集生产费用，但不要求计算半成品成本的企业，特别是没有半成品对外销售的大量大批装配式多步骤生产企业。

在这些企业中，首先是对各种原材料进行平行加工，成为各种零件和部件（半成品），然后再装配成各种产成品。例如，机械制造企业的车间一般按生产工艺过程设置，设有铸工、锻工、加工、装配等车间。铸工车间利用生铁、钢、铜等各种原料熔铸各种铸件；锻工车间利用各种钢材锻造各种锻件。铸件和锻件都是用来进一步加工的毛坯。加工车间对各种铸件、锻件、外购半成品和外购原材料进行加工，制造各种产品的零件和部件，然后转入装配车间进行装配，生产各种机械产品。

在这类企业中，各生产步骤所产半成品的种类很多，但半成品外售的情况却很少，在管理上不要求计算半成品成本，因而，为了简化和加速成本计算工作，在计算产品成本时，可以不计算各步骤所产半成品成本，也不计算各步骤所耗上一步骤的半成品成本（即各步骤之间不结转所耗半成品成本），只计算本步骤所发生的各项生产费用以及这些费用中应计入产成品成本的“份额”。

在某些连续式多步骤生产企业，如果前面步骤所产半成品仅供下一步骤继续加工，不准备对外销售，也可采用平行结转分步法计算结转成本。

二、逐步结转分步法

（一）逐步结转分步法的成本计算程序

逐步结转分步法最显著的特点是各步骤半成品成本要随着半成品实物的转移而结转，即各步骤的半成品成本都紧紧追随半成品实物顺序向下步骤结转，因此，该方法不仅能够像滚雪球一样反映出最终产成品的成本，而且也能反映各加工步骤半成品成本，满足了企业对半成品成本核算的需要。

逐步结转分步法的核算程序取决于半成品实物的流转程序。半成品实物的流转程序有两种情况：一种是不设半成品仓库而直接在各步骤间转移；一种是通过半成品仓库收发而间接在各步骤间传递。

在半成品直接转移的情况下，逐步结转分步法的成本核算程序为：根据第一步骤全部的生产费用（包括月初在产品成本和本月发生的生产费用），分配计算出第一步骤所产半成品成本，并将其结转到第二步骤成本计算单中；根据第二步骤全部的生产费用（包括月初在产品成本和本月本步发生的生产费用以及本月从第一步骤转入的半成品成本），分配计算出第二步骤的半成品成本，并顺序结转至下一加工步骤；按照加工步骤顺序累计结转，直至最后步骤计算出产成品成本为止。

逐步结转分步法下成本核算程序可如图 7-3 所示。

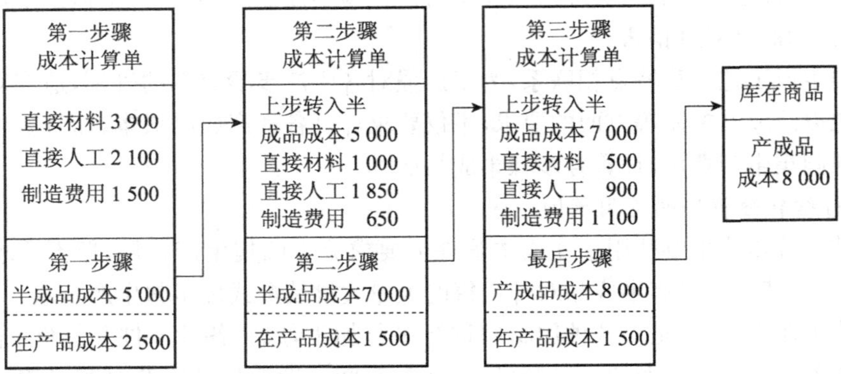

图 7-3　逐步结转分步法成本计算程序图(不通过半成品仓库)

在设有半成品仓库或有半成品对外销售业务的企业，企业必须增加设置“自制半成品”明细账来反映半成品增减变动和结存情况。半成品验收入库时，应借记“自制半成品”账户，贷记“生产成本”账户；下步骤领用半成品时，则作相反的会计分录。对外销售半成品结转其成本时，借记“主营业务成本”或“其他业务成本”等账户，贷记“自制半成品”账户。

在逐步结转分步法下，反映在成本计算单上，就是从上一步骤的成本计算单转入下一步骤相同产品的成本计算单中，顺序逐步计算列示半成品成本，直至最后一个步骤的成本计算单上汇集了产品完工时的全部生产成本，产成品成本也就形成。由此可见，逐步结转分步法实际上是几个品种法的连续应用。

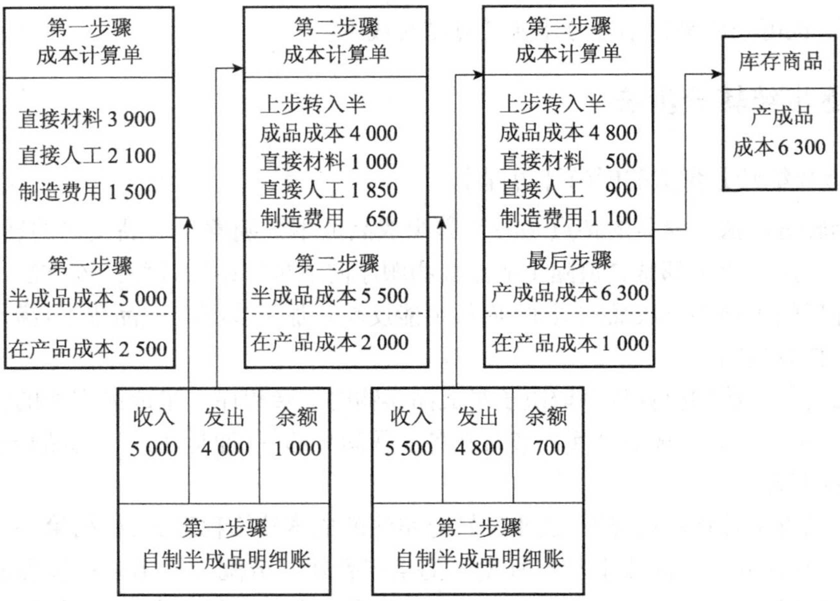

图 7-4　逐步结转分步法成本计算程序图(通过半成品仓库)

逐步结转分步法按照各步骤结转成本的方式不同，划分为半成品成本按实际成本综合结转和半成品成本按成本项目分项结转两种方式，下面分别举例来说明综合结转分步法和分项结转分步法的具体应用。

（二）综合结转分步法运用举例

运用综合结转分步法时，各个步骤半成品成本可以按实际成本综合结转也可以按计划成本进行综合结转，下面分别讨论半成品按实际成本综合结转和半成品按计划成本综合结转的情况。

1. 半成品成本按实际成本综合结转

采用这种结转方法，各步骤所耗上一步骤的半成品实际总成本，应根据所耗半成品的实际数量乘以半成品的实际单位成本计算。

由于各月所产半成品的实际单位成本不同，因而本月所耗半成品实际单位成本的确定，可根据企业的实际情况，选择使用先进先出法、加权平均法等方法。

【例7-4】 东河工厂大量生产甲产品，该产品顺序经过三个生产车间连续加工，最后形成甲产品。第一车间完工的甲A半成品直接交第二车间加工，第二车间完工的甲B半成品通过半成品仓库收发。该企业采用综合结转分步法计算产品成本，半成品成本按实际成本综合结转。各车间生产费用的分配方法采用约当产量法，发出半成品的计价方法采用全月一次加权平均法。原材料在生产开始时一次投入，其他费用陆续发生，各车间在产品完工程度均为50%。甲产品2×15年10月的产量记录和有关生产费用资料如表7-29和表7-30所示。

表7-29 产品产量记录 单位：件

摘　　要	第一车间	第二车间	自制半成品	第三车间	产成品
月初在产品	50	20	50	70	—
本月投入或上步转入	300	250	200	200	—
本月完工	250	200	200	250	250
月末在产品	100	70	50	20	—

表7-30 生产费用资料表 单位：元

摘　　要	车　间	直接材料	自制半成品	直接人工	制造费用	合　计
月初在产品成本	第一车间	4 500	—	550	950	6 000
	第二车间	—	3 000	480	520	4 000
	第三车间	—	18 358	3 850	3 150	25 358
本月发生生产费用	第一车间	27 000	—	6 050	10 450	43 500
	第二车间	—	—	10 800	11 700	22 500
	第三车间	—	—	24 750	20 250	45 000

注：① 月初在产品成本根据上月各车间产品成本计算单资料所得。
② 本月发生费用根据本月各种费用分配表所得。

产品成本计算过程如下：

1）计算第一车间本月完工甲A半成品的实际成本

第一车间为生产甲产品的第一生产步骤，没有上步转入费用，将甲A半成品的月初在产品成本和本月发生生产费用（表7-30资料）计入第一车间产品成本计算单（见表7-31）后，就可采用约当产量法，将生产费用合计数在完工半成品和月末在产品之间进行分配，计算出甲A半成品的实际总成本。

表7-31　第一车间产品成本计算单

产品名称：甲A半成品　　2×15年10月　　完工量：250件　金额单位：元

摘　　要	直接材料	直接人工	制造费用	合　　计
月初在产品成本	4 500	550	950	6 000
本月发生生产费用	27 000	6 050	10 450	43 500
合　　计	31 500	6 600	11 400	49 500
完工半成品数量（件）	250	250	250	—
月末在产品约当量（件）	100	50	50	—
合　　计	350	300	300	—
半成品单位成本（元/件）	90	22	38	150
完工半成品总成本	22 500	5 500	9 500	37 500
月末在产品成本	9 000	1 100	1 900	12 000

表7-31中有关成本计算如下：

（1）半成品单位成本的计算。

$$\text{单位半成品直接材料成本}=\frac{31\,500}{250+100\times100\%}=90(\text{元/件})$$

$$\text{单位半成品直接人工成本}=\frac{6\,600}{250+100\times50\%}=22(\text{元/件})$$

$$\text{单位半成品制造费用成本}=\frac{11\,400}{250+100\times50\%}\,\frac{11\,400}{300}=38(\text{元/件})$$

（2）完工半成品总成本的计算。

半成品直接材料成本＝90×250＝22 500（元）

半成品直接人工成本＝22×250＝5 500（元）

半成品制造费用成本＝38×250＝9 500（元）

（3）月末在产品成本的计算。

在产品直接材料成本＝90×100＝9 000（元）

或　　＝31 500－22 500＝9 000（元）

在产品直接人工成本＝22×（100×50%）＝1 100（元）

在产品制造费用成本＝38×（100×50%）＝1 900（元）

通过上述计算，第一车间本月完工的250件甲A半成品的实际单位成本为150元，总成本为37 500元，应随半成品实物综合转移到第二车间。据此编制结转第一车间本月完工甲A半成品实际总成本的会计分录如下：

借：生产成本——基本生产成本——第二车间　　37 500
　贷：生产成本——基本生产成本——第一车间　　37 500

2）计算第二车间本月完工甲B半成品的实际成本

采用逐步结转分步法，第二车间所产的甲B半成品成本，应包括从上一步骤（第一车间）转入的甲A半成品成本。在综合结转的情况下，本月第一车间完工转入的250件甲A半成品的总成本37 500元，不分成本项目，在第二车间产品成本计算单中的"自制半成品"项目综合登记。因此第二车间的生产费用合计既包括月初在产品成本和本月发生生产费用（表7-30资料），还包括从第一车间直接转入的甲A半成品成本，然后采用约当产量法，将生产费用合计数在完工半成品和月末在产品之间进行分配，计算出甲B半成品的实际总成本。

表7-32　第二车间产品成本计算单

产品名称：甲B半成品　　2×15年10月　　完工量：200件　金额单位：元

摘　要	自制半成品	直接人工	制造费用	合　计
月初在产品成本	3 000	480	520	4 000
本月发生生产费用	37 500	10 800	11 700	60 000
合　计	40 500	11 280	12 220	64 000
完工半成品数量（件）	200	200	200	—
月末在产品约当产量（件）	70	35	35	—
合　计	270	235	235	—
半成品单位成本（元/件）	150	48	52	250
完工半成品总成本	30 000	9600	10 400	50 000
月末在产品成本	10 500	1 680	1 820	14 000

表7-32中有关成本计算如下：

（1）半成品单位成本的计算。

$$\text{单位半成品自制半成品成本}=\frac{40\ 500}{200+70\times100\%}=150(\text{元/件})$$

$$\text{单位半成品直接人工成本}=\frac{11\ 280}{200+70\times50\%}=48(\text{元/件})$$

$$\text{单位半成品制造费用成本}=\frac{12\ 220}{200+70\times50\%}=52(\text{元/件})$$

（2）完工半成品总成本的计算。

半成品自制半成品成本＝150×200＝30 000（元）
半成品直接人工成本＝48×200＝9 600（元）
半成品制造费用成本＝52×200＝10 400（元）

(3) 月末在产品成本的计算。

在产品自制半成品成本＝150×70＝10 500(元)

在产品直接人工成本＝48×(70×50%)＝1 680(元)

在产品制造费用成本＝52×(70×50%)＝1 820(元)

通过上述计算，第二车间本月完工的200件甲B半成品的实际单位成本为250元，总成本为50 000元，应随半成品实物综合转移到自制半成品明细账。据此编制结转第二车间本月完工甲B半成品实际总成本的会计分录如下：

借：自制半成品——甲B半成品　　50 000
　贷：生产成本——基本生产成本——第二车间　　50 000

3) 计算第三车间本月所产甲产品的实际成本

同样道理，第三车间所产的甲产品成本，应包括从半成品仓库转入的由上一步骤(第二车间)完工的甲B半成品成本。半成品仓库发出自制半成品的实际成本，应根据有关领料凭证和自制半成品明细账提供的资料计算。

表7-33　自制半成品明细账

产品名称：甲B半成品　　2×15年10月　　金额单位：元

月份	月初余额		本月增加		合　计			本月减少	
	数量(件)	总成本	数量(件)	总成本	数量(件)	单位成本(元/件)	总成本	数量(件)	总成本
10	50	13 115	200	50 000	250	252.46	63 115	200	50 492
11	50	12 623							

在自制半成品明细账中(表7-33)，月初结存半成品数量和总成本应根据上月有关资料登记；本月收入和发出的数量应根据有关半成品交库单和领料单登记；本月收入半成品的实际总成本，应根据第二车间本月完工甲B半成品成本计算结果及编制的会计分录登记。本月发出(第三车间)领用200件甲B半成品的加权平均单位成本和总成本计算如下：

$$加权平均单位成本=\frac{13\ 115+50\ 000}{50+200}=252.46(元/件)$$

本月发出甲A半成品的总成本＝252.46×200＝50 492(元)

通过上述计算，第三车间本月从半成品仓库领用的200件甲B半成品的实际单位成本为252.46元/件，总成本为50 492元，应随半成品实物转移到第三车间产品成本计算单。据此编制结转第三车间本月领用甲B半成品实际总成本的会计分录如下：

借：生产成本——基本生产成本——第三车间　　50 492
　贷：自制半成品——甲B半成品　　50 492

同第二车间产品成本计算原理，本月从自制半成品明细账转入的200件甲B半成品的总成本50 492元，不分成本项目，在第三车间产品成本计算单中的“自制半成品”项目综合登记。第三车间的生产费用合计既包括月初在产品成本和本月发生生产费用(表

7-30资料)，还包括从自制半成品明细账转入的甲B半成品成本，然后采用约当产量法，将生产费用合计数在完工产品和月末在产品之间进行分配，计算出甲产品的实际总成本。

表7-34　第三车间产品成本计算单

产品名称：甲产品　　2×15年10月　　完工量：250件　金额单位：元

摘　要	自制半成品	直接人工	制造费用	合　计
月初在产品成本	18 358	3 850	3 150	25 358
本月发生生产费用	50 492	24 750	20 250	95 492
合　计	68 850	28 600	23 400	120 850
完工产成品数量(件)	250	250	250	—
月末在产品约当产量(件)	20	10	10	—
合　计	270	260	260	—
产成品单位成本(元/件)	255	110	90	455
完工产成品总成本	63 750	27 500	22 500	113 750
月末在产品成本	5 100	1 100	900	7 100

表7-34中有关成本计算如下：

(1) 产成品单位成本的计算。

$$单位产品自制半成品成本=\frac{68\ 850}{250+20\times100\%}=255(元/件)$$

$$单位产品直接人工成本=\frac{28\ 600}{250+20\times50\%}=110(元/件)$$

$$单位产品制造费用成本=\frac{23\ 400}{250+20\times50\%}=90(元/件)$$

(2) 完工产成品成本的计算。

产成品自制半成品成本＝255×250＝63 750(元)

产成品直接人工成本＝110×250＝27 500(元)

产成品制造费用成本＝90×250＝22 500(元)

(3) 月末在产品成本的计算。

在产品自制半成品成本＝255×20＝5 100(元)

在产品直接人工成本＝110×(20×50%)＝1 100(元)

在产品制造费用成本＝90×(20×50%)＝900(元)

通过上述计算，第三车间本月完工验收入库的250件甲产品的实际单位成本为455元/件，总成本为113 750元。据此编制结转第三车间本月完工甲产品实际总成本的会计分录如下：

借：库存商品——甲产品　　113 750
　贷：生产成本——基本生产成本——第三车间　　113 750

2. 半成品成本按计划成本综合结转

在采用实际成本综合结转方法下，只有在上一步骤成本计算完成后，才能进行下一步骤的成本计算。为了解决这一问题，可采用半成品按计划成本综合结转的方法。采用这种结转方法时，半成品的日常收发均按计划成本核算；在半成品实际成本算出来以后，再计算半成品的成本差异率，调整所耗半成品的成本差异。

按计划成本结转半成品成本，可以简化和加速半成品收发的凭证计价和记账工作；在半成品种类较多的情况下，如果按类计算半成品成本差异率、调整所耗半成品成本差异，可以简化按品种、规格设立产品成本明细账逐一计算所产半成品的实际成本和成本差异、逐一调整所耗半成品成本差异的大量计算工作。

按计划成本结转半成品成本，可以在各步骤的产品成本明细账中分别反映所耗半成品的计划成本和成本差异，因而在考核和分析各步骤产品成本时，可以扣除上一步骤半成品成本节约或超支的影响，便于成本考核和分析工作的进行。

如果各步骤所耗半成品的成本差异，不是调整计入各步骤成本，而是直接调整计入最后的产成品成本，不仅可以进一步简化和加速各步骤的成本计算工作，而且各步骤的产品成本中不包括上一步骤半成品成本节约或超支的影响，从而更加便于成本考核和分析工作的进行。

按照计划成本综合结转半成品成本方法适用于半成品的计划成本制订比较准确的企业。

3. 综合结转法成本还原

成本还原是将产品成本构成中的“自制半成品”这些非成本项目的成本，还原为按“直接材料”“直接人工”“制造费用”等原始成本项目反映的成本，从而反映产品成本的真实结构。

采用综合结转法结转半成品成本，各步骤所耗上一步骤半成品的成本是以“自制半成品”或“直接材料”项目综合反映的。在生产步骤较多的情况下，逐步综合结转半成品成本以后，表现在产成品成本中的绝大部分费用，是最后一个步骤所耗前面步骤半成品成本，其他费用只是最后一个步骤的费用，在产品成本中所占的比重很小。例如，上例在最后算出的第三车间产成品成本 113 750 元中，第三车间所占的直接人工只有 27 500 元，制造费用只有 22 500元（两者合计约只占产成品成本的 44%），为数颇大的甲 B 半成品费用为 63 750 元（约占产成品成本 112 500 元的 56%）。

这样计算出来的产成品成本，显然不符合企业产品成本结构（也就是各项成本之间的比例关系）的实际情况，不能提供按原始成本项目反映的成本资料。因此，在管理上要求从整个企业角度分析和考核产品成本的构成时，还应将逐步综合结转算出的产成品成本进行成本还原，即将产成品成本还原为按原始成本项目反映的成本。

成本还原是按照反工艺顺序进行的。即从最后一个步骤起，把各步骤所耗上一步骤半成品的综合成本，按照上一步骤所产半成品成本的结构，逐步分解、还原成直接材料、直接人工和制造费用等原始成本项目，从而求得按原始成本项目反映的产成品成本资料。

成本还原一般通过成本还原计算表进行。根据[例 7-4]三个车间产品成本计算单的有关资料，编制甲产品的成本还原计算表(表 7-35)。

表 7-35 产品成本还原计算表

产成品：250 件
金额单位：元

行次	项 目	甲B半成品	甲A半成品	直接材料	直接人工	制造费用	合 计
1	还原前产成品成本	63 750			27 500	22 500	113 750
2	甲B半成品成本构成		60%		19.2%	20.8%	100%
3	第一次成本还原	−63 750	38 250		12 240	13 260	
4	甲A半成品成本构成			60%	14.666 7%	25.333 3%	100%
5	第二次成本还原		−38 250	22 950	5 610	9 690	
6	还原后产成品成本			22 950	45 350	45 450	113 750
7	产成品单位成本			91.8	181.4	181.8	455

说明：表中黑色框内金额为还原后在总成本 113 750 元中各步骤各成本项目所发生的成本；

第 1 行根据第三车间产品成本计算单填列，63 750 元为第一次还原对象；第 2 行根据第二车间产品成本计算单计算填列，即第一次还原标准；第 3 行是用 63 750 元分别乘以第二行的成本构成计算得出；第 4 行根据第一车间产品成本计算单计算填列，即第二次还原标准；第 5 行是用 37 500 元分别乘以第四行的成本构成计算得出；第 6 行＝第 1 行＋第 3 行＋第 5 行；第 7 行＝第 6 行÷250。

甲产品顺序经过三个车间的连续加工形成产成品，所以成本还原需进行两次。根据第二车间本月所产甲 B 半成品成本结构，对第三车间本月完工产品成本中的甲 B 半成品 63 750元进行成本还原。进行第一次成本还原后，仍有自制半成品成本 38 250 元，应再按照第一车间本月所产甲 A 半成品成本结构进行成本还原。最后将还原后相同车间和相同成本项目的成本数额相加，就可计算出甲产品还原后的总成本(见表 7-36)，并计算出相应的单位成本(见表 7-37)，以便进行成本的管理和控制。

表 7-36 产成品成本还原汇总表(总成本) 单位：元

项 目	直接材料	直接人工	制造费用	合 计
第一车间	22 950	5 610	9 690	38 250
第二车间		12 240	13 260	25 500
第三车间		27 500	22 500	50 000
合 计	22 950	45 350	45 450	113 750

表 7-37 产成品成本还原汇总表(单位成本) 单位:元/件

项目	直接材料	直接人工	制造费用	合计
第一车间	91.80	22.44	38.76	153
第二车间		48.96	53.04	102
第三车间		110	90	200
合计	91.80	181.40	181.80	455

由于以前月份所产半成品的成本构成与本月所产半成品的成本构成不一定一致,因此,在各月所产半成品的成本构成变动较大的情况下,按照上述方法进行成本还原,对还原结果的正确性就会有较大的影响。如果半成品的定额成本或计划成本比较准确,产成品所耗半成品费用可以按定额成本或计划成本的成本构成进行还原。如果采用这种做法,上述成本还原计算表中按成本项目分列的本月所产半成品的总成本(即表中第 2 行和第 4 行),应改为按成本项目分列的半成品定额的或计划的单位成本,以便更准确地反映各成本项目分列的构成比例,提高还原结果的正确性。

在实际工作中,还可以通过计算还原分配率进行还原。还原分配率是本月本步骤所耗上一步骤半成品总成本与本月上一步骤所产该种半成品总成本的比率,用公式表示如下:

$$还原分配率=\frac{本月本步骤所耗上一步骤半成品总成本}{本月上一步骤所产该种半成品总成本}$$

采用这一方法的计算结果,与前述成本还原方法的计算结果应完全相同。该方法下的成本还原计算如表 7-38 所示。

表 7-38 产品成本还原计算表

产成品:250 件
金额单位:元

行次	项目	还原分配率	B半成品	A半成品	直接材料	直接人工	制造费用	合计
1	还原前产成品成本		63 750			27 500	22 500	113 750
2	第二车间半成品成本			30 000		9 600	10 400	50 000
3	第一次成本还原	63 750÷50 000=1.275	−63 750	38 250		12 240	13 260	
4	第一车间半成品成本				22 500	5 500	9 500	37 500
5	第二次成本还原	38 250÷37 500=1.02		−38 250	22 950	5 610	9 690	
6	还原后产成品成本				22 950	45 350	45 450	113 750
7	产成品单位成本(元/件)				91.8	181.4	181.8	455

说明:表中黑色框内金额为还原后在总成本 113 750 元中各步骤各成本项目所发生的成本;第 1 行根据第三车间产品成本计算单填列,63 750 元为第一次还原对象;第 2 行根据第二车间产品成本计算单填列,即第一次还原标准;第 3 行用第一次还原分配率分别乘以第二车间半成品成本项目;第 4 行根据第一车间产品成本计算单填列,即第二次还原标准;第 5 行用第二次还原率分别乘以第一车间半成品成本项目;第 6 行=第 1 行+第 3 行+第 5 行;第 7 行=第 6 行÷250。

4. 综合结转分步法的优缺点

综合结转法的优点是：可以在各生产步骤的产品成本明细账中反映各该步骤完工产品所耗半成品费用的水平和本步骤加工费用的水平，有利于各个生产步骤的成本管理。例如，可以从钢铁工业企业轧钢步骤的产品（钢材）成本明细账中看出完工产品（轧成的钢材）所耗半成品钢锭的费用水平和轧钢费用的水平，有利于轧钢步骤的成本管理。

综合结转法的缺点是：为了从整个企业的角度反映产品成本的构成，加强企业综合的成本管理，必须进行成本还原，从而增加核算工作量。

综合结转法只适宜在半成品具有独立的经济意义，管理上要求计算各步骤完工产品所耗半成品费用，但不要求进行成本还原的情况下采用。例如，钢铁工业企业的半成品生铁和钢锭，既是本企业半成品，又是具有独立的经济意义的商品产品，要计算生铁和钢锭成本，在分析和考核产品钢材成本时，只需要了解所耗钢锭费用、轧钢步骤的加工费用即可，而不需要了解所耗原材料铁矿石费用、所耗各生产步骤工资及其他薪酬、制造费用。

（三）分项结转分步法运用举例

1. 分项结转分步法的特点

分项结转分步法的特点是将各步骤所耗用的上一步骤半成品成本，按照成本项目分项转入各该步骤产品成本明细账的各个成本项目中。如果半成品通过半成品库收发，在自制半成品明细账中登记半成品成本时，也要按照成本项目分别登记。

分项结转，可以按照半成品的实际成本结转，也可以按照半成品的计划成本结转，然后按成本项目分项调整成本差异。由于后一种做法计算工作量较大，因而一般多采用按实际成本分项结转的方法。

【例 7-5】 为了便于比较，分项结转分步法仍采用综合结转分步法的实例即[例 7-4]。第二车间月初自制半成品成本 3 000 元包括从上步转入的直接材料 1 800 元，直接人工 440 元，制造费用 760 元；第三车间月初自制半成品成本 18 358 元包括从上步转入的直接材料 6 600 元，直接人工 5 158 元，制造费用6 600元。

产品成本计算过程如下：

1）计算第一车间本月完工甲 A 半成品的实际成本

综合结转分步法与分项结转分步法，在成本核算程序上是完全一样的。第一车间为生产甲产品的第一生产步骤，没有上步转入费用，两种方法核算的结果是完全一样的。

表 7-39 第一车间产品成本计算单

完工量：250 件

产品名称：甲 A 半成品　　　2×15 年 10 月　　　金额单位：元

摘　　要	直接材料	直接人工	制造费用	合　　计
月初在产品成本	4 500	550	950	6 000
本月发生生产费用	27 000	6 050	10 450	43 500
合计	31 500	6 600	11 400	49 500
完工半成品数量(件)	250	250	250	—
月末在产品约当产量(件)	100	50	50	—

（续表）

摘　　要	直接材料	直接人工	制造费用	合　　计
合计	350	300	300	—
半成品单位成本(元/件)	90	22	38	150
完工半成品总成本	22 500	5 500	9 500	37 500
月末在产品成本	9 000	1 100	1 900	12 000

通过上述计算，第一车间本月完工的250件甲A半成品的实际单位成本为150元，总成本为37 500元，应随半成品实物分项转移到第二车间。据此编制结转第一车间本月完工甲A半成品实际总成本的会计分录如下：

借：生产成本——基本生产成本——第二车间　　37 500

　贷：生产成本——基本生产成本——第一车间　　37 500

2) 计算第二车间本月完工甲B半成品的实际成本

在分项结转的情况下，本月第一车间完工转入的250件甲A半成品的总成本37 500元，应按照原始成本项目，分别在第二车间产品成本计算单中对应的成本项目内登记。

在采用分项结转方式时，除第一步骤以后各步骤产品成本计算单的每一个成本项目，都应区分为“上步转入”和“本步发生”这两部分，以便正确计算产品成本。如第二车间在登记第一车间转入的甲A半成品成本时，应登记在与甲A半成品原始成本项目相对应的成本项目的“上步转入”栏内。这是因为，对于月末在产品来说，上步转入费用和本步发生费用应当负担的程度是不相同的。上步转入费用，对本步月末在产品而言，已经全部投入，应当与本月完工产品（半成品或产成品）同等分配生产费用；而本步发生费用，对本步月末在产品而言，尚未全部投入，应当在计算在产品的约当产量后，再与本月完工产品一道分配生产费用。

表7-40　第二车间产品成本计算单

产品名称：甲B半成品　　2×15年10月　　完工量：200件

金额单位：元

摘　要	直接材料		直接人工		制造费用		合　计
	上步转入	本步发生	上步转入	本步发生	上步转入	本步发生	
月初在产品成本	1 800	—	440	480	760	520	4 000
本月发生生产费用	22 500	—	5 500	10 800	9 500	11 700	60 000
合计	24 300	—	5 940	11 280	10 260	12 220	64 000
完工半成品数量(件)	200	—	200	200	200	200	—
月末在产品约当产量(件)	70	—	70	35	70	35	—
合计	270	—	270	235	270	235	—

（续表）

摘　要	直接材料		直接人工		制造费用		合　计
	上步转入	本步发生	上步转入	本步发生	上步转入	本步发生	
半成品单位成本(元/件)	90	—	22	48	38	52	250
完工半成品总成本	18 000	—	4 400	9600	7 600	10 400	50 000
月末在产品成本	6 300	—	1 540	1 680	2 660	1 820	14 000

通过上述计算，第二车间本月完工的 200 件甲 B 半成品的实际单位成本为 250 元/件，总成本为 50 000 元，应随半成品实物分项转移到自制半成品明细账。据此编制结转第二车间本月完工甲 B 半成品实际总成本的会计分录如下：

借：自制半成品——甲 B 半成品　　50 000
　贷：生产成本——基本生产成本——第二车间　　50 000

3）计算第三车间本月所产甲产品的实际成本

同样道理，本月第三车间从半成品仓库领用的甲 B 半成品总成本，也应按照原始成本项目，分别在第三车间产品成本计算单中对应的成本项目内登记，因此半成品仓库发出 200 件甲 B 半成品的实际成本，应分成本项目分别计算。如“直接材料”项目上的加权平均单位成本和总成本计算如下：

$$加权平均单位成本=\frac{4\,732.5+18\,000}{50+200}=90.93(元/件)$$

$$本月发出甲\ A\ 半成品的总成本=90.93\times200=18\,186(元)$$

表 7-41　自制半成品明细账(汇总账页)

产品名称：甲 B 半成品　　2×15 年 10 月　　金额单位：元

项　目	数量(件)	实 际 成 本			
		直接材料	直接人工	制造费用	合　计
月初余额	50	4 732.50	3 650	4 732.50	13 115
本月第二车间交库	200	18 000	14 000	18 000	50 000
合　计	250	22 732.50	17 650	22 732.50	63 115
加权平均单位成本(元/件)		90.93	70.60	90.93	252.46
本月第三车间领用	200	18 186	14 120	18 186	50 492
月末余额	50	4 546.50	3 530	4 546.50	12 623

通过上述计算，第三车间本月从半成品仓库领用的 200 件甲 B 半成品的实际单位成本为 252.46 元/件，总成本为 50 492 元，应随半成品实物分项转移到第三车间产品成本计算单。据此编制结转第三车间本月领用甲 B 半成品实际总成本的会计分录如下：

借：生产成本——基本生产成本——第三车间　　50 492
　贷：自制半成品——甲 B 半成品　　50 492

与第二车间产品成本计算原理相同，本月从自制半成品明细账转入的200件甲B半成品的总成本50 492元，应按照原始成本项目，分别在第三车间产品成本计算单中对应的成本项目内登记。

表7-42 第三车间产品成本计算单

产品名称：甲产品　　　　2×15年10月　　　　完工量：250件　金额单位：元

摘　　要	直接材料		直接人工		制造费用		合　计
	上步转入	本步发生	上步转入	本步发生	上步转入	本步发生	
月初在产品成本	6 600	—	5 158	3 850	6 600	3 150	25 358
本月发生生产费用	18 186	—	14 120	24 750	18 186	20 250	95 492
合　　计	24 786	—	19 278	28 600	24 786	23 400	120 850
完工产成品数量(件)	250	—	250	250	250	250	—
月末在产品约当产量(件)	20	—	20	10	20	10	—
合　　计	270	—	270	260	270	260	—
产成品单位成本(元/件)	91.8	—	71.4	110	91.8	90	455
完工产成品总成本	22 950	—	17 850	27 500	22 950	22 500	113 750
月末在产品成本	1 836	—	1 428	1 100	1 836	900	7 100

通过上述计算，第三车间本月完工验收入库的250件甲产品的实际单位成本为455元/件，总成本为113 750元。根据表7-42成本计算结果，编制完工产品成本汇总表(见表7-43)。据此编制结转第三车间本月完工甲产品实际总成本的会计分录如下：

借：库存商品——甲产品　　　　113 750

　贷：生产成本——基本生产成本——第三车间　　　　113 750

表7-43 完工产品成本汇总表

产品名称：甲产品　　　　2×14年10月　　　　完工量：250件　金额单位：元

项　　目	直接材料	直接人工	制造费用	合　　计
完工产品总成本	22 950	45 350	45 450	113 750
完工产品单位成本(元/件)	91.8	181.4	181.8	455

2. 分项结转法的优缺点

采用分项结转法结转半成品成本，可以直接、正确地提供按原始成本项目反映的企业产品成本资料，便于从整个企业的角度考核和分析产品成本计划的执行情况，不需要进行成本还原。但是，这一方法的成本结转工作比较复杂，产品成本计算单中各个成本项目都要区分上步转入费用和本步发生费用，自制半成品明细账也要分成本项目分别反映，成本计算、结转和登记的工作量大。

从表 7-43 的计算结果表明，本月完工的 250 件甲产品的总成本 113 750 元中，其中直接材料 22 950 元，直接人工 45 350 元，制造费用 45 450 元，这与表 7-35 和表 7-38 进行半成品成本还原后的甲产品总成本及各成本项目的成本完全相同。

三、平行结转分步法

（一）平行结转分步法的成本计算程序

平行结转分步法最显著的特点是，各生产步骤不计算半成品成本，也不计算各步骤所耗上一步骤半成品成本，只计算本步骤所发生的生产费用。只在企业的产成品入库时，才将各步骤费用中应计入产成品成本的份额从各步骤产品成本明细账中转出，即从“生产成本”账户的贷方转入“库存商品”账户的借方。因此，采用这一方法，不论半成品是在各步骤之间直接转移，还是通过半成品库收发，都不通过“自制半成品”科目进行总分类核算，也就是说，半成品成本不随半成品实物转移而结转。平行结转各步成本的核算程序，如图 7-5 所示。

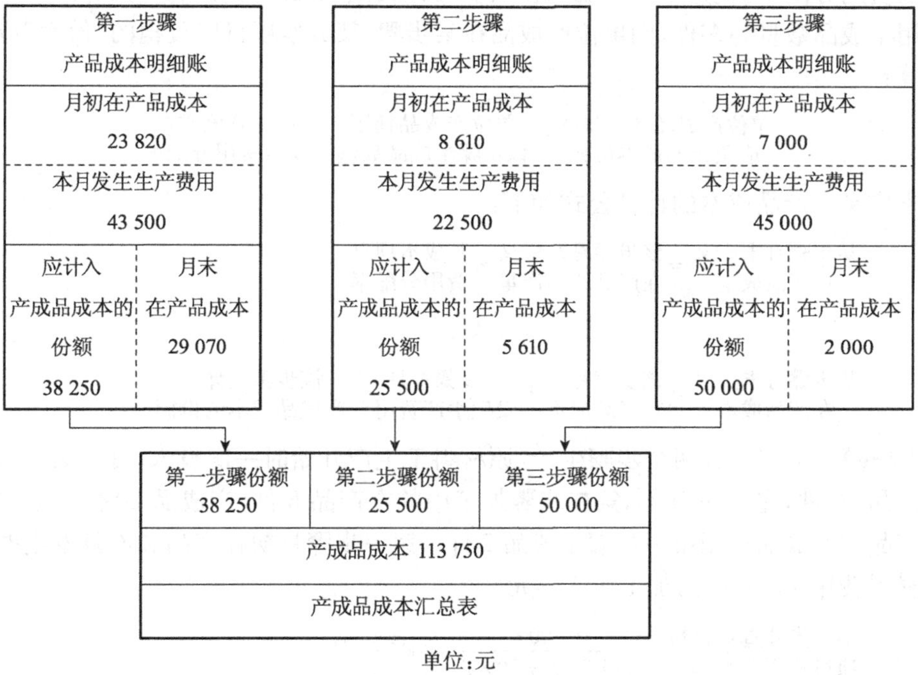

图 7-5　平行结转分步法成本计算程序示意图

从图 7-5 可以看出，平行结转分步法的成本计算程序如下：

（1）按产品和生产步骤设置产品成本明细账，各步骤成本明细账分别按成本项目归集本步骤发生的生产费用（但不包括耗用上一步骤半成品的成本）。

（2）月末将各步骤归集的生产费用在产成品与广义在产品之间进行分配，计算各步骤费用中应计入产成品成本的份额。

（3）将各步骤费用中应计入产成品成本的份额按成本项目平行结转，汇总计算产成品的总成本及单位成本。

综上所述，正确确定各步骤生产费用中应计入产成品成本的份额，即将每一步骤的生产费用正确地在完工产成品和广义在产品之间进行分配，是采用这一方法时正确计算产成品成本的关键所在。

各步骤计入产成品成本份额的计算公式如下：

$$\text{某步骤应计入产成品成本的份额}=\text{产成品产量}\times\text{单位产成品耗用该步骤半成品数量}\times\text{该步骤费用分配率}$$

式中，费用分配率是采用约当产量法、定额比例法或在产品按定额成本等方法分配求得的。在分配时，应按成本项目分别计算确定。

1. 在约当产量法下的计算公式

$$\text{某步骤某成本项目费用分配率}=\frac{\text{该步骤该成本项目月初在产品成本}+\text{该步骤该成本项目本月发生生产费用}}{\text{该步骤月末广义在产品约当产量}+\text{产成品数量}\times\text{单位产成品耗用该步骤半成品数量}}$$

从上式可以看出，当一件产成品耗用某一生产步骤的自制半成品数量为一件时，该公式计算出的费用分配率，就是单位产成品在该步骤、该成本项目应负担的“份额”。如果一件产成品耗用半成品数量为多件，则单位产成品在某步骤、某成本项目应负担的“份额”应按下列公式计算：

$$\text{单位产成品在某步骤应负担的成本份额}=\text{单位产成品耗用该步骤半成品数量}\times\text{该步骤该成本项目费用分配率}$$

月末广义在产品成本的计算公式如下：

$$\text{某步骤月末广义在产品成本}=\text{该步骤月末广义在产品约当产量}\times\text{某成本项目费用分配率}$$

或

$$\text{某步骤月末广义在产品成本}=\text{该步骤月初在产品成本}+\text{该步骤本月发生生产费用}-\text{该步骤应计入产成品成本的份额}$$

【例 7-6】 某产品分两个步骤生产，原材料于生产开始时一次投入，月末第一步骤加工中的在产品 20 件，完工率 50%，第二步骤加工中的在产品 5 件，产成品 20 件。第二步骤中单位在产品和产成品耗用第一步骤半成品 2 件。第一步骤月初在产品和本月发生费用合计数中原材料费用 14 000 元，加工费 900 元。

$$\text{第一步骤直接材料项目费用分配率}=\frac{14\ 000}{20+5\times2+20\times2}=200(\text{元/件})$$

$$\text{第一步骤应计入产成品成本的直接材料费用}=20\times2\times200=8\ 000(\text{元})$$

$$\text{第一步骤月末在产品成本中的直接材料费用}=(20+5\times2)\times200=6\ 000(\text{元})$$

或

$$=14\ 000-8\ 000=6\ 000(\text{元})$$

$$\text{第一步骤加工费费用分配率}=\frac{900}{20\times50\%+5\times2+20\times2}=15(\text{元/件})$$

$$\text{第一步骤应计入产成品成本的加工费}=20\times2\times15=600(\text{元})$$

$$\text{第一步骤月末在产品成本中的加工费}=900-600=300(\text{元})$$

2. 在定额比例法下的计算公式

$$\text{某步骤某成本项目费用分配率}=\frac{\text{该步骤该成本项目月初在产品成本}+\text{该步骤该成本项目本月发生生产费用}}{\text{该步骤完工半成品定额消耗量(费用)}+\text{该步骤月末在产品定额消耗量(费用)}}$$

式中,完工半成品数量及完工半成品、月末在产品定额消耗量(费用)等计算方法与前述计算方法相同。

【例 7-7】 承[例 7-6],生产费用在完工产品与在产品之间采用定额比例法分配。直接材料费用按原材料定额消耗量比例分配;加工费用按定额工时比例分配。第一步骤单位半成品原材料定额消耗量为 50 千克,单位半成品定额工时为 30 小时,单位在产品定额工时为 15 小时。

$$\text{第一步骤直接材料项目费用分配率}=\frac{14\ 000}{(20+5\times2+20\times2)\times50}=4(\text{元/千克})$$

$$\text{完工产品分配的材料费用}=20\times2\times50\times4=8\ 000(\text{元})$$

$$\text{在产品分配的材料费用}=(20+5\times2)\times50\times4=6\ 000(\text{元})$$

$$\text{第一步骤每定额工时应负担加工费}=\frac{900}{20\times15+(20\times2+5\times2)\times30}=0.5(\text{元/小时})$$

$$\text{第一步骤应计入产成品成本的加工费}=20\times2\times30\times0.5=600(\text{元})$$

$$\text{第一步骤月末在产品成本中的加工费}=900-600=300(\text{元})$$

或

$$\text{第一步月末在产品定额工时}=20\times15+5\times2\times30=600(\text{小时})$$

$$\text{第一步骤月末在产品成本中的加工费}=600\times0.5=300(\text{元})$$

(二) 平行结转分步法运用举例

【例 7-8】 某厂设有三个基本生产车间,大量生产甲产品。第一车间完工的甲 A 半成品直接转移到第二车间继续加工,第二车间完工的甲 B 半成品直接转移到第三车间继续加工成甲产品。每件甲产品需耗用一件甲 A 半成品和甲 B 半成品。原材料在生产开始时一次投入,各加工步骤狭义在产品的完工程度均为 50%。该厂需要分车间控制费用,但两种自制半成品全部用于甲产品的生产,不对外销售,为了简化核算,不要求计算半成品成本,成本核算采用平行结转分步法。

该厂 2×15 年 11 月份有关产量和生产费用的资料如表 7-44 和表 7-45 所示。

表 7-44　产品产量记录　　单位:件

摘　　要	第一车间	第二车间	第三车间	产成品
月初在产品	50	20	70	—
本月投入或上步转入	300	250	200	—
本月完工	250	200	250	250
月末在产品	100	70	20	—

表 7-45　生产费用资料表　　　　单位:元

摘　　要	车间	直接材料	直接人工	制造费用	合　　计
月初(广义)在产品成本	第一车间	13 392	2 701.6	4 666.4	20 760
	第二车间	—	4 132.8	4 477.2	8 610
	第三车间	—	3 850	3 150	7 000
本月发生生产费用	第一车间	27 000	6 050	10 450	43 500
	第二车间	—	10 800	11 700	22 500
	第三车间	—	24 750	20 250	45 000

说明:① 月初在产品成本根据上月各车间产品成本计算单资料所得。
② 本月发生费用根据本月各种费用分配表所得。

产品成本计算过程如下:

(1) 计算第一车间应计入最终产成品成本中的份额如表 7-46 所示。

表 7-46　第一车间产品成本计算单

产品名称:甲产品　　　　2×15 年 11 月　　　　完工量:250 件
金额单位:元

摘　要	直接材料	直接人工	制造费用	合　计
月初(广义)在产品成本	13 392	2 701.6	4 666.40	20 760
本月发生生产费用	27 000	6 050	10 450	43 500
合　　计	40 392	8 751.60	15 116.40	64 260
最终产成品数量(件)	250	250	250	—
月末广义在产品约当产量(件)	190	140	140	—
合　　计	440	390	390	—
单位产成品成本份额(元/件)	91.80	22.44	38.76	153
250 件产成品成本份额	22 950	5 610	9 690	38 250
月末(广义)在产品成本	17 442	3 141.60	5 426.40	26 010

第一车间的广义在产品数量包括第一车间狭义在产品 100 件(其投料程度为 100%,完工程度为 50%)、第二车间狭义在产品 70 件和第三车间狭义在产品 20 件,所以各成本项目的广义在产品约当产量如下:

"直接材料"项目=100+70+20=190(件)
"直接人工"和"制造费用"项目=100×50%+70+20=140(件)

作为费用分配标准的生产总量如下:

"直接材料"项目=190+250=440(件)
"直接人工"和"制造费用"项目=140+250=390(件)

费用分配率即单位产成品成本份额如下:

$$“直接材料”项目=\frac{40\ 392}{440}=91.80(元/件)$$

$$“直接人工”项目=\frac{8\ 751.6}{390}=22.44(元/件)$$

$$“制造费用”项目=\frac{15\ 116.4}{390}=38.76(元/件)$$

最终产成品应负担的份额如下：

“直接材料”项目=250×91.8=22 950(元)
“直接人工”项目=250×22.44=5 610(元)
“制造费用”项目=250×38.76=9 690(元)

月末在产品成本如下：

“直接材料”项目=190×91.8=17 442(元)
或　　=40 392−22 950=17 442(元)
“直接人工”项目=140×22.44=3 141.60(元)
“制造费用”项目=140×38.76=5 426.40(元)

(2) 计算第二车间应计入最终产成品成本中的份额如表7-47所示。

表7-47　第二车间产品成本计算单

产品名称:甲产品　　2×15年11月　　完工量:250件　金额单位:元

摘　　要	直接人工	制造费用	合　计
月初(广义)在产品成本	4 132.8	4 477.2	8 610
本月发生生产费用	10 800	11 700	22 500
合　　计	14 932.8	16 177.2	31 110
最终产成品数量(件)	250	250	—
月末(广义)在产品约当产量(件)	55	55	—
合　　计	305	305	—
单位产成品成本份额(元/件)	48.96	53.04	102
250件产成品成本份额	12 240	13 260	25 500
月末(广义)在产品成本	2 692.8	2 917.2	5 610

第二车间的广义在产品数量包括第二车间狭义在产品70件(其完工程度为50%)和第三车间狭义在产品20件,所以各成本项目的广义在产品约当产量计算如下：

“直接人工”和“制造费用”项目=70×50%+20=55(件)

作为费用分配标准的生产总量如下：

“直接人工”和“制造费用”项目=55+250=305(件)

费用分配率即单位产成品成本份额如下：

$$“直接人工”项目=\frac{14\ 932.80}{305}=48.96(元/件)$$

$$“制造费用”项目=\frac{16\ 177.20}{305}=53.04(元/件)$$

最终产成品应负担的份额如下：

“直接人工”项目＝250×48.96＝12 240(元)
“制造费用”项目＝250×53.04＝13 260(元)

月末在产品成本如下：

“直接人工”项目＝55×48.96＝2 692.80(元)
或 ＝14 932.80－12 240＝2 692.80(元)
“制造费用”项目＝55×53.04＝2 917.20(元)

(3) 计算第三车间应计入最终产成品成本中的份额。

表 7-48　第三车间产品成本计算单

产品名称：甲产品　　2×15 年 11 月　　完工量：250 件　金额单位：元

摘　　要	直接人工	制造费用	合　计
月初(广义)在产品成本	3 850	3 150	7 000
本月发生生产费用	24 750	20 250	45 000
合计	28 600	23 400	52 000
最终产成品数量(件)	250	250	—
月末广义在产品约当产量(件)	10	10	—
合计	260	260	—
单位产成品成本份额(元/件)	110	90	200
250 件产成品成本份额	27 500	22 500	50 000
月末(广义)在产品成本	1 100	900	2 000

第三车间是最后一个生产步骤，其广义在产品数量就是狭义在产品 20 件(其完工程度为 50%)，所以各成本项目的广义在产品约当产量计算如下：

“直接人工”和“制造费用”项目＝20×50%＝10(件)

作为费用分配标准的生产总量如下：

“直接人工”和“制造费用”项目＝10＋250＝260(件)

费用分配率即单位产成品成本份额如下：

$$“直接人工”项目=\frac{28\ 600}{260}=110(元/件)$$

$$“制造费用”项目=\frac{23\ 400}{260}=90(元/件)$$

最终产成品应负担的份额如下：

“直接人工”项目＝250×110＝27 500(元)
“制造费用”项目＝250×90＝22 500(元)

月末在产品成本如下：

“直接人工”项目＝10×110＝1 100(元)
或　　　＝28 600－27 500＝1 100(元)
“制造费用”项目＝10×90＝900(元)

(4) 汇总计算产成品总成本和单位成本。

采用平行结转分步法，将各生产步骤(本例为三个车间)应计入最终完工产成品成本的份额相加汇总，就可以求得产成品总成本；产成品总成本除以产成品数量，可计算出产成品单位成本。本例根据各车间产品成本计算单上的计算结果，编制产品成本汇总计算表(见表7-49)。

表 7-49　产品成本汇总计算表

产品名称：甲产品　　2×14 年 11 月　　产量：250 件　金额单位：元

项　目	直接材料	直接人工	制造费用	合　计
第一车间	22 950	5 610	9 690	38 250
第二车间		12 240	13 260	25 500
第三车间		27 500	22 500	50 000
总成本	22 950	45 350	45 450	113 750
单位成本(元/件)	91.8	181.4	181.8	455

根据产品成本汇总计算表，编制结转完工入库甲产品成本的会计分录如下：

借：库存商品——甲产品　　113 750
　贷：生产成本——基本生产成本——第一车间　　38 250
　　　　　　　　　　　　——第二车间　　25 500
　　　　　　　　　　　　——第三车间　　50 000

四、逐步结转分步法与平行结转分步法的区别

逐步结转分步法与平行结转分步法虽都属于分步法，但两者之间仍有许多不同之处，主要表现在以下几方面。

1. *成本管理要求不同*

逐步结转分步法是能计算半成品成本的分步法，平行结转分步法是不能计算半成品成本的分步法。

要不要计算半成品成本，取决于成本管理的要求。因此，这两类分步法的首要区别体现

在它们适应了不同的成本管理要求。

当企业半成品可以加工为不同产品，或者有自制半成品对外销售，或者需要进行半成品成本控制和同行业半成品比较时，在成本管理要求上必然要求计算半成品成本。

采用逐步结转分步法，可以为分析和考核各步骤半成品成本计划的执行情况，以及为正确计算自制半成品的销售成本提供资料。

当企业半成品种类较多，且不对外销售时，在成本管理上可以不要求计算半成品成本。这样，采用平行结转分步法，各生产步骤可以同时计算应计入产成品成本的份额，而不需要计算和结转半成品成本，由此简化和加速了成本核算工作。

2. 产成品成本计算方法不同

采用逐步结转分步法，各步骤所耗用的上一步骤半成品的成本，要随着半成品实物的转移，从上一步骤的产品成本明细账转入下一步骤相同产品的产品成本明细账中，以便逐步计算各步骤的半成品成本和最后步骤的产成品成本。在计算成本时按产品的生产过程逐步计算并结转半成品成本，在最后步骤计算出完工产成品成本。

平行结转分步法，成本的结转与实物的转移是脱节的，当半成品转入下一步骤加工时，其成本并不转入下一步骤。各步骤不计算半成品成本，也不结转所耗半成品成本，只计算本步骤所发生的各项生产费用以及这些费用中应计入产成品成本的“份额”，然后，将各步骤应计入同一产成品成本的份额平行结转、汇总，即可计算出该种产品的产成品成本。

3. 完工产品和在产品的概念不同

逐步结转分步法下的完工产品不仅包括最后步骤完工的产成品，而且还包括各步骤完工的半成品，其在产品是狭义的在产品。平行结转分步法下的完工产品是指最后步骤完工的产成品，其在产品是广义的在产品。

【关键术语】

成本计算对象　大量大批单步骤生产　大量大批多步骤生产　单件小批生产　品种法　分批法　简化的分批法　分步法　逐步结转分步法　综合结转　分项结转　成本还原　平行结转分步法　广义在产品

【问题思考】

1. 简述生产特点对成本计算对象的影响。
2. 产品成本计算有哪些基本方法？简述各自的使用范围。
3. 什么是产品成本计算的品种法？品种法的特点是什么？
4. 品种法的适用范围是什么？
5. 简述品种法的成本计算程序。
6. 简述分批法的适用范围。
7. 简述一般分批法的特点。
8. 简述简化分批法的特点。
9. 什么是分步法？其有何特点？
10. 分步法有哪些具体种类？其区分的关键是什么？

11. 逐步结转分步法和平行结转分步法的适用范围分别是什么？
12. 简述逐步结转分步法和平行结转分步法的成本计算程序。
13. 比较说明逐步结转分步法下综合结转和分项结转的主要区别。
14. 比较说明逐步结转分步法与平行结转分步法的主要区别。
15. 分别说明两类三种分步法的优缺点。

本章练习

姓名______
学号______
分数______

扫二维码获得更多本章习题及案例

业务实训

业务实训一

目的：练习产品计算的品种法。

资料：某企业设有一基本生产车间，大量生产甲、乙两种产品，根据该厂生产的特点和管理要求，成本计算采用品种法。该厂还设有一个辅助生产车间（机修车间）。生产甲、乙产品共同耗用的原材料按定额消耗量比例进行分配；生产工人工资及福利费和制造费用均按实际工时比例分配；辅助生产费用按直接分配法分配。2×15 年 11 月，该企业有关资料如下所示。

（1）甲产品月初在产品成本资料：直接材料 5 900 元，直接人工 3 000 元，制造费用 800 元。

（2）乙产品月初在产品成本资料：直接材料 700 元，直接人工 450 元，制造费用 130 元。

（3）根据本月领料凭证汇总表，本月生产甲、乙产品领用原材料 390 000 元，（甲产品原材料定额消耗量为 4 000 千克，乙产品原材料定额消耗量为 2 500 千克）；车间一般消耗领用 2 950 元；机修车间领用 1 580 元；行政管理部门领用 600 元。

（4）根据本月工资结算汇总表，本月应付基本生产车间生产工人工资 36 000 元，管理人员工资 20 000 元，生产甲产品的实际工时为 24 000 小时，生产乙产品的实际工时为 16 000 小时；应付机修车间人员工资 15 600 元；应付行政管理人员工资 18 700 元。其他薪酬根据工资总额的 40%提取。

（5）甲、乙产品均系一次投料逐步加工，完工产品和月末在产品的费用，采用约当产量法分配。本月完工甲产品 1 250 件，月末在产品 250 件（完工程度 60%）；完工乙产品 1 000 件，月末无在产品。

（6）机修车间为全厂提供修理工时 4 000 小时，其中：基本生产车间 2 800 小时，行政管理部门 1 200 小时。

要求：（1）编制原材料、人工、辅助生产费用和制造费用分配表与相应的会计分录。

（2）编制甲、乙两种产品成本计算单，计算产品成本。

（3）编制完工产品入库的会计分录。

业务实训二

目的：练习产品成本计算的品种法。

资料：某工厂设有两个基本生产车间。第一基本生产车间生产甲、乙两种产品，第二基本生产车间生产丙产品。采用品种法计算产品成本。制造费用按生产工时比例分配计入产品成本。月末按定额成本计价法确定月末在产品成本，已列入产品成本计算单，有关成本计算资料和明细账如表 7-50 至表 7-57 所示。

表 7-50　耗用材料分配表

单位:元

分配对象	成本或费用项目	金　额
甲产品	直接材料	760 000
乙产品	直接材料	430 000
丙产品	直接材料	240 000
第一车间	机物料消耗	34 000
第一车间	机物料消耗	26 000
第二车间	机物料消耗	14 000
合　计		1 504 000

表 7-51　职工薪酬计算分配表

单位:元

分配对象	成本或费用项目	工　资	其他薪酬	合　计
甲产品	直接人工	60 000	8 400	68 400
乙产品	直接人工	44 000	6 160	50 160
丙产品	直接人工	16 000	2 240	18 240
第一车间	职工薪酬	8 000	1 120	9 120
第二车间	职工薪酬	4 500	630	5 130
合　计		132 500	18 550	151 050

表 7-52　工 时 记 录

单位:小时

车　间	产　品	工　时
第一车间	甲产品	75 000
第一车间	乙产品	55 000
第二车间	丙产品	20 000

表 7-53　固定资产折旧计算表

单位:元

车　间	提取数
第一车间	3 880
第二车间	2 800
合　计	6 680

表 7-54　其他间接费用汇总表

单位：元

车　　间	提取数
第一车间	18 000
第二车间	13 000
合　　计	31 000

表 7-55　　甲产品成本计算单

完工产量：6 000 台
金额单位：元

摘　　要	直接材料	直接人工	制造费用	合　计
月初在产品成本	73 400	5 560	6 440	85 400
本月发生生产费用				
本月合计				
完工产品总成本				
单位成本				
月末在产品成本	59 400	4 240	3 860	67 500

表 7-56　乙产品成本计算单

完工产量：4 500 台
金额单位：元

摘　　要	直接材料	直接人工	制造费用	合　计
月初在产品成本	38 700	4 514	3 466	46 680
本月发生生产费用				
本月合计				
完工产品总成本				
单位成本				
月末在产品成本	36 700	3 464	3 176	43 340

表 7-57　丙产品成本计算单

完工产量：1 200 台
金额单位：元

摘　　要	直接材料	直接人工	制造费用	合　计
月初在产品成本	21 600	1 640	3 140	26 380
本月发生生产费用				
本月合计				

（续表）

摘　　要	直接材料	直接人工	制造费用	合　计
完工产品总成本				
单位成本				
月末在产品成本	3 400	2 840	3 270	44 510

要求：(1) 根据有关资料归集、分配费用，计算产品成本。

(2) 根据有关业务资料编制归集分配费用、结转产品成本的会计分录。

业务实训三

目的：练习产品成本计算的分批法。

资料：某公司生产甲、乙、丙三种产品，生产组织属于小批生产企业，采用分批法计算成本。该公司 2×15 年 6 月份投产批次及生产情况如下所示。

1. 6 月份生产批次及完工情况如表 7-58 所示。

表 7-58　产品生产情况表

产品批号	产品名称	投产情况	本月完工数量	月末在产品
0516	甲产品	5 月 28 日投产 10 件	10 件	
0601	丙产品	6 月 8 日投产 20 件	12 件	8 件
0612	乙产品	6 月 20 日投产 10 件		10 件

2. 月初在产品成本如表 7-59 所示。

表 7-59　在产品资料

单位：元

产品批号	产品名称	成本项目			合　计
		直接材料	直接人工	制造费用	
0516	甲产品	6 000	800	1 440	8 240

3. 本月份各批号产品发生的生产费用资料如表 7-60 所示。

表 7-60　产品生产费用资料

单位：元

批号	产品名称	原材料	直接人工	制造费用	合　计
0516	甲产品	—	2 200	3 060	5 260
0601	丙产品	16 800	2 750	4 100	23 650
0612	乙产品	12 300	1 140	1 560	15 000

4. 各批号生产费用在完工产品与在产品之间的分配方法。

0601 批号丙产品完工产品按计划成本结转。每台产品计划单位成本为 1 400 元，其中：原材料 800 元，其他薪酬 160 元，制造费用 280 元。

0612批号乙产品由于全部未完工,本月生产费用全部是在产品成本。

要求:根据上述资料,采用分批法设置与登记基本生产成本明细账,计算各批产品的完工产品成本和月末在产品成本并填入表7-61至表7-63中。

表7-61　产品成本计算单

产品批号及名称:　　　　　　　　　　投产日期:
产品批量:　　　　　　　　　　　　　完工日期:

年		摘　要	直接材料	直接人工	制造费用	合　计
月	日					

表7-62　产品成本计算单

产品批号及名称:　　　　　　　　　　投产日期:
产品批量:　　　　　　　　　　　　　完工日期:

年		摘　要	直接材料	直接人工	制造费用	合　计
月	日					

表7-63　产品成本计算单

产品批号及名称:　　　　　　　　　　投产日期:
产品批量:　　　　　　　　　　　　　完工日期:

年		摘　要	直接材料	直接人工	制造费用	合　计
月	日					

（续表）

年		摘　要	直接材料	直接人工	制造费用	合　　计
月	日					

业务实训四

目的：练习产品成本计算的简化分批法。

资料：某企业成批生产多种产品，为简化核算，采用简化的分批法进行成本计算。2×15年9月份有关成本计算资料如下所示。

1. 生产情况见表7-64。

表7-64　产品生产情况表

单位：台

产品批次及名称	批　量	累计工时	投产日期	完工日期
0720甲	5	9 020	8月6日	9月20日全部完工
0721乙	10	21 500	8月24日	9月30日完工6台
0722丙	5	8 300	9月5日	全部尚未完工
0723丁	6	8 220	9月22日	全部尚未完工

2. 各批号9月月末累计原材料费用（原材料在生产开始时一次投入）。

0720号：原材料费用18 000元。

0721号：原材料费用24 000元。

0722号：原材料费用15 800元。

0723号：原材料费用11 080元。

3. 本月发生的生产费用。

9月月末，该厂全部产品累计原材料费用68 880元，工时47 040小时（其中0720批号甲产品月初工时为4 500小时；0721批号乙产品月初工时为3 600小时），职工薪酬18 816元，制造费用28 224元。

4. 9月月末，完工产品工时23 020元，其中乙产品14 000小时。

要求：(1) 开设基本生产成本二级明细账（见表7-65）和按产品批次设置的产品成本计算单（见表7-66至表7-69）并登记期初在产品成本。

(2) 登记本月发生的生产费用，并用累计间接费用分配法在完工产品和在产品之间进行分配。

5. 9月月初全部在产品的材料费42 000元，人工费6 816元，制造费用9 224元，本月发生的材料费26 880元，其中0722号产品材料费15 800元；0723号产品材料费11 080元。

本月发生的人工费 12 000 元，制造费用 19 000 元。

表 7-65　基本生产成本二级明细账

2×15 年 9 月　　　　单位：元

摘　　要	直接材料	工　时	直接人工	制造费用	合　计
月初在产品					
本月发生					
本月累计					
累计间接计入费用分配率					
本月转出完工产品成本					
月末在产品					

表 7-66　产品成本计算单

产品批号及名称：0720　　　　投产日期：
产品批量：　　　　完工日期：

年		摘　　要	直接材料	工　时	直接人工	制造费用	合　计
月	日						
8	31	月末在产品成本					
9	30	本月发生					
		本月累计					
		累计间接费用分配表					
		本月转完工产品成本					
		完工产品单位成本					

表 7-67　产品成本计算单

产品批号及名称：0721　　　　投产日期：
产品批量：　　　　完工日期：

年		摘　　要	直接材料	工　时	直接人工	制造费用	合　计
月	日						
8	31	月末在产品成本					
9	30	本月发生					
		本月累计					
		累计间接费用分配表					
		本月转完工产品成本					
		完工产品单位成本					

表 7-68　产品成本计算单

产品批号及名称:0722　　　　投产日期:
产品批量:　　　　完工日期:

年		摘　要	直接材料	工　时	直接人工	制造费用	合　计
月	日						
9	30	本月发生					
		本月累计					

表 7-69　产品成本计算单

产品批号及名称:0723　　　　投产日期:
产品批量:　　　　完工日期

年		摘　要	直接材料	工　时	直接人工	制造费用	合　计
月	日						
9	30	本月发生					
		本月累计					

业务实训五

目的:练习产品成本计算的综合结转分步法。

资料:某厂设有三个基本生产车间,大量生产甲产品。第一车间完工的甲A半成品直接转移到第二车间继续加工,第二车间完工的甲B半成品直接转移到第三车间继续加工成甲产品。原材料在生产开始时一次投入,各加工步骤狭义在产品的加工程度均为50%。

该厂2×15年11月份有关成品产量和生产费用的资料如表7-70和表7-71所示。

表 7-70　产品产量记录

单位:件

摘　要	第一车间	第二车间	第三车间	产成品
月初在产品	50	20	70	—
本月投入或上步转入	300	250	200	—
本月完工	250	200	250	250
月末在产品	100	70	20	—

表 7-71　生产费用资料表

单位:元

摘　要	车间类别	直接材料	自制半成品	直接人工	制造费用	合　计
月初在产品成本	第一车间	4 500	—	550	950	6 000
	第二车间	—	3 000	480	520	4 000
	第三车间	—	17 500	3 850	3 150	24 500

（续表）

摘　要	车间类别	直接材料	自制半成品	直接人工	制造费用	合　计
本月发生生产费用	第一车间	27 000	—	6 050	10 450	43 500
	第二车间	—	—	10 800	11 700	22 500
	第三车间	—	—	24 750	20 250	45 000

说明：(1) 月初在产品成本根据上月各车间产品成本计算单资料所得。
(2) 本月发生生产费用根据本月各种费用分配表所得。

要求：(1) 采用综合结转分步法核算产品成本，并进行成本还原。

(2) 采用分项结转分步法核算产品成本。第二车间月初自制半成品成本3 000元包括从上步转入的直接材料 1 800 元，直接人工 440 元，制造费用 760 元；第三车间月初自制半成品成本 17 500 元包括从上步转入的直接材料 6 300 元，直接人工 4 900 元，制造费用 6 300 元。

业务实训六

目的：练习产品成本计算的分项结转分步法。

资料：某厂大量大批生产 B 产品，分两个步骤由两个车间进行加工，第一步骤生产 A 半成品，通过半成品库收发；第二步骤将 A 半成品加工成 B 产品。2×15 年 11 月份有关资料如下所示。

(1) 第一步骤在产品按定额成本计算，本月完工入库 A 半成品 250 件，有关成本核算资料如表 7-72 所示。

表 7-72　第一步骤产品成本计算单

单位：元

项　目	直接材料	直接人工	制造费用	合　计
月初在产品定额成本	1 650	650	2 025	4 325
本月发生生产费用	6 500	4 100	7 625	18 225
月末在产品定额成本	1 400	750	1 900	4 050

(2) A 半成品库月初库存为 250 件，其实际总成本为 18 400 元，第二步骤从半成品库领用半成品 240 件，A 半成品发出采用全月一次加权平均法计价。

(3) 第二步骤本月完工入库的 B 产品 270 件，月末在产品 30 件，其完工程度为 40%；费用按约当产量比例法在完工产品与在产品之间分配。月初在产品成本、本月发生生产费用(不包括所耗 A 半成品成本)如表 7-73 所示。

表 7-73　第二步骤产品成本计算单

单位：元

项　目	自制半成品	直接人工	制造费用	合　计
月初在产品成本	4 380	800	640	5 820
本月发生生产费用		6 250	5 000	11 250

要求：(1) 采用综合结转分步法核算产品成本，具体包括计算 A 半成品和 B 产品的成本，

并编制有关A半成品完工入库、领用的会计分录以及结转完工入库B产品成本的会计分录。

(2) 假设企业本月对外销售100件A半成品(属其他业务),单位售价120元,试进行相关的账务处理。

业务实训七

目的:练习产品成本计算的平行结转分步法。

资料:某工业企业第一步骤生产甲半成品,第二步骤将甲半成品继续加工成乙半成品,第三步骤将乙半成品装配成丙产品。后步骤单位产成品(或半成品)耗用的前一步骤半成品数量为一件。

(1) 第一步骤的材料在甲半成品生产开始时一次投入;第二步骤的材料随乙半成品的加工进度逐步投入。各步骤月末在产品完工程度均为50%。完工产品与在产品之间的费用分配采用约当产量比例法。

(2) 2×15年4月各步骤生产产量记录如表7-74所示。

表7-74　生产产量记录表

单位:件

项　　目	第一步骤	第二步骤	第三步骤
月初在产品	40	120	200
本月投入	800	720	760
本月完工转出	720	760	800
月末在产品	120	80	160

(3) 各步骤月初在产品成本如表7-75所示。

表7-75　各步骤月初在产品成本

单位:元

项　　目	直接材料	直接人工	制造费用	合　　计
第一步骤	4 700	760	690	6 150
第二步骤	2 100	550	390	3 040
第三步骤		100	160	260

(4) 各步骤本月发生生产费用如表7-76所示。

表7-76　各步骤本月生产费用

单位:元

项　　目	直接材料	直接人工	制造费用	合　　计
第一步骤	14 730	3 321	2 478	20 529
第二步骤	6 400	1 550	1 110	9 060
第三步骤		912	1 248	2 160

要求:采用平行结转分步法核算产品成本。

第八章 产品成本计算的辅助方法

章前导引

教学目标

本章主要介绍了分类法、定额法和标准成本法的内容。通过学习，能够掌握分类法和定额法的适用范围，计算程序，特点和优缺点；掌握标准成本的制定，成本差异的计算和分析及成本差异的会计处理，从而具备应用分类法、定额法和标准成本法的实务操作能力。

第一节 产品成本计算的分类法

一、分类法含义和适用范围

产品成本计算的分类法是按产品的类别归集生产费用，计算出各类产品实际成本，再按一定标准分配计算类内各种产品成本的一种成本计算方法。

分类法适用于产品品种、规格繁多，并且可以按照一定标准给予分类的生产企业。如服装企业各种不同规格的服装生产，灯泡厂生产的各种类别和瓦数的灯泡，食品厂生产的各种饼干和面包，电子行业不同类别和规格的电子元件生产，等等。分类法与企业生产类型没有直接联系，只要企业的产品可以按照性质、用途、生产过程和原材料消耗等方面的特点划分为一定类别，包括同类产品、联产品、副产品和等级品等，就可以用分类法进行成本计算。

同类产品指产品的结构、性质以及使用的原材料、生产工艺过程等大体相同，规格和型号不一的产品。

等级品指由于内部结构、所耗原材料质量或工艺技术等客观因素发生变化而造成的不同等级的产品。这些产品应是同一品种不同规格的产品，可以归为一类计算成本。但人工造成的等级品不能采用分类法计算成本。

二、分类法的特点和成本计算程序

（一）分类法的特点

分类法是以产品的类别作为成本计算对象，按照产品的类别设立产品成本明细账，归集生产费用，计算各类产品成本。在计算各类产品成本时，要运用品种法、分批法或分步法等基本方法。成本计算期的确定、生产费用在本月完工和月末在产品之间的分配等,要取决于其采用的基本方法。然后选择合理的分配标准,在每类产品的各种产品之间分配费用,计算每类产品内各种产品的成本。

(二) 分类法成本计算程序

首先,将产品划分为不同的类别,以产品类别作为成本计算对象,设置产品成本明细账,归集生产费用,计算出各类完工产品总成本。

其次,选择合理的分配标准,将各类完工产品总成本在类别内部的各种产品之间进行分配,计算出各种产品的总成本和单位成本。

类内产品成本的分配方法常用的有定额比例法和系数法。

1. 定额比例法

$$\text{类内产品(各成本项目)费用分配率}=\frac{\text{该类完工产品某项费用总额}}{\text{该类内各种产品定额费用(定额消耗量或定额工时)之和}}$$

$$\text{类内某种产品(各成本项目)费用分配额}=\text{类内该种产品定额费用(定额消耗量或定额工时)}\times\text{某类内产品费用分配率}$$

2. 系数法

系数法是将分配标准折算成相对固定的系数,按照系数在类内各种产品之间分配费用,计算产品成本。(简化的分类法)

确定系数时,一般是在同类产品中选择一种产量较大、生产较稳定或规格适中的产品为标准产品。将单位标准产品的分配标准数量的系数定为1,再将类内其他各产品的分配标准数量与标准产品的分配标准数量相比,其比率即为类内其他各产品系数。

系数法的计算公式:

(1) 将各种产品的实际产量按系数折算为标准产品产量。

$$\text{某产品总系数(标准产量)}=\text{该产品实际产量}\times\text{该产品系数}$$

(2) 计算费用分配率。

$$\text{某类产品某项费用分配率}=\frac{\text{该类完工产品该项费用总额}}{\text{该类内各种产品总系数之和}}$$

(3) 计算类内各种产品成本。

$$\text{某种产品应负担的某项费用}=\text{该种产品总系数}\times\text{该类产品该项费用分配率}$$

【例 8-1】 某企业生产的产品品种、规格繁多,其中 A、B、C 三种产品经过的生产工艺过程、使用的原材料都相同,只是规格不同,所以可以划分为一类(甲类)进行产品生产和成本计算。该类产品的直接材料费用项目按照各种产品的原材料系数进行分配,原材料系数按直接材料定额成本确定,直接人工等其他费用项目均按各种产品的定额工时比例分配。甲类产品中 B 产品为标准产品。该类产品的消耗定额比较准确、稳定,每个月末在产品数量变动不大,在产品按定额成本计价。该企业 2×15 年 5 月份完工产品产量:A 产品 200 件、B 产品 180 件、C 产品 400 件。

已知有关产品定额和成本资料等如表 8-1 和表 8-2 所示,各种产品成本计算如下。

表 8-1　单位产品直接材料消耗定额、计划单价和工时定额表

产品类别	产品品种	直接材料名称或编号	消耗定额（千克）	计划单价（元）	工时定额（小时）
甲类	A产品	101	1	1	6
		201	1.5	1.2	
		301	0.4	2	
	B产品	101	0.8	1	4
		201	1	1.2	
		301	0.6	2	
	C产品	101	0.84	1	4.4
		201	0.8	1.2	
		301	0.5	2	

表 8-2　甲类产品成本计算单　　单位:元

项　　目	直接材料	直接人工	制造费用	合　　计
月初在产品成本(定额成本)	8 200	1 200	1 600	11 000
本月发生费用	21 600	3 600	4 500	29 700
月末在产品成本(定额成本)	4 130	1 120	1 500	6 750

(1) 计算甲类产品完工产品成本如表 8-3 所示。

表 8-3　甲类产品成本计算单　　单位:元

项　　目	直接材料	直接人工	制造费用	合　　计
月初在产品成本(定额成本)	8 200	1 200	1 600	11 000
本月发生费用	21 600	3 600	4 500	29 700
生产费用合计	29 800	48 00	6 100	40 700
完工产品成本	25 670	3 680	4 600	33 950
月末在产品成本(定额成本)	4 130	1 120	1 500	6 750

(2) 计算系数如表 8-4 所示。

表 8-4　系 数 计 算 表

类别	产品品种	单位产品直接材料费用				直接材料费用系数
		原材料名称或编号	消耗定额（千克）	计划单价（元）	定额成本（元）	
甲类	A产品	101	1	1	1	$\frac{3.6}{3.2}=1.125$
		201	1.5	1.2	1.8	
		301	0.4	2	0.8	
		小　计			3.6	

（续表）

类别	产品品种	单位产品直接材料费用				直接材料费用系数
		原材料名称或编号	消耗定额（千克）	计划单价（元）	定额成本（元）	
甲类	B产品	101	0.8	1	0.8	1
		201	1	1.2	1.2	
		301	0.6	2	1.2	
		小　计			3.2	
	C产品	101	0.84	1	0.84	$\frac{2.8}{3.2}=0.875$
		201	0.8	1.2	0.96	
		301	0.5	2	1	
		小　计			2.8	

(3) 类内各种产品成本计算。

将甲类产品成本在类内各种产品之间进行分配，如表 8-5 所示。

$$直接材料分配率=\frac{完工产品直接材料费用总额}{各种产品直接材料总系数之和}=\frac{25\ 670}{755}=34(元/千克)$$

$$直接人工分配率=\frac{完工产品直接人工费用总额}{各种产品直接人工总系数之和}=\frac{3\ 680}{3\ 680}=1(元/千克)$$

$$制造费用分配率=\frac{完工产品制造费用总额}{各种产品制造费用总系数之和}=\frac{4\ 600}{3\ 680}=5(元/千克)$$

表 8-5　甲类各种产品成本计算表　　　　金额单位：元

项目	产量（件）	材料费用系数	材料费用总系数	单位定额工时	定额总工时	直接材料	直接人工	制造费用	合计
①	②	③	④＝②×③	⑤	⑥＝②×⑤	⑦＝④×分配率	⑧＝⑥×分配率	⑨＝⑥×分配率	⑩＝⑦＋⑧＋⑨
分配率						34	1	1.25	
A产品	200	1.125	225	6	1 200	7 650	1 200	1 500	10 350
B产品	180	1	180	4	720	6 120	720	900	7 740
C产品	400	0.875	350	4.4	1 760	11 900	1 760	2 200	15 860
合　计			755		3 680	25 670	3 680	4 600	33 950

三、分类法的优缺点及注意事项

(一) 分类法的优缺点

1. 优点

采用分类法核算，各种原始记录可以只按类别填列，按类别开设产品明细账，归集生产费用,可以简化成本核算工作,并且有助于分类掌握产品成本的情况,分类考核分析产品成本的水平。

2. 缺点

由于类内各种产品不管直接计入费用还是间接计入费用都是按一定标准分配计算出来的,因而计算结果带有一定假定性。

(二) 分类法注意事项

因为分配标准的选择是影响成本计算的关键。在选择时要选与成本水平高低有密切关系的标准分配费用,同时要根据实际情况的变化修订或变更标准。为保证核算的准确性,在分类时,类距不能定得过大,为简化核算,类距也不能过小,划分类别应以所耗原材料和工艺技术过程是否接近为标准。

四、联产品、副产品、等级品的成本计算

(一) 联产品成本的计算

联产品是指同一种原材料进行加工而同时生产出几种使用价值不同,但具有同等地位的主要产品。如炼油企业生产过程中原油提炼生产出来的汽油、煤油和柴油等。联产品耗用的原材料和生产工艺过程相同,只能归为一类计算成本。

联产品一般在生产过程终了时进行分离或者在生产过程中的某个步骤先分离出来,分离时的生产步骤称为"分离点"。分离点之前发生的成本不可能按照每种产品归集和分配,只能归为一类,按照分类法的计算原理计算其总成本,称为联合成本。

有些联产品经过联产过程可直接出售,将联合成本进行分摊即可算出各种联产品的成本。有些联产品分离后还需进一步加工,再加工成本成为可分成本或可归属成本,这种联产品的成本即为分摊的联合成本加上分离后的加工成本。

如果联产品中的半成品需要继续生产加工时,应按分离后的生产加工特点,采用品种法、分批法、分步法等方法计算分离后的联产品成本。可见,联产品成本计算的关键是联合成本的分配。联合成本分配可采用实际产量法或系数(标准产量)分配法。

【例 8-2】 某企业生产 A、B、C 三种联产品,该三种产品经同一生产过程加工后即可出售。本期完工联产品发生的联合成本合计为 175 000 元,各成本项目直接材料为 100 000 元,直接人工 50 000 元,制造费用 25 000 元,其中 A 产品、B 产品、C 产品产量分别为 3 000 千克,1 000 千克,1 000 千克,共计 5 000 千克。根据各种产品产量可进行联合成本分配,计算结果见表 8-6 所示。

联合成本分配率计算如下:

$$直接材料分配率=\frac{100\ 000}{5\ 000}=20(元/千克)$$

$$直接人工分配率=\frac{50\ 000}{5\ 000}=10(元/千克)$$

$$制造费用分配率=\frac{25\ 000}{5\ 000}=5(元/千克)$$

表 8-6 联合产品成本计算单　　金额单位:元

产品名称	实物量(千克)	直接材料		直接人工		制造费用		合计
		分配率(元/千克)	分配额	分配率(元/千克)	分配额	分配率(元/千克)	分配额	
A产品	3 000		60 000		30 000		15 000	105 000
B产品	1 000		20 000		10 000		5 000	35 000
C产品	1 000		20 000		10 000		5 000	35 000
合　计	5 000	20	100 000	10	50 000	5	25 000	175 000

【例 8-3】 某企业用同一种原材料,经过同一生产过程生产出 A、B、C 三种联产品。采用系数法分配联合成本,以 A 产品作为标准产品,以售价作为折算标准。B、C 产品分离后可直接出售,A 产品分离后还要继续加工再出售。产量售价和成本资料见表 8-7 和表 8-8。

表 8-7 联合产品产量、售价表

产品名称	产量(件)	单位售价(元)
A产品	500	50
B产品	400	25
C产品	150	100

表 8-8 分离前、后产品成本资料

单位:元

项　　目	直接材料	直接人工	制造费用	合计
ABC 联合成本	80 000	40 000	30 000	150 000
A 产品进一步加工费用	3 000	4 000	5 000	12 000

联产品成本计算:

(1) 计算联产品折算系数,将各产品实际产量折算为标准产量。计算结果如表 8-9 所示。

表 8-9 折算系数和联产品标准产量计算表

产品名称	产量(件)	售价(元)	折算系数	标准产量(件)
A产品	500	50	1	500
B产品	400	25	0.5	200
C产品	150	100	2	300
合　计	1 050			1 000

(2) 将联合成本在 A、B、C 产品之间分配,见联合成本分配表 8-10 所示。

表 8-10 联合成本分配表

金额单位:元

产品名称	标准产量(件)	直接材料		直接人工		制造费用		合计
		分配率(元/件)	分配额	分配率(元/件)	分配额	分配率(元/件)	分配额	
A产品	500		40 000		20 000		15 000	75 000
B产品	200		16 000		8 000		6 000	30 000
C产品	300		24 000		12 000		9 000	45 000
合　计	1 000	80	80 000	40	40 000	30	30 000	150 000

(3) 计算A产品成本,见表8-11为A产品成本汇总表。

表 8-11 A产品成本汇总表

单位:元

项　　目	分离前成本	分离后加工成本	总成本	单位成本
直接材料	40 000	3 000	43 000	86
直接人工	20 000	4 000	24 000	48
制造费用	15 000	5 000	20 000	40
合　　计	75 000	12 000	87 000	174

(二) 副产品的成本核算

1. 副产品计算的特点

副产品是指企业采用同样原材料,在同一生产过程中,除主要产品外附带生产出的一些非主要产品。如制皂厂生产中产生的甘油,洗煤厂生产中产生的煤泥等。

副产品属于次要产品,但也有经济价值。副产品有些可以直接出售,有些可经过进一步加工后出售。因此要正确计算副产品的成本。因为主副产品是同一生产过程中生产出来的,一般将主副产品归为一类,采用分类法核算。由于副产品价值较低,在产品成本中比重较小,往往采用简便方法计算副产品的成本。一般采用一定的方法计算出副产品的成本,然后将主副产品总成本扣除副产品成本以后的余额作为主产品的成本。

副产品成本的计价主要有两种方法:一是副产品成本按照售价减去销售税金和销售利润后的余额计价;二是按企业制定的副产品计划或定额成本计价。为了简化计算,通常从主副产品的总成本的直接材料项目中扣除副产品成本,以求得主产品的总成本。

2. 副产品成本的计算

与副产品的计价方法相适应,副产品的成本计算方法亦有两种。第一种方法是副产品成本按照售价减去销售税金和销售利润后的余额计价,第二种是按企业制定的副产品计划或定额成本计价。

1) 副产品成本按照售价减去销售税金和销售利润后的余额计价

按照售价减去销售税金和销售利润后的余额来计算副产品成本时,又可以划分副产品分离后可直接出售和分离后继续加工才能出售的副产品两种情形。

(1) 分离后可以直接出售的副产品。分离后可以直接出售的副产品是指副产品不需加工直接出售,可按照售价减去销售税金和销售利润后的余额计价,作为副产品成本从主副产品总成本中扣除。

【例 8-4】 天河工厂在生产甲产品(主要产品)时,同时附带生产 A 副产品。本月甲产品 1 000 千克全部完工,没有月末在产品。产品成本明细账归集生产费用合计 390 000 元,其中,直接材料 210 000 元,直接人工 100 000 元,制造费用80 000元。本月生产 A 副产品 100 千克,每千克售价 40 元,销售环节应交税费每千克 2 元,同类产品正常销售利润率为 10%。A 产品成本从直接材料项目中扣除。根据上述资料,A 产品和甲产品成本可以计算如下:

A 产品单位成本=40－2－40×10%=34(元)
A 产品总成本=34×100=3 400(元)
甲产品总成本=390 000－3 400=386 600(元/千克)
甲产品单位成本=386 600÷1 000=386.6(元)

上述结果在成本明细账中登记,见表 8-12 所示。

表 8-12　产品成本计算单

产品类别:甲产品　　　　20××年 10 月 31 日　　　　产量:1 000 千克

摘　要	直接材料	直接人工	制造费用	合　计
生产费用合计	210 000	100 000	80 000	390 000
结转 A 副产品成本	3 400			3 400
甲产品总成本	206 600	100 000	80 000	386 600
甲产品单位成本(元/千克)	206.6	100	80	386.6

根据成本计算结果,编制甲产品和 A 产品入库的会计分录如下:

借:库存商品——甲产品　　386 600
　　　　　——A 产品　　3 400
　贷:生产成本——基本生产成本(甲产品)　　390 000

(2) 分离后继续加工才能出售的副产品。副产品分离后如需进一步加工出售,则加工后副产品成本即按照售价减去销售税金和销售利润计算的成本,包括了分离前分摊的共同成本和进一步加工后的可归属成本。

【例 8-5】 假设天河工厂生产甲产品时生产的 A 副产品分离后继续加工成乙产品才可出售。对 A 副产品加工所用材料费用 100 元,直接人工费用 500 元,制造费用 500 元。将副产品加工后生产乙产品实际产量 90 千克,每千克售价 70 元,每千克应交税费 3 元,同类产品正常销售利润率 10%。甲产品资料与[例 8-4]相同,乙产品和甲产品成本计算如下所示。

乙产品单位成本=70－3－70×10%=60(元)
乙产品总成本=90×60=5 400(元)
A 副产品总成本=5 400－(100+500+200)=4 600(元)
甲产品总成本=390 000－4 600=385 400(元)

将上述结果在甲、乙两种产品成本计算单中登记,如表 8-13 和表 8-14 所示。

表 8-13　产品成本计算单

产品类别:甲产品　　　　20××年 10 月 31 日　　　　产量:1 000 千克

摘　　要	直接材料	直接人工	制造费用	合　　计
生产费用合计	210 000	100 000	80 000	390 000
结转 A 副产品成本	4 600			4 600
甲产品总成本	205 400	100 000	80 000	385 400
甲产品单位成本(元/千克)	205.4	100	80	385.4

表 8-14　产品成本计算单

产品类别:乙产品　　　　20××年 10 月 31 日　　　　产量:90 千克

摘　　要	直接材料	直接人工	制造费用	合　　计
A 副产品分离前成本	4 600			4 600
进一步加工费用	100	500	200	800
生产费用合计	4 700	500	200	5 400
乙产品总成本	4 700	500	200	5 400
乙产品单位成本(元/千克)	52.222	5.556	2.222	60

根据计算结果编制结转完工入库产品的会计分录如下：

借：库存商品——甲产品　　385 400
　　　　　　——乙产品　　5 400
　贷：生产成本——基本生产成本(甲产品)　　385 400
　　　　　　　　　　　　　(乙产品)　　5 400

2) 按企业制定的副产品计划或定额成本计价

按企业制定的副产品计划或定额成本计价是副产品成本计算的第二种方法。如果副产品进一步加工时间不长，费用不多，为简化核算，副产品进一步加工发生的生产费用可以全部归集在主副产品成本明细账中，副产品的成本可按加工后产品的计划单位成本计价，这样从主副产品生产费用总额中扣除副产品成本后的余额即主产品成本。

【例 8-6】 天河工厂生产甲产品时生产的 A 副产品分离后继续加工成乙产品才可出售。A 副产品加工时间不长，费用不多，不单独设置成本明细账，全部费用在甲产品成本计算单中归集。乙产品成本按计划单位成本计价。本月生产乙产品计 90 千克，计划单位成本为 58 元，其中直接材料 40 元，直接人工 13 元，制造费用 5 元。其他资料见[例 8-5]，根据上述资料，甲、乙产品成本计算如下所示。

乙产品计划总成本＝58×90＝5 220(元)

其中：
直接材料＝40×90＝3 600(元)
直接人工＝13×90＝1 170(元)
制造费用＝5×90＝450(元)
甲产品总成本＝390 000＋(100＋500＋200)－5 220＝385 580(元)

上述计算结果在成本计算单登记如表 8-15 所示。

表 8-15　产品成本计算单

产品类别:甲产品　　20××年 10 月 31 日　　产量:1 000 千克

摘　　要	直接材料	直接人工	制造费用	合　　计
生产费用合计	210 100	100 500	80 200	390 800
结转乙产品成本	3 600	1 170	450	
甲产品总成本	206 500	99 330	79 750	385 580
甲产品单位成本(元/千克)	206.5	99.33	79.75	385.58

根据计算结果编制结转完工入库产品的会计分录如下：

借：库存商品——甲产品　　385 580
　　　　　　——乙产品　　5 220
　贷：生产成本——基本生产成本(甲产品)　　390 800

(三) 等级品的成本核算

等级品是指使用同种材料,经过相同加工过程生产出来的,品种相同但质量等级不同的产品。等级品分为两种:一种是使用原材料和工艺技术要求不同形成的等级品,这种应视为同一品种不同规格的产品,采用分类法按联产品核算成本。另一种是由于技术操作不当或经营管理不好的原因形成的等级品,这种应视为正常产品核算,产品等级不同,产品成本不应有所差别,不能采用分类法作为不同等级产品计算成本。

这里所说的等级品是指第一种情况下的等级品。

等级品成本计算常采用按某个标准如售价折算的系数分配法。

【例 8-7】 某企业 20××年 11 月生产丙产品 18 000 件,由于所用材料质量不同,在生产中出现不同等级产品,其中一等品 10 000 件、二等品 5 000 件、三等品 3 000 件。以一等品作为标准产品,售价作为系数计算标准,采用系数法分配共同成本。本月完工丙产品总成本为 320 000 元,其中直接材料 200 000 元,直接人工 80 000 元,制造费用 40 000 元。一等品单位售价 24 元,二等品单位售价 21.6 元,三等品单位售价 12 元。

采用系数法计算等级产品成本结果如表 8-16 所示。

表 8-16　等级产品成本计算表

金额单位:元

项目 等级	产量	单价	系数	总系数(标准产量)	分配率	总成本	单位成本
	①	②	③	④=①×③	⑤=∑⑥÷∑④(元/件)	⑥=⑤×④	⑦=⑥÷①(元/件)
一等品	10 000	24	1	10 000		200 000	20
二等品	5 000	21.6	0.9	4 500		90 000	18
三等品	3 000	12	0.5	1 500		30 000	10
合　计	18 000			16 000	20	320 000	

根据计算结果，编制丙产品结转完工入库的会计分录如下：

借：库存商品——丙产品（一等品）	200 000
——丙产品（二等品）	90 000
——丙产品（三等品）	30 000
贷：生产成本——基本生产成本	320 000

第二节 产品成本计算的定额法

前面章节所述成本核算的基本方法中的品种法、分批法、分步法和辅助方法中的分类法，其生产费用日常核算和产品成本计算都是按照实际发生额进行归集和分配的。实际成本和定额成本的差异及差异分析只能在报告期末进行，不能在实际费用发生时及时反映出来和及时进行差异的分析，不利于成本的控制和管理，不能有效发挥成本核算降低成本、节约费用的成本管理作用。

定额法是以产品的定额成本为基础，加减实际脱离定额的差异、材料成本差异和定额变动差异，计算产品实际成本的一种方法。定额法可以在生产费用发生的当时，根据生产费用定额和实际发生数额计算脱离定额差异，便于随时控制、监督生产费用的发生，将产品成本的计划、控制、核算和分析有机结合在一起，有助于成本的管理。

一、定额法的特点及适用范围

（一）定额法的特点

定额法的特点主要表现在如下三个方面：

（1）事前制定产品的消耗定额、费用定额和定额成本作为降低成本的目标，对产品成本进行事前控制。

（2）在生产费用发生的当时，将符合定额的费用和发生的差异分别核算、分析和控制；及时进行差异的分析，将成本核算和成本控制有效结合。

（3）月末在定额成本的基础上加减各种成本差异，计算产品的实际成本，为成本的定期考核和分析提供数据。因此，定额法不仅是一种产品成本计算的方法，更重要的，还是一种对产品成本进行直接控制、管理的方法。

（二）定额法的适用范围

定额法适用于定额管理制度比较健全，定额管理基础工作较好；产品生产已经定型，各项消耗定额比较准确、稳定的企业。定额法可以在整个企业运用也可以运用在企业中的某些步骤。

定额法的运用与企业生产类型无关，无论哪种生产类型，只要符合上述范围都可采用。定额法不是独立的成本计算方法，在应用时要结合其他基本方法使用。

二、定额法成本计算的程序

首先，根据各项消耗定额计算产品的定额成本。

其次，计算实际产量下的定额生产费用与实际生产费用之间的各项差异，包括脱离定额差异和材料成本差异，并进行登记。如果定额在当月有变动，还应计算定额变动差异，调整月初在产品定额成本。

最后，在完工产品定额成本的基础上，加减脱离定额差异、材料成本差异、定额变动差异，计算出产品实际成本。

(一) 定额成本的计算

定额成本就是根据各种有关的现行定额计算的成本。定额成本和计划成本有所异同，两者都是按产品消耗定额和计划价格为依据制定的。但计划成本是按计划期内的平均消耗定额和计划价格计算的，在计算期一般不会变动。定额成本则是按照现行消耗定额和计划价格计算的，消耗定额在计划期会根据企业情况进行修订，相关计划费用率也会变动，所以定额成本会发生修订和变动。

产品定额成本的计算要分成本项目进行，定额成本包括的成本项目要与实际成本和计划成本包括的项目一致，以便进行成本分析和考核。本期投入的产品定额成本和本期完工产品定额成本可按本期投入产品生产数量和本期实际完工产品数量与单位产品定额成本计算。

定额成本的制定一般是通过编制“定额成本计算表”的方式进行的。定额成本一般是由会计、计划、技术等部门共同制定。零部件不多的企业，可以先制定零部件定额成本，然后汇总计算产品的定额成本。如果产品的零部件较多，为简化计算工作，可不制定零部件的定额成本，而直接制定产品的定额成本。

定额成本计算公式如下：

$$\text{单位产品直接材料定额成本}=\sum(\text{单位产品材料定额用量}\times\text{材料计划单价})$$

$$\text{单位产品直接人工定额成本}=\text{单位产品生产工时定额}\times\text{计划小时人工费用率}$$

$$\text{单位产品制造费用定额成本}=\text{单位产品生产工时定额}\times\text{计划小时制造费用率}$$

$$\text{单位产成品定额成本}=\text{单位产品直接材料定额成本}+\text{单位产品直接人工定额成本}+\text{单位产品制造费用定额成本}$$

【例 8-8】 某企业根据实际生产消耗水平和管理要求制定出生产 A 产品定额资料为：单位产品耗用甲材料 50 千克，甲材料计划单价为 20 元，单位产品耗用乙材料 40 千克，乙材料计划单价为 30 元，单位产品耗用生产工时 20 小时，计划小时工资费用率为 30 元，计划小时制造费用为 15 元。

该企业 A 产品定额成本确定如下：

单位产品直接材料定额成本＝50×20＋40×30＝2 200(元)

单位产品直接人工定额成本＝20×30＝600(元)

单位产品制造费用定额成本＝20×15＝300(元)

单位产成品定额成本＝2 200＋600＋300＝3 100(元)

【例 8-9】 某企业生产某产品，该产品由各零部件装配组成，该企业零件定额卡、部件定额卡和产品成本计算表如表 8-17 至表 8-19 所示。

表 8-17　零 件 定 额 卡

零件编号或名称：201　　　　20××年×月

材料编号或名称	计量单位	材料消耗定额
101	千克	2
工序编号	工时定额（小时）	累计工时定额（小时）
1	3	3
2	2	5

表 8-18　部件定额成本计算表

部件编号或名称：A　　　　20××年×月　　　　金额单位：元

所需零件编号或名称	零件数量	材料定额							工时定额
		101 材料			102 材料			金额合计	
		数量	计划单价	金额	数量	计划单价	金额		
201	3	6	5	30				30	15
202	2				8	4	32	32	12
装配									4
合计				30			32	62	31

定额成本项目					定额成本合计
直接材料	直接人工		制造费用		
	计划费用率	金　额	计划费用率	金　额	
62	5	155	3	93	310

表 8-19　产品定额成本计算表

产品名称：甲产品　　　　金额单位：元

所用部件编号或名称	部件数量	直接材料费用定额		工时定额	
		部件	产品	部件	产品
A	2	62	124	31	62
B	2	100	200	20	40
装配					10
合计			324		112

产品定额成本项目					定额成本合计
直接材料	直接人工		制造费用		
	计划费用率	金额	计划费用率	金额	
324	5	560	3	336	1 220

(二) 脱离定额差异的计算

脱离定额差异是指在生产过程中，各项生产费用的实际支出脱离现行定额或预算的数额。在定额法下，把实际费用分为定额费用部分和脱离定额费用部分来计算和反映。脱离定额差异是构成实际成本的关键。在发生费用时，应及时编制定额凭证和差异凭证。

脱离定额差异根据成本项目分为材料脱离定额差异、工资脱离定额差异和制造费用脱离定额差异。

1. 材料脱离定额差异的计算

材料脱离定额差异是指实际产量的现行定额耗用量与实际耗用量之间的差异(用料差异)与计划价格的积。材料脱离定额差异的计算方法，一般有限额法、切割核算法和盘存法。

1) 限额法

限额法亦称差异凭证法。采用这种方法时，企业采用限额领料制度，限额范围内根据限额领料单领用。由于产量的原因，超过限额领料时，通过办理追加限额手续，继续使用限额领料单；如果是其他原因，应填制超限额领料单差异凭证。根据限额领料单和超限额领料单或退料单，计算材料实际耗用量，并与定额耗用量比较，计算材料的用料差异。采用该方法应注意材料脱离定额差异是用料差异，与领料差异不一定相等。

只有在产品投产数量等于规定的产品数量，而且车间没有余料或者期初、期末余料数量相等的情况下，领料的差异才是用料脱离定额差异。因此，要控制用料不超支，不仅要控制领料不超过限额，而且还要控制产品的投产量不少于计划规定的产品数量；此外，还要注意车间有无余料和余料的数量。

【例 8-10】 某企业某车间限额领料单规定本月投入产品产量 600 件，单件产品耗用材料定额为 10 千克，则限额领料为 6 000 千克。本月实际投产数量为 620 件，因投产量增加 20 件而追加定料为 200 千克(20×10)，本月实际领料为 6 100 千克期初材料为 200 千克，期末材料为 50 千克。

原材料定额耗用量＝620×10＝6 200(千克)

原材料实际耗用量＝6 100＋200－50＝6 250(千克)

原材料脱离定额差异(数量)＝6 250－6 200＝50(千克)

2) 切割核算法

对于需要经过切割才能进一步加工的某些贵重或大宗材料，可采用切割核算法，计算材料脱离定额的差异。

通过设置“材料切割核算单”，核算用料差异。采用材料切割核算单进行材料切割的核算，可以及时反映材料的耗用情况及发生差异的原因，进而对材料消耗进行控制和监督。

该方法如果与车间或班组的经济核算结合起来，可以收到更好的效果。

材料切割核算单，应按照切割材料的批别设立，在单中填明切割材料的种类、数量、消耗定额和应切割成的毛坯数量，将切割后的实际毛坯材料数量和消耗定额相乘，得到材料定额消耗量，再将材料定额消耗量与材料实际消耗量相比较，确定材料的脱离定额差异。

3) 盘存法

对于大量生产不能按照上述方法计算材料脱离定额差异的情况，要通过盘存法核算差异。该方法的核算首先根据完工产品数量和期初期末在产品盘存数量倒挤算出投产产品数量，乘以原材料消耗定额，计算原材料定额消耗量。然后根据限额领料单和超额领料单等领、退料凭证和车间余料的盘存数量，计算原材料实际消耗量。最后将原材料的实际消耗量与定额消耗量相比较，计算材料脱离定额差异。

本期投产产品数量＝本期完工产品数量＋期末在产品数量－期初在产品数量

【例 8-11】 某企业生产乙产品耗用 A 材料。乙产品期初在产品为 100 件，本期完工产品为 2 000 件，期末在产品为 300 件。生产乙产品用原材料系生产开始时一次投入，乙产品的原材料消耗定额为每件 4 千克，原材料的计划单价为每千克 10 元。限额领料单中载明的本期已实际领料数量为 8 000 千克。车间期初余料 500 千克，期末余料为 100 千克。

计算如下：

投产产品数量＝2 000＋300－100＝2 200(件)
材料定额消耗量＝2 200×4＝8 800(千克)
材料实际消耗量＝8 000＋500－100＝8 400(千克)
材料脱离定额差异(数量)＝8 400－8 800＝－400(千克)
材料脱离定额差异(金额)＝－400×10＝－4 000 元(元)

不论采用哪一种方法，核算原材料定额消耗量和脱离定额差异，都应分批或定期地将这些核算资料按照成本计算对象汇总，编制材料定额费用和脱离定额差异汇总表，如表 8-20 所示。

表 8-20　直接材料定额费用和脱离定额差异汇总表

产品名称：甲产品
车间名称：一车间　　　　年　月　日　　　　金额单位：元

类　别	单位	计划单价	定额费用		实际费用		定额差异		差异分析
			数量(件)	金额	数量(件)	金额	数量(件)	金额	
原材料	千克	4	300	1 200	320	1 280	＋20	＋80	
主要材料	千克	2	200	400	180	360	－20	－40	
合　计				1 600		1 640		＋40	

2. *直接人工费用脱离定额差异*

直接人工脱离定额差异的计算，因企业采用的工资计价方式不同而不同。在计件工资形式下，直接人工属于直接计入费用，其脱离定额差异的核算与直接材料类似。在计时工资形式下，直接人工脱离定额差异不能在平时按照产品直接计算，只有在月末实际直接人工费用总额确定以后才能计算。

如果直接人工属于直接计入费用：

$$\begin{matrix}\text{某种产品直接人工}\\\text{费用脱离定额差异}\end{matrix}=\begin{matrix}\text{该产品实际}\\\text{直接人工费用}\end{matrix}-\left(\begin{matrix}\text{该产品}\\\text{实际产量}\end{matrix}\times\begin{matrix}\text{该产品直接}\\\text{人工费用定额}\end{matrix}\right)$$

如果直接人工属于间接计入费用：

$$\text{某车间计划单位小时直接人工费用}=\frac{\text{该车间计划产量的定额直接人工费用总额}}{\text{该车间计划产量的定额生产工时总数}}$$

$$\text{某车间实际单位小时直接人工费用}=\frac{\text{该车间实际直接人工费用总额}}{\text{该车间实际生产工时总数}}$$

某产品的定额直接人工费用＝该产品实际产量的定额生产工时×计划单位小时直接人工费用

某产品的实际直接人工费用＝该产品实际生产工时×实际单位小时直接人工费用

某产品直接人工费用脱离定额差异＝该产品实际直接人工费用－该产品定额直接人工费用

【例 8-12】 天键工厂第一车间(该车间生产甲产品和其他产品)8 月份计划产量的定额直接人工费用为 15 000 元,计划产量的定额生产工时为 3 750 小时;本月实际直接人工费用为 16 800 元,实际生产工时为 4 000 小时;本月甲产品定额工时为 2 000 小时,实际生产工时为 1 900 小时。甲产品定额直接人工费用和直接人工费用脱离定额的差异计算如下所示。

$$\text{计划每小时直接人工费用}=\frac{15\ 000}{3\ 750}=4(\text{元})$$

$$\text{实际每小时直接人工费用}=\frac{16\ 800}{4\ 000}=4.2(\text{元})$$

甲产品的定额直接人工费用＝2 000×4＝8 000(元)

甲产品的实际直接人工费用＝1 900×4.2＝7 980(元)

甲产品直接人工费用脱离定额的差异＝7 980－8 000＝－20(元)

3. 制造费用脱离定额差异的核算

制造费用和计时人工费用一样一般属于间接计入费用,不能在费用发生时按产品直接确定脱离定额差异,因制造费用要在月末分配后才能确定各种产品应负担的制造费用。只能根据月末的费用计划或预算按照费用发生的部门和费用项目核算脱离计划的差异,据以对费用的发生进行控制和监督。计算公式如下:

$$\text{某车间计划单位小时制造费用}=\frac{\text{该车间计划产量的定额制造费用总额}}{\text{该车间计划产量的定额生产工时总数}}$$

$$\text{某车间实际单位小时制造费用}=\frac{\text{该车间实际制造费用总额}}{\text{该车间实际生产工时总数}}$$

某产品的定额制造费用＝该产品实际产量的定额生产工时×计划单位小时制造费用

某产品的实际制造费用＝该产品实际生产工时×实际单位小时制造费用

某产品制造费用脱离定额差异＝该产品实际制造费用－该产品定额制造费用

【例 8-13】 天键工厂第一车间(该车间生产甲产品和其他产品)8 月份计划产量的定额制造费用为 22 500 元,计划产量的定额生产工时为 3 750 小时;本月实际制造费用为 22 000 元,实际生产工时为 4 000 小时;本月甲产品定额工时为 2 000 小时,实际生产工时为 1 900 小时。甲产品定额制造费用和制造费用脱离定额的差异计算如下所示。

$$\text{计划每小时制造费用}=\frac{22\ 500}{3\ 750}=6(\text{元})$$

$$\text{实际每小时制造费用}=\frac{22\ 000}{4\ 000}=5.5(\text{元})$$

甲产品的定额制造费用＝2 000×6＝12 000(元)

甲产品的实际制造费用＝1 900×5.5＝10 450(元)

甲产品制造费用脱离定额的差异＝10 450－12 000＝－1 550(元)

因为采用定额法的企业具有现有的定额资料，上述脱离定额差异在完工产品和月末在产品之间进行分配时大多采用定额比例法。如果各月在产品数量比较稳定，也可采用月末在产品按定额成本计价法，将全部脱离定额差异计入完工产品成本，月末在产品不负担差异。

（三）材料成本差异

采用定额法核算时，材料的核算一般都按计划成本计价，以便于对产品成本进行考核和分析。材料的脱离定额差异是材料的消耗量差异和计划单位成本的积，属于用量差异，不包括材料的价格差异，即材料成本差异。因此，在月末要单独计算产品的材料成本差异，其金额为该产品按计划单位成本和材料实际消耗量计算的材料总成本与原材料成本差异率的乘积。各种产品应分配的材料成本差异一般均由完工产品负担，月末在产品不再负担。

计算公式如下：

$$\text{某产品应负担的直接材料成本差异}=\left(\text{该产品直接材料定额费用}+\text{直接材料脱离定额差异}\right)\times\text{原材料成本差异分配率}$$

【例 8-14】 某企业 20××年 8 月份生产 M 产品 200 件，单位产品材料定额消耗量为 4 千克，本月材料实际耗用量为 860 千克，材料计划单位成本为 5 元/千克，本月材料成本差异率为－2%。该产品的材料成本差异计算如下所示。

M 产品的材料定额成本＝4×200×5＝4 000(元)

M 产品的材料脱离定额的差异＝(860－4×200)×5＝300(元)

M 产品应分摊的材料成本差异＝(4 000＋300)×(－2%)＝－86(元)

（四）定额变动差异的计算

定额变动差异是指因修订消耗定额而产生的新旧定额之间的差额。随着经济的发展、科学技术的变化，劳动生产率变动，企业生产条件发生变化，企业原定的各项定额要重新进行修订，以有效对生产经营活动进行控制和监督。

成本定额标准一般在期(月、季、年)初进行修订。定额修订后，月初在产品的定额是按旧定额计算的，而当月投产的产品定额是按新定额计算的，为了将按旧定额计算的月初在产品定额成本和按新定额计算的本月投入产品的定额成本，在新定额的同一基础上相加起来，要计算月初在产品定额变动差异，以便将按旧定额计算的月初在产品定额成本调整为按新定额计算的定额成本。月初在产品定额变动差异计算公式如下：

$$\text{月初在产品定额变动差异}=\text{月初在产品按旧定额计算的定额成本}-\text{月初在产品按新定额计算的定额成本}$$

在构成产品的零部件种类较多的情况下，如果零部件成套生产或零部件成套性较高，为了简化计算，可以按定额变动系数计算月初在产品定额变动差异，其计算公式如下：

$$\text{系数}=\frac{\text{按新定额计算的单位产品成本}}{\text{按旧定额计算的单位产品成本}}$$

月初在产品定额变动差异＝按旧定额计算的月初在产品成本×(1－系数)

【例 8-15】 某企业 N 产品从 20××年 1 月起采用新的材料消耗定额，其旧的材料费用定额为 100 元/件，新的材料费用定额 95 元/件，本月初旧的材料费用定额为 4 000 元。

则该产品月初在产品定额变动差异计算如下：

$$系数=\frac{95}{100}=0.95$$

$$月初在产品定额变动差异=4\ 000\times(1-0.95)=200(元)$$

如果定额变动是降低的趋势，月初在产品定额变动差异表现为月初在产品定额成本的降低。这时，一方面计算月初在产品新定额成本时要在旧定额基础上扣减掉定额变动差异；另一方面由于该项差异是月初在产品生产费用的实际支出，不能真的被扣减掉，应将该差异作为定额变动差异加计到本月生产费用中；反之，如果定额变动是提高的，则一方面计算月初在产品新定额成本时在原基础上加上定额变动差异，以保证月初和本月发生产品成本基础一致。另一方面应从本月生产费用中扣减脱离定额的差异。

定额变动差异一般按定额成本比例在完工产品和在产品之间进行分配。如果定额变动差异较小，或月初在产品在本月全部完工、产品生产周期短于 1 个月，则也可以全部由完工产品负担。

（五）产品实际成市的计算

产品实际成本计算公式如下：

$$产品实际成本=产品定额成本\pm脱离定额差异\pm材料成本差异\pm定额变动差异$$

公式中产品定额成本是按现行新定额计算的产品成本；脱离定额差异超支差异和材料成本超支差异为“＋”，节约差异为“－”；月初在产品定额变动差异定额降低为“＋”，定额提高为“－”。

三、定额法产品实际成本计算应用举例

【例 8-16】 某企业甲产品为单步骤大批量生产，采用品种法计算产品成本，该产品定额资料健全、准确，在品种法基础上采用定额法进行成本核算，其中脱离定额差异在完工和期末在产品之间采用定额比例法分配，材料成本差异和定额变动差异全部计入完工产品成本。20××年 7 月相关资料如下所示。

（1）月初在产品成本资料如表 8-21 所示。

表 8-21　月初在产品定额成本及差异表

产品名称：甲产品　　20××年 7 月　　单位：元

成本项目	月初在产品成本			
	按旧定额计算的在产品成本	定额成本调整额	按新定额计算的在产品成本	脱离定额差异
直接材料	16 000	－600	15 400	－100
直接人工	10 000	＋200	10 200	＋160
制造费用	6 000		6 000	＋20
合　计	32 000	－400	31 600	＋80

(2) 本月成本资料如表 8-22 所示。

表 8-22　本月定额成本及差异表

产品名称:甲产品　　　　20××年 7 月　　　　单位:元

成本项目	本月费用发生额			
	按新定额计算的产品成本	脱离定额差异	材料成本差异	定额变动差异
直接材料	32 600	−200	+800	+600
直接人工	19 800	+300		−200
制造费用	14 000	+60		
合　计	66 400	+160	+800	+400

(3) 完工产品和月末在产品的定额成本资料如表 8-23 所示。

表 8-23　完工产品和月末在产品的定额成本表

产品名称:甲产品　　　　20××年 7 月　　　　单位:元

成本项目	完工产品定额成本	月末在产品定额成本
直接材料	36 000	12 000
直接人工	28 000	2 000
制造费用	16 000	4 000
合　计	80 000	18 000

要求:计算本月完工产品和月末在产品的实际成本。

根据以上资料计算如下:

$$材料脱离定额差异分配率=\frac{(-100)+(-200)}{15\ 400+32\ 600}=-0.63\%$$

完工产品分摊的材料脱离定额差异＝−0.63%×36 000＝−226.8(元)

月末在产品分摊的材料脱离定额差异＝−300−(−226.8)＝−73.2(元)

$$直接人工脱离定额差异率=\frac{160+300}{10\ 200+19\ 800}=1.53\%$$

完工产品分摊的直接人工脱离定额差异＝1.53%×28 000＝428.4(元)

月末在产品分摊的直接人工脱离定额差异＝460−428.4＝31.6(元)

$$制造费用脱离定额差异率=\frac{20+60}{6\ 000+14\ 000}=0.4\%$$

完工产品分摊的制造费用脱离定额差异＝0.4%×16 000＝64(元)

月末在产品分摊的制造费用脱离定额差异＝80−64＝16(元)

根据计算结果及相关成本资料,计算出本月完工甲产品和月末在产品实际成本,计算结果如表 8-24 所示。

表 8-24 甲产品成本计算表

产品名称:甲产品　　20××年7月　　单位:元

成本项目	完工产品成本					月末在产品成本		
	定额成本	脱离定额差异	材料成本差异	定额变动差异	实际成本	定额成本	脱离定额差异	实际成本
直接材料	36 000	−226.8	800	600	37 173.2	12 000	−73.2	11 926.8
直接人工	28 000	428.4		−200	28 228.4	2 000	31.6	2 031.6
制造费用	16 000	64			16 064	4 000	16	4 016
合　计	80 000	265.6	800	400	81 465.6	18 000	−25.6	17 974.4

四、定额法的优缺点

(一) 定额法的主要优点

(1) 采用定额法在生产耗费时,计算定额成本和实际成本的差异,并采取措施加以改进,有利于加强成本的日常控制,及时有效地促进成本费用的节约,降低成本。

(2) 采用定额法实际成本是按照定额成本和各种差异计算的,有利于进行成本的定期分析,有利于进一步挖掘降低成本的潜力。

(3) 通过对各项定额差异的计算和分析,可以对定额进行修改,有利于提高定额的管理和计划工作水平。

(4) 定额法下具有现成的定额资料,有利于采用定额比例等方法将各项差异在完工产品和月末在产品之间进行分配。

(二) 定额法的主要缺点

(1) 因为要分别计算定额成本、定额差异、定额变动差异,比采用其他方法核算工作量较大,推行较困难。

(2) 定额资料若准确性不够,会影响成本计算的准确性。

第三节 产品成本计算的标准成本法

一、标准成本法概述

(一) 标准成市法的含义和核算程序

标准成本法是指以预先制定的标准成本为基础,将标准成本与实际成本进行比较,核算和分析成本差异,以便加强成本控制、评价经济业绩的一种成本计算和成本控制方法。它的核心是按标准成本记录和反映产品成本的形成过程和结果,并借以实现对成本的控制。

标准成本法的基本核算程序如下：

(1) 制定产品各成本项目的标准成本。

(2) 按标准成本进行成本核算。

(3) 计算各成本项目实际成本和标准成本的各种差异，并设立各差异科目进行归集。

(4) 分析各成本差异，并将差异计入当期损益。

通过上述核算程序可知，标准成本法并非单纯的成本计算方法，而是一种成本计算和成本控制结合的方法。该方法主要包括标准成本的制定、成本差异的计算和分析、成本差异的账务处理三个方面的工作。

(二) 标准成本的分类

标准成本是在正常生产经营条件下应该实现的，可以作为控制成本开支，评价实际成本、衡量工作效率的依据和尺度的一种目标成本。

标准成本可供选择的种类有：理想标准成本、正常标准成本和现实标准成本。

(1) 理想标准成本是最佳工作状态下可以达到的成本水平，它排除了一切失误、浪费、机器的闲置等因素，根据理论上的耗用量、价格以及最高的生产能力制定的标准成本。

这种标准成本要求太高，通常会因达不到而影响工人的积极性，同时让管理层感到在任何时候都没有改进的余地。

(2) 正常标准成本是在正常生产经营条件下应该达到的成本水平，它是根据正常的耗用水平、正常的价格和正常的生产经营能力利用程度制定的标准成本。

这种标准成本通常反映了过去一段时期实际成本水平的平均值，反映该行业价格的平均水平、平均的生产能力和技术能力，在生产技术和经营管理条件变动不大的情况下，它是一种可以较长时间采用的标准成本。

(3) 现实标准成本是在现有的生产条件下应该达到的成本水平，它是根据现在所采用的价格水平、生产耗用量以及生产经营能力利用程度而制定的标准成本。

这种标准成本最接近实际成本，最切实可行，通常认为它能激励工人努力达到所制定的标准并为管理层提供衡量的标准。它与正常标准成本不同的是，需要根据现实情况的变化不断进行修改，而正常标准成本则可以保持一段较长时间固定不变。

(三) 标准成本的作用

1. 简化了成本核算

核算时，“生产成本”“产成品”均按标准成本直接入账，将标准成本和差异分别列示，大大地简化了账务处理工作。

2. 有助于分清各部门的责任，便于责任会计的推行

标准成本法下按成本项目计算差异，可分为数量差异和价格差异，不同差异对应不同的责任中心，通过差异的分析，有助于考核和评价各责任中心的工作业绩。标准成本既可作为编制责任成本预算的依据，也可作为考核责任中心成本控制业绩的标准。

3. 有助于加强成本控制

标准成本法的运行过程就是一个成本控制的过程。标准成本的制定是对成本的初步控制，成本差异的分析是对成本的进一步控制，通过对差异的分析和找出成本超支的问题所在，又为降低成本和制定更加合理的标准成本提供了依据。

4. 可以为企业正确地决策提供有用的信息

标准成本可以作为量化决策的成本分析依据，用于对有关方案的评价和选择。

二、标准成本的制定

标准成本一般应由会计部门、劳动人事部门、行政管理部门、技术部门以及具体生产经营部门等有关责任部门，在对企业生产经营的具体条件进行认真分析、测算研究的基础上共同商讨确定。产品成本主要由直接材料、直接人工、制造费用三个成本项目组成，因此标准成本也应根据这些项目的具体特点分别制定其标准成本。标准成本的基本形式，是以数量标准乘以价格标准，得到有关项目的标准成本。

（一）直接材料标准成本的制定

直接材料标准成本的制定包括直接材料用量标准的制定和直接材料价格标准的制定。

直接材料用量标准是指单位产品应该消耗的材料的数量，即产品的材料消耗定额。通常应根据产品的设计、生产工艺状况，并结合企业的经营管理水平、降低材料消耗的可能性等条件制定。

直接材料价格标准的制定，不仅要考虑目前市价及未来市场的变化，而且要结合最佳采购量和最佳运输方式等其他影响价格的因素。

直接材料标准成本＝价格标准×用量标准

（二）直接人工标准成本的制定

直接人工标准成本的制定包括工时标准的制定和标准工资率的制定。

人工用量标准即工时标准，通常需由相关工程、技术部门在时间工作研究的基础上，以努力工作为前提，并考虑必要的间歇和停工等难以控制的因素，按产品生产工序分别计算，然后按产品汇总。

人工价格标准即工资率标准，该标准通常可由劳资部门根据用工情况制定。在不同工资制度下，工资率标准有不同的表现形式：采用计件工资时，工资率标准就是计件工资单价；采用计时工资制时，工资率标准就是单位工时工资率标准。

直接人工标准成本＝单位产品的工时标准×标准工资率

（三）制造费用标准成本的制定

制造费用按其成本性态分析可划分为变动制造费用和固定制造费用两部分，所以制造费用标准成本需分别加以制定。

1. 变动制造费用标准成本

变动制造费用的价格标准与企业的生产能力和变动制造费用预算直接相关。变动制造费用一般是按生产能力发挥的不同水平分别确定其耗费量，其预算是以“弹性预算”的形式表示。变动制造费用的价格标准表现为变动制造费用标准分配率：

变动制造费用标准分配率＝变动制造费用预算÷标准总工时

变动制造费用的数量标准即单位产品的工时标准。工时标准的含义与直接人工工时标准相同。这里的工时可能是人工工时，也可能是机器工时。

变动制造费用标准成本＝单位产品工时标准×变动制造费用标准分配率

2. 固定制造费用标准成本

如果采用变动成本法，则固定制造费用不包括在产品的单位成本之中，因而单位产品的标准成本中也不必包括固定制造费用标准成本。

如果采用完全成本法，则固定制造费用包括在产品的单位成本中，因此需要制定固定制造费用标准成本。

固定制造费用标准分配率＝固定制造费用预算÷标准总工时

固定制造费用标准成本＝单位产品工时标准×固定制造费用标准分配率

标准成本制定方法如下。

【例 8-17】 某企业计划期的产品的标准工时为 3 000 小时，直接人工为18 000元，变动制造费用预算总额为 12 000 元，固定制造费用预算总额为 15 000 元。假定该企业生产的甲产品的直接人工的工时定额为 75 小时，直接材料的消耗定额为 20 千克，每千克的标准单价为 25 元。甲产品的单位工资率标准＝18 000÷3 000＝6(元/小时)。则标准成本的计算如下所示。

变动制造费用分配率＝12 000÷3 000＝4(元/小时)

固定制造费用分配率＝15 000÷3 000＝5(元/小时)

表 8-25　甲产品的标准成本卡

金额单位:元

成本项目	标准价格	标准用量	标准成本
直接材料	25 元/千克	20 千克	500
直接人工	6 元/工时	75 工时	450
变动制造费用	4 元/工时	75 工时	300
固定制造费用	5 元/工时	75 工时	375
单位产品的标准成本			1 625

三、成本差异的计算和分析

成本差异是指在标准成本制度下，企业在一定时期生产一定数量产品所发生的实际成本与标准成本之间的差额。

(一) 成本差异的类型

(1) 按成本差异构成内容不同，可将成本总差异分为直接材料成本差异、直接人工成本差异和制造费用成本差异。制造费用差异(即间接制造费用差异)按其形成的原因和分析方法的不同又可分为变动制造费用差异和固定制造费用差异两部分。这种划分方法有助于理解差异的主要构成因素，但不能表明各种差异形成的具体原因。

(2) 按照成本差异的形成过程可将成本差异分为价格差异与用量差异。

价格差异是指由于直接材料、直接人工和变动性制造费用等要素的实际价格与标准价格不一致而产生的成本差异。其计算公式如下：

价格差异＝(实际价格－标准价格)×实际产量下的实际用量
＝价格差×实际产量下的实际用量

用量差异是指由于直接材料、直接人工和变动性制造费用等要素实际用量消耗与标准用量消耗不一致而产生的成本差异。其计算公式如下：

用量差异＝标准价格×(实际产量下的实际用量－实际产量下的标准用量)
＝标准价格×实际产量下的用量差

(3) 按照成本差异的性质不同，可将差异分为有利差异和不利差异。有利差异是指实际成本低于标准成本形成的节约差，亦称顺差；不利差异是指实际成本高于标准成本形成的超支差，亦称逆差。

通过计算和分析成本差异有助于管理者寻求成本差异形成的原因，及时采取措施消除不利差异，发展有利差异，从而有效地进行成本控制，降低成本，同时也为考核和奖惩提供依据。

(二) 差异的计算和分析

1. 直接材料成本差异的计算与分析

直接材料成本差异是指一定产量产品的直接材料实际成本与直接材料标准成本之间的差异。可将直接材料成本总差异分解为直接材料价格差异和直接材料用量差异。

直接材料价格差异是实际价格脱离标准价格所产生的差异，其计算公式如下：

直接材料价格差异＝实际价格×实际用量－标准价格×实际用量
＝(实际价格－标准价格)×实际用量

直接材料用量差异是实际材料耗用量脱离标准材料耗用量所产生的差异，其计算公式如下：

直接材料用量差异＝标准价格×材料实际耗用量－标准价格×材料标准耗用量
＝标准价格×(材料实际耗用量－材料标准耗用量)

【例 8-18】 某企业本期生产甲产品 200 件，耗用 A 材料 900 千克，A 材料的实际价格为每千克 100 元。假设 A 材料的标准价格为每千克 110 元，单位甲产品的标准用量为 5 千克。

那么，A 材料的成本差异分析如下：

直接材料总差异＝100×900－110×1 000＝－20 000(元)(有利差异)
直接材料价格差异＝(100－110)×900＝－9 000(元)(有利差异)
直接材料用量差异＝110×(900－1 000)＝－11 000(元)(有利差异)

直接材料价格差异一般应由采购部门负责，采购的批量、交货的方式、运输方式等会影响材料的采购成本，会形成材料的价格差异，这些一般采购部门是可以控制的。但也有时可能是其他部门的责任，如生产原因紧急采购，改变运输方式(陆运改空运)导致价格不利差异，则属于生产部门的责任，或者由于市场供求关系的变化等引起材料的价格波动，则也不属于采购部门的责任。

直接材料的用量差异一般应由生产部门负责，生产中的浪费，或者生产中技术水平低导致用料过多等原因，会形成材料的用量差异，这些一般生产部门可以控制的。但有时其他部门也会对材料的用量差异的形成产生影响，如因材料质量低劣或材料不符合要求等原因而导致材料用量超支，产生材料的用量不利差异，这时应该由采购部门负责。

可见，影响材料的价格差异和用量差异的原因有很多，只有认真分析产生差异的具体原因，才能将责任落实到部门或个人，有针对性地采取改进措施。

2. 直接人工成本差异的计算和分析

直接人工成本差异是指一定产量产品的直接人工实际成本与直接人工标准成本之间的差额。直接人工实际成本等于直接人工工资率乘以直接人工工时耗用量。

可将直接人工成本总差异分解为直接人工工资率差异和直接人工效率差异(直接人工工时耗用量差异)。

直接人工工资率差异相当于价格差异，类似材料价格差异；直接人工工时耗用量差异类似材料数量差异。所以，直接人工成本差异的分析方法类似材料成本差异的分析方法。

直接人工工资率差异是指实际工资率脱离标准工资率所产生的差异，其计算公式如下：

直接人工工资率差异＝实际工资率×实际工时－标准工资率×实际工时
＝(实际工资率－标准工资率)×实际工时

直接人工工时耗用量差异是指单位实际人工工时耗用量脱离单位标准人工工时耗用量所产生的差异，其计算公式如下：

直接人工工时耗用量差异＝标准工资率×实际工时－标准工资率×标准工时
＝标准工资率×(实际工时－标准工时)

【例 8-19】 某企业本期生产甲产品 200 件，实际耗用人工 8 000 小时，实际工资总额 80 000元，平均每工时 10 元。假设标准工资率 9 元，单位产品的工时耗用标准为 28 小时。

那么，直接人工成本差异分析如下：

直接人工总差异＝10×8 000－9×200×28＝29 600(元)(不利差异)
直接人工工资率差异＝(10－9)×8 000＝8 000(元)(不利差异)
直接人工效率差异＝9×(8 000－28×200)＝21 600(元)(不利差异)

直接人工工资率差异一般应有安排人工工作的劳动人事或生产部门负责。工资率差异形成主要有升级或降级不同级别工人造成未按才就位，出勤率变化等原因。

直接人工效率差异一般由生产部门负责，效率差异产生的原因有生产工人技术熟练程度，机器设备运转程度，工作环境良好程度，等等。但如果因采购部门购入质量不合格的材料或因工艺改变造成效率下降，则应由其他部门负责。

3. 变动制造费用成本差异的计算与分析

变动制造费用成本差异是指一定产量产品的实际变动制造费用与标准变动制造费用之间的差额。

变动制造费用是变动制造费用分配率与直接人工工时相乘之积，因此变动制造费用差异包括变动制造费用分配率差异和变动制造费用效率差异。

变动制造费用分配率差异类似于直接材料价格差异和直接人工工资率差异，变动制造费用效率差异类似于直接材料用量差异和直接人工效率差异，所以其计算公式如下：

变动制造费用分配率差异＝实际分配率×实际工时－标准分配率×实际工时
＝(实际分配率－标准分配率)×实际工时
变动制造费用效率差异＝标准分配率×实际工时－标准分配率×标准工时
＝标准分配率×(实际工时－标准工时)

【例 8-20】 某企业本期生产甲产品 200 件，实际耗用人工 8 000 小时，实际发生变动制造费用 20 000 元，变动制造费用实际分配率为每直接人工工时 2.5 元。假设变动制造费用标准分配率为 3 元，标准耗用人工 6 000 小时。

那么，变动制造费用差异分析如下：

变动制造费用总差异＝20 000－3×6 000＝2 000(元)(不利差异)
变动制造费用分配率差异＝(2.5－3)×8 000＝－4 000(元)(有利差异)
变动制造费用效率差异＝3×(8 000－6 000)＝6 000(元)(不利差异)

变动制造费用由很多明细项目构成，对其差异应进一步分析，通常根据弹性预算对其明细项目，结合实际与预算数进行对比分析，从而找出差异的具体原因。分配率差异直接反映管理部门支出控制的成效，应分清具体情况确定责任归属。

变动制造费用效率差异的原因和直接人工效率差异产生的原因相同，其责任归属也和直接人工效率差异相同。

4. 固定制造费用成本差异的计算与分析

固定制造费用主要是企业为了获得生产能力以及维持这种生产能力而发生的费用。不同于变动制造费用，它具有在相关范围内总额保持不变的特性，它是通过编制固定预算进行成本控制的。

固定制造费用成本差异是指一定期间的实际固定制造费用与标准固定制造费用之间的差额。

其计算公式如下：

$$\text{固定制造费用成本差异}=\text{固定制造费用实际数}-\text{固定制造费用标准成本}$$
$$=\text{固定制造费用实际费率}\times\text{实际产量的实际工时}-\text{固定制造费用标准分配率}\times\text{实际产量的标准工时}$$

由于实际产量与设计生产能力规定的产量或计划产量的差异会对产品应负担的固定制造费用产生影响，以及实际执行与预算不完全一致，因此，固定制造费用成本差异的分析和其他费用成本差异的分析不同。

固定制造费用成本差异的分析有两因素分析法和三因素分析法。

1) 二因素分析法

二因素分析法是指将固定制造费用成本差异进一步分为耗费差异和能量差异。

固定制造费用耗费差异是指固定制造费用实际数与固定制造费用预算数之间的差额，亦称预算差异。其计算公式如下：

固定制造费用耗费差异＝固定制造费用实际数－固定制造费用预算数
＝实际产量下实际固定制造费用－预算产量下标准固定制造费用

固定制造费用能量差异是指固定制造费用预算数与固定制造费用标准成本之间的差额。其计算公式如下：

固定制造费用能量差异＝固定制造费用预算数－固定制造费用标准成本
＝预算产量下标准固定制造费用－实际产量下标准固定性制造费用
＝固定制造费用标准分配率×（预算产量标准工时－实际产量标准工时）

上式中，固定制造费用标准分配率＝$\frac{\text{预算固定制造费用}}{\text{预算产量下的标准工时}}$。

造成预算差异的原因一般有：管理人员薪酬调整，折旧方法改变，租赁费等上涨等，这些往往属于不可控的，是由客观原因形成的。

造成能量差异的原因主要是生产能力没有发挥出来，造成实际产量和预算产量差异形成的，一般应由高层管理人员负责。但也有可能因其他部门原因造成的，如采购部门购进较低品质的原材料造成实际产量低于预算产量，这时应具体情况具体分析。

固定制造费用成本差异计算（两差异法）如下。

【例 8-21】 某企业本期预算固定制造费用为 2 400 元，预算工时为 1 000 小时，实际耗用工时 1 200 小时，实际固定制造费用为 2 600 元，标准工时为 1 100 小时。

固定制造费用成本总差异＝2 600－2.4×1 100＝－40（元）（有利差异）

固定制造费用标准分配率＝$\frac{2\ 400}{1\ 000}$＝2.4（元/小时）

固定制造费用耗费差异＝2 600－2 400＝200（元）（不利差异）

固定制造费用能量差异＝2.4×（1 000－1 100）＝－240（元）（有利差异）

2）三因素分析法

三因素分析法是指将固定制造费用成本差异进一步分为耗费差异、效率差异和能力差异三部分。

耗费差异是指实际固定性制造费用与预算制造费用之间的差额，亦称开支差异。能力差异是指实际产量、实际工时与预算产量标准工时之间差额形成的成本差异，是由于实际工时未达到生产能力而形成的差异。效率差异是实际工时脱离标准工时形成的成本差异。其计算公式如下：

固定制造费用耗费差异＝实际产量下实际固定制造费用－预算产量下标准固定制造费用

固定制造费用能力差异＝固定制造费用标准分配率×（预算产量标准工时－实际产量实际工时）

固定制造费用效率差异＝固定制造费用标准分配率×（实际产量实际工时－实际产量标准工时）

三因素分析法中的耗费差异和两因素分析法中的耗费差异相同，能力差异与效率差异之和等于两因素分析法中的能量差异。

固定制造费用成本差异计算（三差异法）如下。

【例 8-22】 依［例 8-2］资料，计算固定制造费用成本差异。

固定制造费用成本总差异＝2 600－2.4×1 100＝－40(元)(有利差异)

固定制造费用标准分配率$=\frac{2\ 400}{1\ 000}$＝2.4(元/小时)

固定制造费用耗费差异＝2 600－2 400＝200(元)(不利差异)

固定制造费用能力差异＝2.4×(1 000－1 200)＝－480(元)(有利差异)

固定制造费用效率差异＝2.4×(1 200－1 100)＝240(元)(不利差异)

四、成本差异的账务处理

采用标准成本法时，应对产品的标准成本和成本差异分别进行核算。

(一) 成本差异账户的设置

针对各种成本差异，应设置相应的账户进行核算。根据成本差异的内容不同，应设置以下账户："直接材料价格差异""直接材料用量差异""直接人工工资率差异""直接人工效率差异""变动制造费用耗费差异""变动制造费用效率差异""固定制造费用分配率差异""固定制造费用能力差异""固定制造费用效率差异"。当各种成本差异发生时，如果是不利差异记在账户的借方，如果是有利差异记在账户的贷方。期末结转时，不利差异则从账户的贷方转出，有利差异从账户的借方转出。

(二) 成本差异的归集

计算分析出各类成本差异时，除了要编报有关的成本差异报告单，还要分别归集登记成本差异明细分类账或登记表。记录差异时，一方面按照标准成本登记产品生产成本账户，按照实际成本登记材料、人工和制造费用账户，另一方面登记相应的成本差异账户。

结合前述[例 8-18]资料，计算分析差异后，编制领用材料的会计分录如下：

借：生产成本	110 000	
贷：原材料		90 000
直接材料价格差异		9 000
直接材料用量差异		11 000

结合前述[例 8-19]资料，计算分析差异后，编制直接人工计入产品成本的会计分录如下：

借：生产成本	50 400	
直接人工工资率差异	8 000	
直接人工效率差异	21 600	
贷：应付职工薪酬		80 000

结合前述[例 8-20]资料，计算分析差异后，编制变动制造费用计入产品成本的会计分录如下：

借：生产成本	18 000	
变动制造费用效率差异	6 000	
贷：制造费用(变动)		20 000
变动制造费用分配率差异		4 000

结合前述[例 8-21]资料，计算分析差异后，编制固定制造费用计入产品成本的会计分录如下：

借：生产成本	2 600	
固定制造费用能力差异	480	
贷：制造费用		2 640
固定制造费用耗费差异		200
固定制造费用效率差异		240

（三）期末成本差异的处理

会计期末，对本期发生的各类成本差异可按以下两种方法进行处理。

1. 直接处理法

直接处理法是指将本期发生的各种成本差异全部转入"产品销售成本"账户，由本期的销售产品负担，并全部从利润表的销售收入项扣减，不再分配给期末的在产品和期末的产成品。在这种方法下，期末资产负债表的在产品和产成品项目只反映标准成本。

该种方法比较简单，能使当前经营成果和成本控制的业绩直接挂钩，反映本期生产经营工作和成本控制的全部成效，符合权责发生制的要求。但这种方法要求标准成本的制定要合理和切合实际，并且要不断地进行修订，否则会使当期净收益水平及存货水平失真。西方应用标准成本制度的企业多数采用直接处理法。

2. 递延法

递延法是指将各类成本差异按标准成本的比例在期末存货和本期销货之间进行分配，期末将存货成本调整为实际成本的一种成本差异处理方法。

在该种方法下，期末资产负债表的存货项目反映的是实际成本，损益表的产品销售成本反映的也是本期已销售产品的实际成本。该种方法成本差异分配繁琐，并且不利于本期成本差异的分析和控制。

【知识链接】

变动成本法是指在产品成本计算过程中，以成本形态分析为前提，将变动生产成本作为产品成本的构成内容，将固定生产成本及非生产成本作为期间成本，进而计算损益的一种成本计算模式。

完全成本法是指在产品成本计算过程中，以成本按经济用途分类为前提，将全部生产成本作为产品成本的构成内容，将非生产成本作为期间成本，并计算损益的一种成本计算模式。

【关键术语】

分类法　联产品　副产品　等级品　定额法　脱离定额差异　材料成本差异　定额变动差异　联合成本　标准成本法　理想标准成本　现实标准成本　价格差异　用量差异　三因素分析法

【问题思考】

1. 简述分类法的适用范围和优缺点。

2. 简述分类法的特点和计算程序。
3. 简述定额法的特点和适用范围。
4. 简述定额法的优缺点。
5. 简述标准成本法变动制造费用成本差异和固定制造费用成本差异计算的区别。

本章练习

姓名______
学号______
分数______

扫二维码获得更多本章习题及案例

四、计算与核算题

1. 资料:某企业大量生产甲、乙、丙三种产品。这三种产品所用原材料和工艺过程相近,因而归为一类(A类),采用分类法计算成本。类内各种产品之间分配费用的标准为:直接材料费用按各种产品的直接材料费用系数分配,材料费用系数按直接材料费用定额确定(以乙产品为标准产品);其他费用按定额工时比例分配。

甲、乙、丙三种产品的直接材料费用定额分别为135元、150元、225元。甲、乙、丙三种产品工时定额分别为5小时、6小时、7.5小时。三种产品的产量分别为500件、600件、250件。

本月A类产品成本明细账如表8-26所示(其中月初、月末在产品成本按固定成本计算)。

表8-26 A类产品成本计算单 单位:元

项 目	直接材料	直接人工	制造费用	合 计
月初在产品成本	20 000	1 500	2 500	24 000
本月发生费用	450 300	55 825	87 725	593 850
生产费用合计	470 300	57 325	90 225	617 850
月末在产品成本	20 000	1 500	2 500	24 000

要求:(1) 编制直接材料费用系数计算表。

(2) 采用分类法分配计算甲、乙、丙三种产品的成本,编制产品成本计算表。

2. 资料:某企业2×15年7月生产A、B、C三种联产品,同时生产出副产品D。分离前联合成本为135 120元,其中直接材料71 000元,直接人工38 760元,制造费用25 360元。该厂分配联产品采用价格系数法,对副产品的成本按计划价格计算,并从分配前的联合成本中先行扣减。该厂按销售价格比例确定系数,A产品的价格系数定为1。各产品产量、销售价格资料如表8-27所示。

表8-27 产品产量销售价格表

产品名称		生产数量(千克)	销售价格(元/千克)
联产品	A产品	1 980	80
	B产品	1 900	68
	C产品	1 100	60
副产品	D产品	800	30

要求：计算该厂副产品及各联产品的成本。

3. 资料：某企业甲产品的一些零件从2×15年1月1日实行新的直接材料消耗定额。该产品单位产品旧的直接材料费用消耗定额为200元，新的直接材料费用定额为190元。该产品月初在产品按旧定额计算的直接材料定额费用为10 000元。

要求：计算甲产品新旧直接材料消耗定额之间的折算系数，并据以计算该产品月初在产品定额变动差异。

4. 资料：某企业第一车间实行计时工资制，对所生产的甲产品采用定额法进行产品成本的计算，该产品的工时定额为6小时，计划单位小时工资为5元。本月计划产量为2 100件，实际产量为2 000件。本月实际发生生产工人工资66 000元，实际耗用生产工时12 500小时。该产品本月期初、期末均无在产品。

要求：计算甲产品本月直接人工脱离定额差异。

5. 资料：某企业生产A产品，月初在产品30件，本月完工产量460件，月末在产品40件；原材料在生产开始时一次投入，材料消耗定额为5千克，计划单价为10元，本月实际领用材料2 320千克，月末车间盘存余料10千克。计算本月A产品原材料脱离定额差异。假设该企业月末原材料成本差异分配率为节约2%。

要求：计算本月A产品应分配的原材料成本差异。

6. 资料：中盛公司生产甲产品需要使用一种直接材料A。本期生产甲产品1 000件，耗用材料为9 000千克，A材料的实际价格为每千克200元。假设A材料的标准价格为每千克210元，单位甲产品的标准用量为10千克。

要求：用标准成本法计算A材料的成本差异。

7. 资料：某企业月固定制造费用预算总额为100 000元，固定制造费用标准分配率为10元/小时，本月制造费用实际开支额为88 000元，生产A产品4 000个，其单位产品标准工时为2小时，实际用工7 400小时。

要求：用两差异分析法和三差异分析法进行固定制造费用差异分析。

业务实训

业务实训一

目的：练习分类法的计算。

资料：某工厂大量生产甲、乙、丙三种。三种产品经过的生产工艺过程和使用的原材料都相同，归为一类进行产品生产和成本计算。该类产品的直接材料费用项目按照各种产品的原材料系数进行分配，原材料系数按直接材料定额成本确定，直接人工等其他费用项目均按各种产品的定额工时比例分配。其中甲产品为标准产品。该类产品的消耗定额比较准确、稳定，每个月末在产品数量变动不大，月末在产品按定额成本计价。该企业2×15年7月份完工产品产量：甲产品1 200件、乙产品250件、丙产品400件。

已知有关产品定额和成本资料等如表8-28和表8-29所示。各种产品成本计算如下。

表 8-28　单位产品直接材料消耗定额、计划单价和工时定额表

产品品种	直接材料种类	消耗定额(千克)	计划单价(元)	工时定额(小时)
甲产品	A	500	10	2
	B	300	15	
	C	150	20	
乙产品	A	450	10	2.8
	B	300	15	
	C	100	20	
丙产品	A	650	10	2.4
	B	300	15	
	C	100	20	

表 8-29　产品成本计算单

单位:元

项　　目	直接材料	直接人工	制造费用
月初在产品成本(定额成本)	26 320	2 400	1 860
本月发生费用	46 200	26 840	32 710
月末在产品成本(定额成本)	38 500	1 800	2 400

要求:(1) 计算该类产品的完工产品成本,填写产品成本计算单,如表 8-30 所示。

(2) 计算各产品的材料定额系数。

(3) 计算本月各种产成品的总成本和单位成本。填写各种产品成本计算表,如表 8-31 所示。

表 8-30　产品成本计算单

单位:元

项　　目	直接材料	直接人工	制造费用	合　　计
月初在产品成本(定额成本)				
本月发生费用				
生产费用合计				
完工产品成本				
月末在产品成本(定额成本)				

表 8-31　甲类各种产品成本计算表

单位:元

项目	产量(件)	材料费用系数	材料费用总系数	单位定额工时	定额总工时	直接材料	直接人工	制造费用	合计
①	②	③	④=②×③	⑤	⑥=②×⑤	⑦=④×分配率	⑧=⑥×分配率	⑨=⑥×分配率	⑩=⑦+⑧+⑨
分配率									
甲产品									
乙产品									
丙产品									
合　计									

业务实训二

目的:练习定额法的计算。

资料:某企业A产品为单步骤大批量生产,采用定额法进行成本核算,其中脱离定额差异在完工和期末在产品之间采用定额成本比例法分配,材料成本差异和定额变动差异全部计入完工产品成本。2×15年8月相关资料如下所示。

(1) 月初在产品成本资料如表8-32所示。

表 8-32　月初在产品定额成本及差异表

产品名称:A产品　　2×15年8月　　单位:元

成本项目	月初在产品成本			
	按旧定额计算的在产品成本	定额成本调整额	按新定额计算的在产品成本	脱离定额差异
直接材料	12 000	−300	11 700	−661
直接人工	5 500		5 500	−460
制造费用	8 000		8 000	−390
合　计	25 500	−300	25 200	−1511

(2) 本月成本资料如表8-33所示。

表 8-33　本月定额成本及差异表

产品名称:A产品　　2×15年8月　　单位:元

成本项目	本月费用发生额			
	按新定额计算的产品成本	脱离定额差异	材料成本差异	定额变动差异
直接材料	39 000	−860	−762.8	+300
直接人工	20 000	+2 500		
制造费用	30 000	−750		
合　计	89 000	+890	−762.8	+300

（3）完工产品和月末在产品的定额成本资料如表8-23所示。

表8-34　完工产品和月末在产品的定额成本表

产品名称:A产品　　2×15年8月　　单位:元

成本项目	完工产品定额成本	月末在产品定额成本
直接材料	46 800	3 900
直接人工	24 000	1 500
制造费用	36 000	2 000
合　　计	106 800	7 400

要求:（1）计算直接材料、直接人工和制造费用脱离定额差异分配率,并在完工产品和期末在产品之间分配脱离定额差异。

（2）计算本月完工产品和月末在产品的实际成本。

（3）登记A产品成本计算表,如表8-35所示。

表8-35　A产品成本计算表

产品名称:A产品　　2×15年8月　　单位:元

成本项目	完工产品成本					月末在产品成本		
	定额成本	脱离定额差异	材料成本差异	定额变动差异	实际成本	定额成本	脱离定额差异	实际成本
直接材料								
直接人工								
制造费用								
合　　计								

章前导引

第九章
成 本 报 表

学习目标

通过本章的学习，理解成本报表的概念、特点；了解成本报表的作用和种类；熟练掌握产品生产成本表、主要产品单位成本表、制造费用明细表、期间费用明细表的编制方法。

第一节 成本报表概述

一、成本报表的概念和特点

(一) 成市报表的概念

成本报表是根据企业产品成本和期间费用的核算资料及其他有关资料编制的，用于反映企业产品成本和期间费用水平及其构成情况，分析和考核企业在一定时期内成本计划执行情况及结果的报告文件。

(二) 成市报表的特点

由于成本报表属内部报表，由企业自行设计和填制，旨在为企业内部提供必要的信息，其特点表现在以下几个方面。

1. 成本报表不受外界因素的影响，为企业内部经营管理的需要而编制

在市场经济环境下，竞争日趋激烈，反映企业一定时期内产品成本及期间费用水平的成本报表，是企业的商业秘密，不对外报送和公开。正确编制成本报表，对考核企业成本计划的执行情况，分析成本管理中取得的成绩和存在的问题，挖掘降低成本的途径，及时作出正确的成本决策，具有重要的意义。

2. 成本报表在特定环境下产生，与企业特定的生产工艺特点和生产组织形式有着密切的关系

企业产品的生产工艺过程各不相同，有单步骤生产的产品，有多步骤生产的产品；企业生产的组织方式也具有多样性，有大量生产、成批生产和单件生产等多种方式。在不同的生产工艺和生产组织方式下的产品，需要的成本指标及相关数据各不相同。

3. 成本报表是会计核算与其他技术经济资料密切结合的产物，具有综合性的特点

企业产品产量的多少，产品质量的高低，原材料、燃料、动力的消耗和节约情况，工人的劳动生产率和平均工资的高低，固定资产的利用情况，生产车间和企业管理部门费用的节约与浪费，生产经营管理的好坏等，都直接或间接地反映到成本报表的指标上。因此，成本报表反映会计核算资料，其指标具有综合性的特点。

4. 成本报表的格式和内容具有灵活性特点

成本报表作为对内报表，其内容和格式可以由企业自行设计。企业根据自身管理的要求，可以自行确定报表的种类、格式和具体内容。因此，企业自行设计和编制的成本报表，具有较大的灵活性和多样性，这是成本报表区别于财务会计报表的重要特点。

二、成本报表的作用

成本报表是为企业内部管理需要而编制，对加强成本管理，提高经济效益有着重要的作用。

1. 综合反映报告期内的产品成本

产品成本是反映企业生产经营各方面工作质量的一项综合性指标，也就是说，企业的供、产、销的各个环节的经营管理水平，最终都直接、间接地反映到产品成本中来，通过成本报表的资料，能够及时发现在生产、技术、质量和管理等方面取得的成绩和存在的问题。

2. 评价和考核各成本环节成本管理的业绩

利用成本报表上所提供的资料，经过有关指标计算、对比，可以明确各有关部门和人员在执行成本计划、费用预算过程中的成绩和差距，以便总结工作的经验和教训，奖励先进，鞭策后进，调动广大职工的积极性，为全面完成和超额完成企业成本费用计划预算而努力奋斗。

3. 可利用成本资料进行成本分析

通过成本报表资料的分析，可以揭示成本差异对产品成本升降的影响程度以及发现产生差异的原因和责任，从而可以有针对性地采取措施，把注意力放在解决那些属于不正常的、对成本有重要影响的关键性差异上，这样对于加强日常成本的控制和管理就有了明确的目标。

4. 成本报表资料为制定成本计划提供依据

企业要制定成本计划，必须明确成本计划目标。这个目标是建立在报告年度产品成本实际水平的基础上，结合报告年度成本计划执行的情况，考虑计划年度中可能变化的有利因素和不利因素，来制定新年度的成本计划。所以说本期成本报表所提供的资料，是制定下期成本计划的重要参考资料。同时，管理部门也根据成本报表资料来对未来时期的成本进行预测，为企业制定正确的经营决策和加强成本控制与管理提供必要的依据。

三、成本报表的种类

成本报表不是对外报送或公布的会计报表。因此，国家对成本报表的种类、项目、格式和编制方法等不作统一规定，由企业自行确定，具有灵活性和多样性的特征，一般可按以下标准分类。

（一）按报表反映的经济内容分类

成本报表按其反映的经济内容，一般可以分为反映企业产品成本水平及构成情况的报表和反映企业费用水平及构成情况的报表两类。

（1）反映企业产品成本水平及构成情况的报表，主要有“产品生产成本表”和“主要产品单位成本表”等。

（2）反映企业生产经营过程中费用水平及构成情况的报表，主要有“制造费用明细表”“销售费用明细表”“管理费用明细表”和“财务费用明细表”等。

（二）按报表编制的时间分类

（1）定期报表。定期报表是指需按规定的期限编报的成本报表，一般可分为月报、季报和年报。此外，企业也可根据需要自行编制日报和周报。

（2）不定期报表。不定期报表是指按企业成本管理中出现某些亟待解决的问题而随时按要求编制的报表。

（三）按报表编制的范围分类

（1）企业（全厂）成本报表，反映全厂范围成本费用状况的报表。

（2）车间成本报表，反映车间范围内成本费用状况的报表。

（3）班组成本报表，反映班组范围内成本费用状况的报表。

四、成本报表的编制要求

为了充分发挥成本报表在企业管理中的积极作用，企业应按照一定的要求，正确编制各种成本报表。

1. 数字准确

数字准确是指报表中的各项数据必须真实可靠，不能任意估计，更不允许弄虚作假、篡改数字。因此，企业在编制报表前，应将所有的经济业务登记入账，并核对各种账簿之间的记录，做到账账相符；清查财产、物资，做到账实相符。然后再依据有关账簿的记录编制报表。报表编制完毕，还应检查各个报表中相关指标的数字是否一致。钩稽关系是否准确。

2. 内容完整

内容完整是指主要报表种类应齐全，应填列的报表指标和文字说明必须全面，表内项目和表外补充资料，不论根据账簿资料直接填列，还是分析计算填列，都应当完整无缺，不得任意取舍。注意保持各成本报表计算口径一致，计算方法如有变动应在附注中说明。对定期报送的主要成本报表，还应有分析、说明生产成本和费用升降情况、原因、措施的文字材料。

3. 编报及时

成本报表有些是定期编制，有些是不定期编制，无论是定期编制还是不定期编制，都应要求及时编制、及时反馈。所谓编报及时是指根据企业管理部门的需要迅速提供各种成本报表。只有这样，才能及时地对企业成本完成情况进行检查和分析，从中发现问题，及时采取措施加以解决，以充分发挥成本报表的应有作用。要做到这一点，要求企业不仅要做好日常成本核算工作，还要注意整理、收集有关的历史成本资料、同行业成本资料、统计资料以及成本计划资料、费用预算资料等。

【知识链接】

财务会计报告是指企业对外提供的反映企业某一特定日期财务状况和某一特定期间经营成果、现金流量的书面文件。它是企业根据日常的会计核算资料归集、加工和汇总后形成的,是企业会计核算的最终成果。企业的财务会计报告包括会计报表、会计报表附注以及其他应在财务会计报告中披露的相关信息资料。

1. 会计报表

会计报表是财务会计报告的主要组成部分。它是根据会计账簿记录的有关资料,按照规定的报表格式,总括反映一定期间的经济活动和财务收支情况及其结果的一种报告文件。按照我国现行企业会计准则的规定,企业向外提供的会计报表包括:资产负债表、利润表、现金流量表和所有者权益变动表。

2. 会计报表附注

会计报表附注是财务报表不可或缺的组成部分。报表使用者了解企业的财务状况、经营成果和现金流量,应当全面阅读附注,附注相对于报表而言,同样具有重要性。会计报表附注主要包括两项内容:一是对会计报表的各要素的补充说明;二是对那些会计报表中无法描述的其他财务信息的补充说明。具体包括以下几项:

(1) 企业的基本情况。

(2) 财务报表的编制基础。

(3) 遵循企业会计准则的声明。

(4) 重要会计政策和会计估计。

(5) 会计政策和会计估计变更以及差错更正的说明。

(6) 重要报表项目的说明。

(7) 其他需要说明的重要事项。

3. 财务会计报表的分类

(1) 按反映的经济内容分为静态报表和动态报表。静态报表是指综合反映企业某一特定日期资产、负债和所有者权益状况的会计报表;动态报表是指综合反映企业一定时期的经营业绩或现金流量情况的报表。

(2) 按编报期间的不同分为中期会计报表和年度会计报表。中期会计报表是以短于一个完整会计年度的报告期间为基础编制的财务报表。中期会计报表至少应当包括资产负债表、利润表、现金流量表和附注,与年度财务报表相比,中期财务会计报表中的附注披露可适当简略。

年度财务报表是全面反映企业整个会计年度的经营成果、现金流量情况及年末财务状况的财务报表。企业每年年底必须编制并报送年度财务报表。

(3) 按编制会计报表的主体不同分为个别会计报表、合并会计报表、汇总会计报表。个别会计报表是反映基层单位财务状况和经营成果的报表,是各独立核算单位根据本单位会计账簿资料加工编制而成的报表;合并会计报表是指以母公司和子公司组成的企业集团为一个会计主体,以母公司和子公司单独编制的个别会计报表为基础,由母公司编制的综合反映企业集团经营成果、财务状况及变动情况的会计报表;汇总会计报表是由上级主管单位根据所属各单位会计报表，汇总编制的反映某一系统或某一地区的财务状况和经营成果的报表。

(4) 按服务对象分为内部报表和外部报表。内部报表是指为适应企业内部经营管理需要而编制的不对外公布的会计报表，它一般不需要规定统一的格式，也没有统一的指标体系；外部报表则是指企业向外提供的会计报表，主要供投资者、债权人、政府部门和社会公众等有关方面使用，它通常有统一的格式和规定的指标体系。

第二节 产品生产成本表

一、产品生产成本表的概念、作用和结构

(一) 产品生产成本表的概念

产品生产成本表是反映企业在报告期内生产的全部产品总成本的报表。该表一般分为两种：一种按成本项目反映的“产品生产成本表”；另一种按产品的品种类别反映的“产品生产成本表”。

(二) 产品生产成本表的作用

1. 按成本项目反映的产品生产成本表的作用

按成本项目反映的产品生产成本表，是按成本项目汇总反映企业在报告期内发生的全部生产费用以及产品生产成本合计数的报表。产品生产成本表按成本项目编报，可以反映报告期内全部产品生产费用的支出情况和各种费用的构成情况；将本年累计实际生产费用及产品生产成本与本年计划数和上年实际数相比较，可以考核和分析年度生产费用及产品生产成本计划执行情况及本年比上年生产费用及产品生产成本的升降情况。

2. 按品种类别反映的产品生产成本表的作用

按产品品种类别反映的产品生产成本表是反映企业在报告期内所生产的全部产品(包括可比产品和不可比产品)的总成本的报表。

编制按品种类别反映的产品生产成本表的作用，是为了利用该表所反映的资料，考核全部产品生产成本的变化和主要商品产品成本计划的执行结果和各种可比产品成本降低任务的完成情况，分析成本增减变化的原因，指出进一步降低产品成本的途径。

(三) 产品生产成本表的结构

1. 按成本项目反映的产品生产成本表的结构

该表一般由生产费用和产品生产成本两部分构成。生产费用部分按成本项目反映报告期内发生的各种生产费用及其合计数；在此基础上加上在产品和自制半成品的期初余额，减去在产品和自制半成品的期末余额，计算出产品成本的合计数。这些费用和成本，可按上年实际数、本年计划数、本月实际数和本年累计实际数分栏反映。这种报表的格式见表 9-1 所示。

表 9-1　产品生产成本表(按成本项目反映)

编制单位:海珠工厂　　2×15 年 12 月　　单位:元

项　　目	上年实际	本年计划	本月实际	本年累计实际
生产费用				
直接材料	598 521	780 093	77 550	855 875
直接人工	98 596	159 200	12 440	145 200
制造费用	265 899	257 871	20 760	234 300
生产费用合计	963 016	1 197 164	110 750	1 235 375
加:在产品、自制半成品期初余额	150 084	130 600	135 600	130 600
减:在产品、自制半成品期末余额	130 600	125 000	131 400	131 400
产品生产成本合计	982 500	1 202 764	114 950	1 234 575

2. 按品种类别反映的产品生产成本表的结构

按产品品种类别反映的产品生产成本表,需要按主要产品和非主要产品分别反映其单位成本和总成本。其中主要产品又分为可比产品和不可比产品。可比产品是指以前年度或上年度曾经生产过的产品。不可比产品是指以前年度或上年度未正式生产过的产品;也可能由于该种产品是非标准或异形产品,可比的可能性不存在。对可比产品而言,需要同上年度实际成本作比较,所以表中不仅要列示本期的计划成本和实际成本,还要列示上期的实际成本。对不可比产品而言,没有上年的实际单位成本可比,所以只列示本期计划成本和本期实际成本。这种报表的格式如表 9-2 所示。

二、产品生产成本表的编制方法

(一) 按成本项目反映的产品生产成本表的编制

该表的填列方法为:

(1)“上年实际”,根据上年 12 月份本表的本年累计实际数填列。

(2)“本年计划”,应根据成本计划的有关资料填列。

(3)“本年累计实际”,应根据本月实际数加上上月份本表的本年累计数计算填列。

(4) 按成本项目反映的本月各种生产费用数,根据各种产品成本明细账所记本月生产费用合计数,按照成本项目分别汇总填列。期初数也可根据本表上月的期末数填列。

(5) 在产品、自制半成品的期初、期末余额,根据各种产品成本明细账的在产品期初、期末余额和各种自制半成品明细账的期初、期末余额分别汇总填列。

(6) 产品生产成本合计数,根据表中的生产费用合计数,加、减在产品、自制半成品期初、期末余额求得。

(二) 按产品品种类别反映的产品生产成本表的编制

该表的填列方法为:

(1)“产品名称”,按企业规定的主要商品产品的品种分项列示。

表 9-2 产品生产成本表(按产品品种类别编制)

编制单位:海珠工厂　　　　2×15 年 12 月　　　　单位:元

产品名称	计量单位	实际产量		单位成本				本月总成本			本年累计总成本		
		本月	本年累计	上年实际平均	本年计划	本月实际	本年累计实际平均	按上年实际平均单位成本计算	按本年计划单位成本计算	本月实际	按上年实际平均单位成本计算	按本年计划单位成本计算	本年累计实际
		(1)	(2)	(3)	(4)	(5)=(9)÷(1)	(6)=(12)÷(2)	(7)=(1)×(3)	(8)=(1)×(4)	(9)=(1)×(5)	(10)=(2)×(3)	(11)=(2)×(4)	(12)
主要产品:													
甲产品	件	50	625	1 250	1 164	1 164	1 152.4	62 500	58 200	58 200	781 250	727 500	720 250
乙产品	件	20	250	1 000	980	990	985	20 000	19 600	19 800	250 000	245 000	246 250
非主要产品													
丙产品	件	15	250		1 110	2 463.33	1 072.3		16 650	36 950		277 500	2680 75
合计									94 450	114 950		1 250 000	1 234 575

(2)“实际产量”,根据成本计算单或产品成本明细账等资料所记录的本月和从年初起到本月末止的各种产品实际产量填列。

(3)“单位成本”,分别根据上年度本表所列各种可比产品的全年实际平均单位成本、本年度成本计划的有关资料以及本月和本年度成本计算单的有关资料填列。其中,“主要产品的单位成本”应与主要产品单位成本表中的数据一致。

(4)“本月总成本”,按本月实际产量分别乘以上年实际平均单位成本、本年计划单位成本和本月实际单位成本的积填列。其中,“本月实际”应与按成本项目反映的产品生产成本表中“本月实际”一致。

(5)“本年累计总成本”,按本年累计实际产量分别乘以上年实际平均单位成本、本年计划单位成本和本年累计实际平均单位成本的积填列。其中,“本年累计实际”应与按成本项目反映的产品生产成本表中“本年累计实际”一致。

第三节/主要产品单位成本表

一、主要产品单位成本表概述

(一)主要产品单位成本表的概念

主要产品单位成本表是反映企业在报告期内生产的各种主要产品单位成本的构成情况和各项主要技术经济指标执行情况的报表。

由于在产品生产成本表中各种主要产品的成本只列示单位成本的总数,无法据此分析成本的构成情况,因此主要产品单位成本表是产品生产成本表的补充报表,即对产品生产成本表中各种产品的单位成本作进一步补充说明。

(二)主要产品单位成本表的作用

各方面通过利用和分析主要产品单位成本表所提供的成本信息,可以考核各种主要产品单位成本计划的执行情况,分析各成本项目和消耗定额的增减变动情况及其原因,也便于在生产同种产品的企业之间进行成本对比,以利于找出差距,挖掘潜力,达到降低成本的预期目的。

(三)主要产品单位成本表的结构

主要产品单位成本表的结构可分为产量、单位成本和主要技术经济指标及补充资料四部分。该表的“产量”部分反映报告期的计划产量和实际产量,以及本年累计的计划产量和实际产量,该部分还应反映产品的销售单价。该表的“单位成本”部分按照成本项目分别反映历史先进水平、上年实际平均、本年计划、本月实际和本年累计实际平均的单位成本。该表的“技术经济指标”部分主要反映原料、主要材料、燃料和动力的消耗数量。“补充资料”主要是提供国家宏观经济管理所需的各种指标、统计数据和企业财务报表分析的主要数据。主要产品单位成本表的一般格式见表 9-3 所示。

表 9-3　主要产品单位成本表

2×15 年 12 月

产品名称:甲产品　　本月计划产量:50 件
规格:(略)　　本月实际产量:50 件
计量单位:件　　本年累计计划产量:576 件
销售单价:1 600 元　　本年累计实际产量:625 件
金额单位:元

项　目	历史先进水平(2003 年)	上年实际平均	本年计划	本月实际	本年累计实际平均
直接材料	553	665	564	568	572
直接人工	140	165	180	182	180
制造费用	432	420	420	414	400.4
产品生产成本	1 125	1 250	1 164	1 164	1 152.4
主要技术经济指标	用量	用量	用量	用量	用量
1. A 材料(千克/件)	2.5	3	2.7	2.6	2.6
2. B 材料(千克/件)	1.5	2	1.7	1.6	1.6
3. 生产工人工时	7	9	8	7.5	7.5
4. 机器工时	10	12	11	11	11

二、主要产品单位成本表的编制方法

该表各项目的填列方法为:

(1) 各成本项目的“历史先进水平”,是指本企业历史上该种产品生产成本最低年度的实际平均单位成本,应依据该产品的成本历史资料填列。

(2) 各成本项目的“上年实际平均”,根据上年度本表的本年累计实际平均单位成本填列。

(3) 各成本项目的“本年计划”,根据本年度成本计划中的资料填列。

(4) 各成本项目的“本月实际”,根据本月完工的该种产品的成本资料填列。

(5) 各成本项目的“本年累计实际平均”,根据年初至本月月末止的已完工产品成本计算单资料,采用加权平均方法计算后填列,其计算公式如下:

某产品的本年累计实际平均单位成本＝该产品累计总成本÷该产品累计产量

对于不可比产品,则不填列“历史先进水平”和“上年实际平均”单位成本。

上述“上年实际平均”“本年计划”“本月实际”和“本年累计实际平均”的单位成本,应与产品生产销售成本表中的各项单位成本的数字等一致。

第四节 其他成本报表

一、制造费用明细表

制造费用明细表是反映企业在报告期内发生的全部制造费用及其构成情况的报表。编制此表的目的是为了利用本表所提供的资料，分析各项制造费用的构成和增减变化情况，考核制造费用计划的执行结果，以采取措施，压缩开支，降低费用，从而降低产品的制造成本。

制造费用明细表中费用明细项目的划分，可参照财政部有关制度的规定，也可由企业根据其生产经营特点和管理要求以及重要性原则自行确定。若本年度内对某些明细项目的划分作了修改使得计算结果与上年不一致，应将上年度有关报表的对应明细项目按照本年划分标准进行调整，并在表后的附注以文字说明。

制造费用明细表所列示的费用项目，应分别反映“本年计划数”“上年同期实际数”“本月实际数”和“本年累计实际数”。

制造费用明细表的一般格式如表 9-4 所示。

表 9-4　制造费用明细表

编制单位:海珠工厂　　2×15 年 12 月　　单位:元

项　　目	本年计划数	上年同期实际数	本月实际数	本年累计实际数
1. 职工薪酬	91 200	5 700	6 270	90 630
2. 折旧费	96 000	8 660	8 845	95 700
3. 修理费	2 000	600	509	2 100
4. 办公费	8 860	952	745	1 150
5. 水电费	15 000	1 600	1 200	14 700
6. 机物料消耗	1 500	325	256	1 560
7. 劳动保护费	2 000	252	136	1 950
8. 低值易耗品摊销	1 500	99	123	1 450
9. 差旅费	32 000	2 952	2 500	23 430
10. 租赁费	300	52	50	350
11. 保险费	700	50	48	650
11. 设计制图费	700	74	78	630
12. 其他				
合　　计	251 760	21 316	20 760	234 300

该表的填列方法为：

(1)“本年计划数”,根据各项制造费用的年度计划数填列。

(2)“上年同期实际数”,根据上年同期本表的“本月实际数”填列。如果表内所列费用项目和上年度的费用项目在名称或内容上不一致时,应对上年度的各项数字按表内所规定的项目进行调整。

(3)“本月实际数”,根据制造费用明细账的本月合计数填列。

(4)“本年累计实际数”,填列自年初起至本月月末止的累计实际数,应根据制造费用明细账的记录来计算填列。也可将本月实际数加上至上月月末止本年累计实际数计算填列。

二、期间费用明细表

期间费用明细表包括销售费用明细表、管理费用明细表、财务费用明细表等。

(一) 销售费用明细表

销售费用明细表是反映企业在报告期内发生的产品销售费用及其构成情况的报表。该表一般按照销售费用项目分别反映各项费用的本年计划数、上年同期实际数、本月实际数和本年累计实际数。销售费用明细表的一般格式如表 9-5 所示。

表 9-5 销售费用明细表

编制单位:海珠工厂　　　　2×15 年 12 月　　　　单位:元

项 目	本年计划数	上年同期实际数	本月实际数	本年累计实际数
职工薪酬	57 000	4 580	4 788	58 140
包装费	38 000	3 200	3 100	31 600
运输费	51 000	4 010	4 160	5 070
装卸费	35 400	2 860	2 980	34 600
保险费	22 700	1 820	1 970	22 670
广告费	38 100	3 280	3 340	37 980
其他	41 000	3 600	3 760	41 800
合 计	283 200	23 350	24 098	231 860

表 9-5 的填列方法为:

(1)“本年计划数”,根据销售费用的年度计划来填列。

(2)“上年同期实际数”,根据上年同期本表的本月实际数填列。

(3)“本月实际数”,根据销售费用明细账的本月合计数填列。

(4)“本年累计实际数”,根据销售费用明细账的本月累计数填列。如果管理需要,还可以根据销售费用的分月计划,在本表中加列“本月计划数”一栏。

(二) 管理费用明细表

管理费用明细表是反映企业在报告期内发生的管理费用及其构成情况的报表。该表一般按照管理费用项目分别反映各项费用的本年计划数、上年同期实际数、本月实际数和本年累计实际数。

管理费用明细表的一般格式如表 9-6 所示。

表 9-6 管理费用明细表

编制单位:海珠工厂　　2×15 年 12 月　　单位:元

项　目	本年计划数	上年同期实际数	本月实际数	本年累计实际数
职工薪酬	23 400	2 056	2 000	23 355
折旧费	16 300	1 365	1 340	16 055
工会经费	7 850	665	650	7 855
业务招待费	18 750	1 519	1 572.5	18 790
办公费	8 550	6 920.5	712.5	8 505
印花税	10 850	920	905	10 390
房产税	5 080	480	489	5 842
土地使用税	5 200	435	435	5 255
无形资产摊销	11 950	990	965	11 995.5
职工教育经费	14 950	1 253	1 238	14 910
劳动保险费	6 750	605	565	6 755
其他	33 600	4 654.5	4 534	48 563.5
合　计	163 230	21 863	15 406	178 271

该表的填列方法为:

(1)"本年计划数",根据管理费用的年度计划数填列。

(2)"上年同期实际数",根据上年同期本表的本月实际数填列。

(3)"本月实际数",根据管理费用明细账的本月合计数填列。

(4)"本月累计实际数",根据管理费用明细账的本月累计数填列。还可以根据管理费用的分月计划,在本表中加列"本月计划数"一栏。

(三) 财务费用明细表

财务费用明细表是反映企业在报告期内发生的财务费用及其构成情况的报表。本表一般按照财务费用项目分别反映各项费用的本年计划数、上年同期实际数、本月实际数和本年累计实际数。财务费用明细表的一般格式如表 9-7 所示。

表 9-7 财务费用明细表

编制单位:海珠工厂　　2×15 年 12 月　　单位:元

项　目	本年计划数	上年同期实际数	本月实际数	本年累计实际数
利息支出(减利息收入)	51 600	3 146	3 356	51 700
汇兑损失(减汇兑收益)	32 600	2 838	2 791	34 640
其他支出	25 700	3 163	2 947	25 764
合　计	109 900	9 147	9 094	112 104

该表的填列方法为:

(1)“本年计划数”,根据财务费用的年度计划数填列。

(2)“上年同期实际数”,根据上年同期本表的本月实际数填列。

(3)“本月实际数”,根据财务费用明细账的本月合计数填列。

(4)“本年累计实际数”,根据财务费用明细账的本月累计数填列。还可以根据财务费用的分月计划,在本表中加列“本月计划数”一栏。

【关键术语】

成本报表　产品生产成本表　主要产品单位成本表　制造费用明细表

期间费用明细表　本年计划　本年实际　单位成本　总成本

【问题思考】

1. 什么是成本报表?有哪些特点?有何作用?
2. 企业成本报表如何分类?
3. 产品生产成本表有哪两种形式?分别如何编制?

本 章 练 习

姓名______
学号______
分数______

扫二维码获得更多本章习题及案例

业务实训

实训案例一

某企业生产甲、乙两种可比产品和丙产品(不可比产品),2×15 年 12 月有关产量和成本资料如表 9-8 所示。

表 9-8 产量和成本资料表

2×15 年 12 月

产品名称	计量单位	生产量		单位成本		总成本	
		本月	1～12 月	上年实际平均	本年计划	本月实际	本年实际
甲产品	件	6 500	79 000	5.70	5.65	36 790	447 930
乙产品	件	3 200	38 400	8.50	8.55	27 328	327 936
丙产品	件	45	500	—	40	1 890	20 750

要求:根据上述资料编制产品生产成本表(按品种类别反映)。

实训案例二

某企业生产的甲产品属主要产品,2×15 年 12 月有关产量和成本资料如表 9-9 所示。

表 9-9 产量和成本资料表

2×15 年 12 月

成本项目	历史先进水平	上年实际平均单位成本	本年计划单位成本	实际产量		实际总成本	
				本月	1～12 月	本月	1～12 月
直接材料	2.46	2.48	2.50			16 250	198 290
直接人工	1.46	1.48	1.47			9 685	116 920
制造费用	1.68	1.74	1.68			10 855	132 720
合　计	5.60	5.70	5.65	6 500	79 000	36 790	447 930

要求:根据上述资料编制甲产品单位成本表。

章前导引

第十章 成本分析

学习目标

通过本章的学习，要求能够运用成本分析的原理和方法对全部产品成本计划完成情况、可比产品成本分析、主要产品单位成本进行分析；理解技术经济指标对产品单位成本的影响。

第一节 产品成本分析概述

成本分析是指主要利用成本核算及其他有关资料，全面分析成本水平与构成的变动情况，系统地研究成本变动的因素和原因，挖掘降低成本的潜力的一项专门工作。通过分析，可以正确地认识和掌握成本变动的规律，有利于实现降低成本的目标，并为编制成本计划和制定新的经营决策提供依据。

成本分析是成本控制的根本保障，为了保证完成和超额完成成本计划，达到不断降低产品成本的目的，必须进行成本分析。成本分析可以在成本形成前后进行事前、事中和事后分析。

(1) 在成本形成之前，为了选择降低成本的最佳方案，确定目标成本，编制成本计划，需要对成本进行预测分析，即事前分析；

(2) 在成本形成之中，为了随时检查各项定额和成本计划的执行情况，控制各种消耗、费用支出，保证目标成本的实现，需要进行成本控制分析，即事中分析；

(3) 在成本形成之后，把成本核算数据与其他资料结合起来，评价成本计划的执行结果，揭露矛盾、总结经验教训、指导未来，需要进行成本考核分析，即事后分析。

成本分析是成本核算工作的继续，是成本会计的重要组成部分。

一、成本分析的作用和内容

(一) 成市分析的作用

企业进行定期和不定期的成本分析，在查明费用预算和成本计划的完成情况，找出成本费用管理工作中的成绩和问题，明确成本管理的责任，挖掘企业降低成本、节约费用的潜力，以及为编制成本计划，进行成本预测和决策提供资料等方面有重要意义。

1. 查明成本计划和费用预算的完成情况

通过成本分析，可以查明企业费用预算完成和成本计划的完成情况，找出影响计划（预算）完成的原因，分析影响成本计划和费用预算完成的各种因素的影响程度和影响方向（有利因素或不利因素），评价企业成本计划的先进性和可行性，总结成本管理工作中的经验教训，发现成本管理工作中的问题。

2. 落实成本管理的责任制

通过成本分析，可以明确企业内部各个部门和单位以及责任人在成本管理方面的责任，有利于考核和评估成本管理工作的业绩，落实成本管理责任制。

3. 挖掘降低成本的潜力

通过成本分析，从生产技术、生产组织和经营管理等各个方面挖掘节约费用支出和降低成本的潜力，促使企业改进生产经营管理和成本管理，提高经济效益。

（二）成本分析的内容

成本分析贯穿于成本管理工作的始终，包括事前成本分析、事中成本控制分析和事后成本分析。

1. 事前成本分析

事前成本分析是指事前预计和测算有关因素对成本的影响程度，其主要包括两个方面内容，即成本预测分析和成本决策分析。

2. 事中成本控制分析

事中成本控制分析是指以计划、定额成本为依据，通过分析实际成本与计划成本或定额成本差异，对成本进行分析控制。

3. 事后成本分析

事后成本分析是指产品生产过程中发生的实际成本与计划成本的比较，对产生的差异进行分析，找出成本升降原因，是成本分析的主要形式。

事后成本分析主要包括：全部商品产品成本的分析、可比产品成本分析、主要产品单位成本分析、产品成本技术经济分析。

二、影响产品成本的因素

（一）直接材料

直接材料是对基本生产及辅助生产单位所消耗的材料进行汇总后，按照一定的方法能直接分配到各种产品当中的材料。直接材料是由材料消耗的金额所决定的，包括材料消耗量和单价两方面。消耗量是用统计方法、工业工程法或其他技术分析方法确定的。单位价格包括发票价格、运费、检验和正常损耗等成本，是取得材料的完全成本。

（二）直接人工

直接人工是基本生产及辅助生产单位因耗费人力资源所付出的代价。直接人工是由工时和工资率决定的，确定单位产品所需的直接生产工人工时，需要按产品加工工序分别进行，然后加以汇总。工时是指在现有生产技术条件下，生产单位产品所需要的时间，包括直接加工操作必不可少的时间，以及必要的间歇和停工时间，如工间休息、调整设备时间、不可避免的废品耗用和停工时间。作业工时应以作业研究和工时研究为基础，参考有关统计资料来确定。

直接人工的工资率，如采用计件工资制，则是预定的每件产品支付的工资除以工时，或者是预定的小时工资率，如果采用月工资制，需要根据月工资总额和可用工时总量来计算工资率。

（三）制造费用

制造费用包括产品生产成本中除直接材料和直接工资以外的其余一切生产成本，主要包括企业各个生产单位（车间、分厂）为组织和管理生产所发生的一切费用，以及各个生产单位所发生的固定资产使用费和维修费，具体有以下项目：各个生产单位管理人员的工资、职工福利费，房屋建筑费、劳动保护费、季节性生产和修理期间的停工损失等。制造费用一般是间接计入成本，当制造费用发生时一般无法直接判定它所归属的成本计算对象，因而不能直接计入所生产的产品成本中去，而须按费用发生的地点先行归集，月终时再采用一定的方法在各成本计算对象间进行分配，计入各成本计算对象的成本中。

三、成本分析的一般程序

成本分析的一般程序，可以概括为以下几个步骤。

（一）明确分析目标，制定分析计划

在进行成本分析时，首先要确定成本分析的目标、要求、范围，以及需要解决的问题，并在此基础上，制定成本分析计划，合理组织分工，周密安排分析进度，以提高成本分析工作的效率和工作质量。

（二）广泛收集资料，掌握全面情况

进行成本分析，必须收集详细的资料，掌握全面情况，这是正确进行成本分析的基础。成本分析需要的资料包括成本报表资料和其他有关计划、统计、业务技术资料等。同时还要深入实际调查研究，掌握"活"的情况。收集材料要实事求是，并进行必要的审核和整理，去粗取精、去伪存真。

（三）从总体分析入手，深入进行因素和项目分析，确定各种差异及其影响因素

成本分析应从全部产品生产成本计划和各项费用计划完成情况的总括分析开始，然后按照影响成本计划完成情况的因素逐步深入、具体地分析，防止成本分析片面化。

（四）结合实际情况，查明各种因素变动的具体原因

影响成本指标变动的因素可能有很多方面，而各种因素的变动原因也可能是多种多样的。因此，要深入进行成本分析，必须结合企业内外部的实际情况，相互联系地研究生产技术、生产组织和经营管理等方面的情况，查明各种因素变动的原因，以便采取措施，挖掘降低产品成本和节约费用开支的潜力。

（五）以全面、发展的观点对企业成市工作进行评价

在市场经济条件下，评价企业成本工作的优劣不能只看其是否完成计划、达到企业的目标，还要联系竞争对手，分析企业在市场竞争中是否具有优势。另外，社会经济和企业经济的运行过程都在不断地发展变化，因此不能用静止的观点进行分析，要用战略、发展的观点，

把企业的工作与社会发展的要求联系起来考虑，既要立足现在，又要放眼未来，要注意企业内部条件和外部环境的变化对企业成本管理工作的影响，正确处理短期经济效益与长期经济效益的关系。

(六) 编写成本分析报告

在上述各方面、各层次成本分析和全面、客观评价企业成本管理工作的基础上，编写成本分析报告。

四、成本分析的方法

成本分析的方法可以分为两大类：一类是发现指标差距的方法，另一类是分析构成原因的方法。企业应根据分析的目的、分析对象的特点、掌握的资料等情况确定应采用哪种方法进行成本分析。

在实际工作中，常用的成本分析方法有以下几种。

(一) 比较分析法

比较分析法是将两个或两个以上相关的可比经济指标进行数量对比，并揭示指标之间差距及程度的一种分析方法。通过对比分析，可一般地了解企业成本的升降情况及其发展趋势，查明原因，找出差距，提出进一步改进的措施。这是成本分析中最常用的一种基本分析方法。

比较法应用时，首先应确定比较的标准，即用哪些内容相对比。

一般常用的比较形式有以下几种：

(1) 实际指标与计划指标或定额数相比较。通过比较后可以确定企业成本计划指标和定额数的完成情况，为进一步分析指明方向。

(2) 本期指标与前期指标比较。通过比较后可以揭示成本指标的发展趋势和发展速度，借以观察企业生产经营管理水平的提高程度。

(3) 本企业指标与同类型企业指标比较。这种比较可以体现企业在同类型企业中的先进程度及其差距，借以判断本企业的成本管理水平，为学习先进、挖掘潜力指明方向，促进企业和广大员工向更高的目标努力。

【例 10-1】 羊城公司 2×15 年年末进行成本分析时，编制的对比成本分析表如表 10-1 所示。

表 10-1　成本对比分析表

项　　目	计划成本	本年实际	差异额	差异率
A产品	500 000	505 000	+5 000	+1.00%
B产品	750 000	734 000	−16 000	−2.13%
C产品	430 000	420 000	−10 000	−2.33%
合　　计	1 680 000	1659 000	−21 000	−1.25%

从表 10-1 中我们可以看出，各种产品成本的升降情况是不一样的。A 产品超支 1.00%，B、C 两种产品成本降低幅度较大。对于 A 产品应找出成本超支的原因，提出进一

步降低成本的措施方案。

比较分析法无论采取哪种比较形式，都要注意对比指标的可比性，包括指标性质、计算口径、计价基础、时间单位等的一致性。同类企业之间进行财务指标的对比，必须是相对比的企业在产品种类、生产技术、生产规模和经营特点等方面大体相同。

（二）比率分析法

比率分析法是将企业具有内在联系的指标进行计算比率的一种分析方法。根据分析的不同内容和不同要求，比率分析法主要有以下几种。

1. 相关比率分析法

相关比率是将两种相关的指标进行对比，计算出比率的一种分析方法。例如，利润总额与成本费用总额的比率，反映企业一定时期内所得与所费之间的比例关系，即企业每百元成本、费用的投入，能获得多少利润。这一比率是反映成本效益的重要指标，称为成本费用利润率。相关比率分析法就是通过计算两个性质不完全相同、而又相关的指标的比率进行分析的方法。通过相关比率的计算，可以排除企业之间和同一企业不同期间的某些不可比因素，有利于企业经营管理者进行成本效益分析和经营决策。

2. 构成比率分析法

构成比率也称为结构比率，它是局部数量与总体总数量之比，也就是局部在总体中的比重，或称部分与全部的比率。例如，在单位产品成本或产品总成本中，各个成本项目所占的比重；在费用总额中，各个费用项目所占的比重等，都是构成比率。构成比率分析法就是通过计算构成比率来进行分析，也称为结构分析法。

在成本分析中，通过计算产品成本中各个成本项目的比重，费用总额中各个费用项目的比重，可以反映产品成本或费用总额的构成是否合理，为寻找降低成本、节约费用的途径指明方向。

3. 动态比率分析法

动态比率分析也称为趋势分析法，是将连续若干时期同类成本指标的数值进行对比，揭示该项成本指标发展方向和增减速度，以观察成本费用的变化趋势的一种分析方法。动态比率法又分为定基比率和环比比率两种。

定基比率也称定基发展速度，它是以某一时期的数量为基数，将分析期各个时期的数量都和基期相比，计算各个时期较基期的增减比率。环比比率也称环比发展速度，它是将分析期各个时期的数量都和其前一期数量对比，计算其较前一期的增减比率。

（三）因素分析法

因素分析法是将某一综合性经济指标分解为若干个相互联系的因素，并分别计算、分析每个因素的变动对这个综合性指标变动的影响（包括影响方向和影响程度）的一种方法。因素分析法是在比较分析法的基础上发展的，成为比较分析法的补充。

连环替代法是一种常用的因素分析法。连环替代法是将综合性指标分解为多个因素后，以组成该指标的实际数，按一定顺序替换比较的基数，来计算各个因素变动对该综合性指标变动影响的一种方法。应用连环替代法的前提条件是：综合性指标与它的构成因素之间有着因果关系，能够构成一种代数式；这个代数式不一定是乘积关系，加减乘除都可以。

连环替代法的一般做法是：

（1）根据综合性指标的特征和分析目的，确定该项综合性指标变动受哪些因素变动的影响。

(2) 根据各影响因素的依存关系，按一定顺序排列各因素，也就是要确定在以后的连环替换中替换的先后顺序，这是很重要的一步。替换的顺序不一样则计算结果就不一样。替换顺序的确定原则是：先替换数量因素，再换替质量因素；先替换主要的因素，后替换次要的因素。

(3) 确定比较的基数后，依次以各因素的实际数据替换各因素的基数，并计算出每次替代后的结果。有几个因素就要替换几次，并且每次替换都是在前一次替换的基础上进行，直至最后替换出最后一个因素的实际数。

(4) 将每次替换后的计算结果减去前一次结果，其差额就是该因素变动对综合性指标变动的影响，包括影响方向与影响程度。

(5) 综合各个因素的影响，其代数和(正负数抵消以后)应等于该综合性指标的实际数据与比较基数的差异，也就是分析对象。

【例 10-2】 某企业生产丁产品，本月份产量及其他有关材料费用的资料如表 10-2 所示。

表 10-2　产量及其他有关资料

项　　目	计 划 数	实 际 数
产品产量(件)	250	200
单位产品材料消耗量(千克)	48	50
材料单价(元)	9	10
材料费用(元)	108 000	100 000

分析对象＝1000 000－108 000＝－8 000(元)

根据连环替代法的替代原则，影响材料费用这个综合性指标变动的三个因素的替代顺序为产量、单耗和单价。各因素变动对丁产品材料费用实际比计划降低 8 000 元的影响结果计算如下：

计划材料费用＝250×48×9＝108 000(元)　(1)

第一次替代＝200×48×9＝86 400(元)　(2)

第二次替代＝200×50×9＝90 000(元)　(3)

第三次替代即实际材料费用＝200×50×10＝100 000(元)　(4)

各因素变动对材料费用降低 8 000 元的影响如下：

产量变动对材料费用变动的影响＝式(2)－式(1)＝86 400－108 000＝－21 600(元)
材料单耗变动对材料费变动的影响＝式(3)－式(2)＝90 000－86 400＝3 600(元)
材料单价变动对材料费用变动的影响＝式(4)－式(3)＝100 000－90 000＝10 000(元)
三个因素变动对材料费用变动的影响＝－21 600＋3 600＋10 000＝－8 000(元)

(四) 差额分析法

差额分析法是连环替代法的一种简化形式。它是利用各个因素的实际数与基数之间的差额，直接计算各个因素变动对综合性指标变动影响的一种技术方法。它所应用的原理和连环替代法相同。它的特点是根据已确定的影响某项综合经济指标的各个因素及其替换顺序，逐个用各因素的实际数与基数之差直接替换基数，所得计算结果就是该因素变动对综合经济指标的影响程度。采用差额计算法时的计算公式如下：

$$A因素变动对指标的影响=(A_1-A_0)\times B_0\times C_0$$
$$B因素变动对指标的影响=A_1\times(B_1-B_0)\times C_0$$
$$C因素变动对指标的影响=A_1\times B_1\times(C_1-C_0)$$

第二节 全部商品产品成本分析

一、全部商品产品成本计划完成情况分析

全部商品产品成本的分析，是一种总括性的分析。企业全部产品包括可比产品与不可比产品。由于不可比产品没有历史成本资料，因此，对全部商品产品成本的分析，就不能用实际总成本与上年总成本进行比较，只能用实际总成本同计划总成本进行比较。为进一步分析指明方向，在实际开展成本分析时，可以按照产品类别和成本项目进行分析。

(一) 产品类别成市分析

按产品类别分析是指按每种产品的成本所进行的分析。全部产品按产品类别进行的成本分析，主要分析成本降低率和成本降低额两个指标。按照下面的公式进行计算：

$$成本降低额=计划总成本-实际总成本=\sum\{实际产量\times(计划单位成本-实际单位成本)\}$$

$$成本降低率=\frac{成本降低额}{\sum 实际产量\times计划单位成本}\times 100\%$$

【例 10-3】 海珠工厂 2×15 年产品成本计划资料如表 10-3 所示，本年产品成本完成情况如表 10-4 所示。

表 10-3 产品成本计划表

编制单位：海珠工厂　　　　2×15 年度　　　　金额单位：元

产品名称	计量单位	计划产量	单位成本		计划产量的总成本		成本降低任务	
			上年实际	本年计划	按上年实际单位成本计算	本年计划	成本降低额	成本降低率
主要产品					980 000	925 264	54 736	5.59%
甲产品	件	576	1 250	1 164	720 000	670 464	49 536	6.88%
乙产品	件	260	1 000	980	260 000	254 800	5 200	2%
非主要产品								
丙产品	件	250		1 110		277 500		
合　计					980 000	1 202 764	54 736	

表 10-4　全部产品成本计划完成情况分析表——按产品类别分析

编制单位:海珠工厂　　2×15 年度　　金额单位:元

产品名称	计量单位	实际产量	单位成本			实际产量总成本			与计划成本比		
			上年实际	本年计划	本年实际	按上年实际单位成本计算	按本年计划单位成本计算	本年实际	成本降低额	成本降低率(%)	降低成本的构成(%)
主要产品						1 031 250	972 500	966 500	6 000	0.62	0.48
甲产品	件	625	1 250	1 164	1152.4	781 250	727 500	720 250	7 250	1.00	0.58
乙产品	件	250	1 000	980	985	250 000	245 000	246 250	−1 250	−0.51	−0.1
非主要产品											
丙产品	件	250		1 110	1072.3		277 500	268 075	9425	3.40	0.754
合　计							1 250 000	1 234 575	15 425	1.234	1.234

在全部产品成本计划完成情况分析表中,总成本都是按实际产量来计算的。因为只有同一实物量的总成本,才具有比较性。在企业全部产品中,有的以前年度没有正式生产过,没有上年成本资料,因此,企业全部产品成本计划完成情况的分析,是与计划比较,计算出全部产品的成本降低额和降低率,查明成本计划的完成情况。

在[例 10-3]中,该企业本年全部产品总成本完成了计划。实际成本与计划成本比较,成本降低额为 15 425 元,成本降低率为 1.234%。在全部产品中,非主要产品丙产品成本计划完成较好,实际成本较计划成本降低了 3.40%,成本降低额为9 425元,主要产品中甲产品也完成了成本计划;主要产品总的情况也完成了成本计划,成本降低了 0.62%;但乙产品成本比计划还超支了 1 250 元,超支 0.51%,应进一步查明原因。

(二) 成本项目成本分析

按成本项目分析是指将按成本项目反映的全部商品产品的实际总成本与按成本项目反映的实际产量计划总成本相比较，计算每个成本项目成本降低额和降低率对总成本的影响。下面举例说明分析方法。

【例 10-4】 海珠工厂 2×15 年产品成本构成的资料如表 10-5 所示。

表 10-5　全部产品成本计划完成情况分析表

(按成本项目分析)

编制单位:海珠工厂　　2×15 年度　　单位:元

成本项目	实际产量的总成本		差　异		各成本项目降低额对总成本的影响(%)
	按本年计划单位成本计算	本年实际	降低额	降低率(%)	
直接材料	850 000	861 340	−11 340	−1.33	−0.907 2
直接工资	140 265	139 870	395	0.28	0.031 6
制造费用	259 735	233 365	26 370	10.15	2.109 6
合　计	1 250 000	1 234 575	15 425	1.234	1.234

上表中数字计算过程如下：

$$直接材料项目实际成本比计划成本的差异=861\ 340-850\ 000=11\ 340(元)$$

即实际比计划超支了 11 340 元。

$$直接材料项目实际成本比计划成本差异率=\frac{11\ 340}{850\ 000}\times 100\%=1.33\%$$

$$直接材料项目超支额对总成本的影响=\frac{11\ 340}{1\ 250\ 000}\times 100\%=0.9072\%$$

从表 10-5 中可以看到，该厂按成本项目反映的全部产品成本计划完成情况，与总的计划成本比较降低了 15 425 元，其中直接材料超支了 11 340 元，直接工资和制造费用分别节约了 395 元和 26 370 元，对于直接材料的超支应进一步分析原因。

二、可比产品成本分析

可比产品是指企业过去生产过并且有着完整的成本资料的主要产品。对可比产品成本降低任务完成情况的分析，就是将可比产品的实际成本与按实际产量和上年实际单位成本计算的上年实际总成本，确定可比产品实际成本的降低额和降低率，并同计划规定的计划成本降低额和降低率相比，评定企业可比产品成本降低任务完成的情况，确定各项目因素的影响程度，为进一步挖掘潜力、降低成本指出方向。计划成本和实际成本降低指标可按下列公式计算：

$$计划成本降低额=\sum[计划产量\times(上年实际单位成本-本年计划单位成本)]$$

$$计划成本降低率=\frac{计划成本降低额}{\sum(计划产量\times 上年实际单位成本)}\times 100\%$$

$$实际成本降低额=\sum[实际产量\times(上年实际单位成本-本年实际单位成本)]$$

$$实际成本降低率=\frac{实际成本降低额}{\sum(实际产量\times 上年实际单位成本)}\times 100\%$$

影响降低额的因素有产量、品种结构和单位成本，影响降低率的因素有产品品种结构和单位成本。下面就这些影响分别进行分析。

(一) 产品单位成市变动的影响

在影响可比产品成本降低任务完成的各个因素中，产品单位成本是最主要的因素。因为从单一产品来说，影响成本降低率的只有产品单位成本一个因素。产品产量的变动，在不考虑将成本划分为固定成本和变动成本的情况下，不会对成本降低率产生影响。产品总成本的降低率，也就是指产品单位成本的降低率。

产品单位成本的降低或超支，直接带来成本的降低额或超支额。因此，由于产品单位成本变动对可比产品成本降低任务完成的影响，可以用下列公式计算：

$$\begin{matrix}产品单位成本变动\\对成本降低额的影响\end{matrix}=\begin{matrix}可比产品实际产量按计划\\单位成本计算的总成本\end{matrix}-实际总成本$$

$$\begin{matrix}产品单位成本变动\\对成本降低率的影响\end{matrix}=\frac{产品单位成本变动影响的成本降低额}{实际产量按上年实际平均单位成本计算的总成本}\times 100\%$$

（二）产品品种结构变动的影响

全部可比产品成本降低率实质上是以各种产品的个别成本降低率为基础来计算的，由于各种可比产品成本降低率不同，如果成本降低率大的产品在全部可比产品中所占的比重比计划提高，那么，全部可比产品成本降低率就会多降低，降低额也会相应地多降低；反之，降低率和降低额则会少降低。如[例 10-3]中海珠厂可比产品的计划品种结构和实际品种结构可以计算如表 10-6 所示。

表 10-6　产品品种结构计算表

编制单位：海珠工厂　　　　2×15 年度　　　　金额单位：元

产品名称	计划产量	实际产量	上年实际平均单位成本	计划产量按上年实际单位成本计算的总成本	计划品种结构	实际产量按上年实际单位成本计算的总成本	实际品种结构
甲产品	576	625	1 250	720 000	73.47%	781 250	75.76%
乙产品	260	250	1 000	260 000	26.53%	250 000	24.24%
合　计	—	—	—	980 000	100%	1 031 250	100%

可比产品的成本降低率，是多种产品综合的结果，它不仅受各种产品成本降低率变动的影响，而且受产品品种结构变动影响。在表 10-3 和表 10-4 中，海珠工厂甲、乙两种产品计划成本降低率分别为 6.88%和 2%；其实际成本降低率分别为 1%和－0.51%；综合的计划成本降低率 5.59%和实际成本降低率 0.62%。根据表 10-6 的资料用下列计算式计算：

综合计划成本降低率＝6.88%×73.47%＋2%×26.53%＝5.59%

综合实际成本降低率＝1%×74.81%＋(－0.51%)×25.19%＝0.62%

上述计算式，表明产品品种结构变动对产品成本降低率是有影响的，它的影响程度，可以根据上述计算式所表达的原理来计算确定。具体计算时，可以先求得在各种产品计划成本降低率不变的情况下，只有产品品种结构变动的综合成本降低率，再与计划的综合成本降低率比较，其差额就是产品品种结构变动对成本降低率的影响。根据表 10-3、表 10-4 和表 10-6 的资料，可以计算如下：

综合计划成本降低率＝6.88%×73.47%＋2%×26.53%＝5.59%

结构变动以后的综合实际成本降低率（各种产品的计划成本降低率不变）：

综合实际成本降低率＝6.68%×75.76%＋2%×24.24%＝5.70%

产品品种结构变动对成本降低率的影响：

5.70%－5.59%＝0.11%

上述计算结果表明，在甲、乙两种产品的计划降低率不变的情况下，由于产品品种结构的变动，使该厂可比产品综合的成本降低率由 5.59%提高到了 5.70%，提高了 0.11%。这是因为在企业总产品中，计划成本降低率相对较高的甲产品的比重，由 73.47%上升到了 75.76%。

（三）产品产量变动的影响

在计算可比产品成本降低任务时，是用可比产品的计划产量，分别乘上该产品上年实际单位成本和计划单位成本的差额计算的；实际完成情况则是根据可比产品实际产量分别乘上该产品上年实际单位成本与本年实际单位成本的差额计算的。从这一计算过程中可以看出，当产品的品种构成和单位成本不变时，产品产量的变动会引起成本降低额发生同比例的变动，但不影响成本降低率的变动。所以，单纯产量的变动，仅影响成本降低额，不影响成本降低率的变动。

产品产量变动对成本降低额影响的计算公式如下：

$$\begin{aligned}\begin{matrix}\text{产品变动对成本}\\\text{降价额的影响}\end{matrix} &= \left[\sum\left(\begin{matrix}\text{实际}\\\text{产量}\end{matrix}\times\begin{matrix}\text{上年实际}\\\text{单位成本}\end{matrix}\right)-\sum\left(\begin{matrix}\text{计划}\\\text{产量}\end{matrix}\times\begin{matrix}\text{上年实际}\\\text{单位成本}\end{matrix}\right)\right]\times\begin{matrix}\text{计划成本}\\\text{的降低率}\end{matrix}\\ &= \sum\left[(\text{实际产量}-\text{计划产量})\times\begin{matrix}\text{上年实际}\\\text{单位成本}\end{matrix}\right]\times\begin{matrix}\text{计划成本}\\\text{的降低率}\end{matrix}\end{aligned}$$

第三节 主要产品单位成本分析

一、单位成本计划完成情况分析

对全部商品产品成本计划完成情况进行总括分析后，还应对主要产品的单位成本进行具体的分析，从而确定成本升降的原因，提出进一步改进的措施。产品单位成本分析一般是先将产品单位成本的实际数与计划等指标进行比较，计算其差异额和差异率，然后，在此基础上，进一步分析各主要成本项目产生差异的原因。

在产品种类较多的企业，分析时要抓住重点，对在总产量中所占比重较大的或者成本升降幅度较大的产品进行分析。

（一）主要产品单位成本的一般分析

【例 10-5】 根据海珠工厂 2×15 年主要产品单位成本表提供的资料和其他有关资料，运用比较分析法原理，编制产品单位成本计划完成情况分析表，如表 10-7 所示。

表 10-7 主要产品成本变动分析表

编制单位：海珠工厂　　2×15 年　　金额单位：元

项　目	2×11 年	2×12 年	2×13 年	2×14 年	2×15 年
甲产品单位成本	1 500	1 400	1 450	1 250	1 152.4
成本降低额	—	100	50	250	347.6
成本降低率	1	6.67%	3.33%	16.67%	23.17%

根据表 10-7 的计算结果，可以对该厂主要产品单位成本计划的完成情况进行简要评价：甲产品的单位成本以 2×11 年为基期，以后的 4 年单位成本都有明显的下降。2×12 年

单位成本下降了100元，2×13年单位成本下降了50元，2×14年单位成本下降了250元，2×15年单位成本下降了347.6元，其中以2×13年的单位成本下降的幅度最小。可见甲产品的成本下降趋势并不是逐年提高的，但是从2×14和2×15年的情况看，单位成本有显著的下降，说明这两年的管理水平有提高。甲产品的单位成本下降是由一些具体因素造成的，所以还需要按照成本项目进行分析。

(二) 主要产品单位成本的项目分析

1. 直接材料费用的分析

直接材料是影响产品单位成本的三个因素之一。特别是在制造企业，直接材料费用占产品成本比重较大，要降低产品单位成本，直接材料项目更应作为产品单位成本分析的重点。产品单位成本中直接材料费用主要受单位产品材料消耗量和单位材料价格两个因素的影响，可以按下列公式计算：

$$\text{用量变动对材料成本的影响} = \left(\text{单位产品材料本年成本的影响} - \text{单位产品材料本年计划用量}\right) \times \text{材料本年计划价格}$$

$$\text{价格变动对材料成本的影响} = (\text{材料本年实际价格} - \text{材料本年计划价格}) \times \text{单位产品材料本年实际用量}$$

分析产品单位成本中直接材料费用变动原因，应当根据直接材料的具体组成内容以及各种材料消耗量和价格的资料，按照上述两个公式分别计算材料耗用量和价格变动对成本的影响，查明直接材料费用超支或节约的原因。

2. 直接人工费用的分析

产品单位成本中的直接人工费用，受工人劳动生产率和工人平均工资两个因素影响。这两个因素，也可以用单位产品生产工时消耗和小时平均工资(小时工资率)来表示。根据连环替代法的原理，分析单位产品工时消耗和小时工资率变动对成本的影响，计算公式如下：

$$\text{单位产品工时消耗变动对成本的影响} = (\text{单位产品本年实际工时} - \text{单位产品本年计划工时}) \times \text{本年计划小时工资率}$$

$$\text{小时工资率变动对成本的影响} = (\text{本年实际小时工资率} - \text{本年计划小时工资率}) \times \text{单位产品本年实际工时}$$

上述公式是以本年计划作为比较标准的，如果以上年实际作为比较标准，可将上述公式中的本年计划改为上年实际。

3. 制造费用的分析

单位产品制造费用受单位产品工时与小时费用率两个因素影响。单位产品工时的大小，取决于劳动生产率的高低。小时制造费用率的大小，受费用总额变动的影响。随着劳动生产率的提高，产品产量的增长，制造费用中的变动费用的增长，固定费用基本稳定不变，小时费用率将会增大。关于制造费用计算公式如下：

$$\text{单位产品工时变动对成本的影响} = (\text{单位产品本年实际工时} - \text{单位产品本年计划工时}) \times \text{本年计划小时费用率}$$

$$\text{小时费用变动对成本的影响} = (\text{本年实际小时费用率} - \text{本年计划小时费用率}) \times \text{单位产品本年实际工时}$$

上述公式是以本年计划作为比较标准的，比较标准为上年实际时，可将公式中的本年计划改为上年实际。

二、单位成本的技术经济指标分析

企业的单位成本不仅受到直接人工、直接材料、制造费用的直接影响，也受企业各项技术经济指标的间接影响。企业技术经济指标与生产经营活动的特点紧密相关，每个企业都有适应本企业生产经营活动特点的技术经济指标体系。但是，一般来说，一个企业的技术经济指标体系，不论其表现形式如何，总是包括产品产量（及产品品种）、产品质量、劳动生产率、设备利用率、原材料和燃料及动力的消耗等基本指标。为了深入分析企业产品成本升降原因，寻找降低产品成本的途径，挖掘降低产品成本的潜力，在成本分析中，应当进一步分析技术经济指标变动对产品成本的影响。下面，主要介绍这些基本的技术经济指标变动对产品成本影响的分析方法。

（一）设备利用情况对成本影响的分析

不同企业拥有不同的技术装备，因而反映生产设备能力利用的技术经济指标也是不同的。这些技术经济指标与总产量都有着直接的关系。这种关系可以用公式表示如下：

$$\begin{aligned}\text{总产量}&=\text{设备总台时}\times\text{台时产量}\\&=\text{实际使用设备量}\times\text{单台设备运转时间}\times\text{台时产量}\\&=\text{安装设备量}\times\text{设备使用率}\times\text{单台设备计划台时}\times\text{计划台时利用率}\times\text{台时产量}\end{aligned}$$

由此可见，生产设备利用效率是通过设备数量利用率与工时利用率，从而在总产量上表现出来。随着设备数量利用、时间利用及能力利用等技术经济指标的改善，总产量必然增长，这将促使单位产品固定费用成本的减少，从而对产品成本产生有利的影响。

设备利用状况的计算公式如下：

$$\text{总产量变动对单位成本影响}=\left(\frac{1}{1+\text{产量增长}\%}-1\right)\times\begin{matrix}\text{计划单位成本中}\\\text{固定费用成本占}\%\end{matrix}$$

当安装设备的数量及单台设备计划台时保持不变情况下，应用生产设备的数量利用、工时利用及能力利用等技术经济指标与总产量的关系，可以用如下公式进行测算，即：

$$\begin{aligned}\text{总产量增长率}&=\frac{\text{实际总产量}}{\text{计划总产量}}-1\\&=\frac{\text{实际设备使用率}\times\text{实际台时利用率}\times\text{实际台时产量}}{\text{计划设备使用率}\times\text{计划台时利用率}\times\text{计划台时产量}}-1\\&=\left(1+\begin{matrix}\text{设备使用率}\\\text{增长率}\%\end{matrix}\right)\times\left(1+\begin{matrix}\text{台时利用率}\\\text{增长率}\%\end{matrix}\right)\times\left(1+\begin{matrix}\text{台时产量}\\\text{增长率}\%\end{matrix}\right)\end{aligned}$$

把上式代入到计算总产量变动对单位成本影响的公式中去，可以得到生产设备数量利用、工时利用及能力利用等技术经济指标（称为生产设备效率），对单位成本影响的计算公式：

$$\begin{matrix}\text{生产设备}\\\text{效率变动}\\\text{对单位成}\\\text{本的影响}\end{matrix}=\left[\frac{1}{\left(1+\begin{matrix}\text{设备使用率}\\\text{增长率}\%\end{matrix}\right)\times\left(1+\begin{matrix}\text{台时利用率}\\\text{增长率}\%\end{matrix}\right)\times\left(1+\begin{matrix}\text{台时产量}\\\text{增长率}\%\end{matrix}\right)}-1\right]\times\begin{matrix}\text{计划单位}\\\text{成本中固}\\\text{定费用成}\\\text{本}\%\end{matrix}$$

如果上式计算的结果为负数，表示因提高生产设备效率而使产品单位成本下降；反之，表示产品单位成本上升。

【例 10-6】 羊城工厂 2×15 年度安装设备数量和单台设备计划台时均未改变。实际设备使用率比计划下降 6%，实际台时利用率比计划提高 3%；实际台时产量比计划增长 4%，在计划单位成本构成中，固定费用成本 32%。求该厂的设备利用情况对单位成本的影响。

由于生产设备效率的变动对产品单位成本的影响是：

$$\left[\frac{1}{(1-6\%)\times(1+3\%)\times(1+4\%)}-1\right]\times 32\times 100\%=-22.02\%$$

由于设备效率利用情况的改善，使单位成本下降 22.02%。

（二）产品产量变动对成本影响的分析

产品产量是企业的重要技术经济指标，企业设备利用率、劳动生产率和产品质量等指标的变化都会影响产品产量。在主要产品成本降低任务完成情况的分析中，曾分析过产品产量变动对主要产品成本降低额的影响。从技术经济指标的角度，产品产量变动对成本水平的影响，主要是指对产品成本中固定费用的影响。在固定费用总额不变的情况下，增加产品产量，可以降低单位产品成本中的固定费用；当产品产量的增长幅度超过固定费用总额的增长幅度时，也可以降低单位产品成本中的固定费用。产品产量变动形成的成本降低率和降低额，可以用下列公式计算：

$$\text{产量变动形成的成本降低率}=\left(1-\frac{1}{\text{产品计划完成率}}\right)\times\text{计划固定费用占产品成本的}\%$$

$$\text{产量变动形成的成本降低额}=\text{实际产量按计划单位成本计算的总成本}\times\text{产量变动影响的成本降低率}$$

（三）产品质量变动对成本影响的分析

企业在生产消耗水平不变的前提下，产品质量提高必然会使单位产品成本降低。由于影响产品质量的因素很多，因此判断质量好坏的指标也是很多的，如合格品率、废品率、等级品率等。产品质量变动对成本的影响程度，一般从两个方面进行计算。

1. 废品率高低对成本水平的影响

废品是生产过程中的损失，这种损失最终是要计入产品成本的，因此，废品率的高低会直接影响产品成本水平。其影响程度的计算公式如下：

$$\text{废品率}=\frac{\text{废品数量}}{\text{合格品数量}+\text{废品数量}}\times\text{产量变动影响的成本降低率}$$

$$\text{废品损失占单位成本比重}=\frac{\text{废品率}\times(1-\text{废品残料价值占废品生产成本的}\%)}{1-\text{废品率}}\times 100\%$$

2. 产品等级系数变动对成本的影响

某些产品用同一种材料，经过相同的加工过程，生产出不同等级的产品。这些产品通常用“等级系数”来表示，等级系数越高，统一换算为一级品的总产量越大，产品的成本水平也会相应降低。产品等级系数变动对成本影响程度的计算公式如下：

$$\text{产品等级系数变动对成本影响}=\frac{\text{变动后的等级系数}-\text{原来分等级系数}}{\text{变动后的等级系数}}$$

（四）劳动生产率变动对成本影响的分析

影响产品成本中直接人工费用的因素有工人劳动生产率和工人平均工资两个因素。只有当工人劳动生产率的增长超过工人平均工资的增长时，才可以形成成本的降低额和降低率。因此，分析工人劳动生产率变动对成本的影响时，应当同时考虑工人平均工资变动的影响。具体计算公式如下：

$$\text{工人劳动生产率的增长超过工人平均工资增长的成本降低率}=\left(1-\frac{1+\text{工人平均工资增长的}\%}{1+\text{工人劳动生产率增长的}\%}\right)\times\text{计划直接人工占产品成本}\%$$

$$\text{工人劳动生产率的增长超过工人平均工资增长形成的成本降低额}=\text{实际产量按计划单位成本计算的总成本}\times\text{工人劳动生产率和平均工资变动形成的成本降低率}$$

（五）材料消耗量变动对成本影响的分析

材料费用在产品成本中占有很大的比重，企业提高材料利用率，对于节约消耗，降低单位产品材料成本有重要的影响，提高材料利用率的主要途径有改进产品设计和工艺加工过程、合理下料、综合利用，等等。企业材料的利用率越高，消耗定额越低，单位产品中的材料成本越低。具体做法如下。

1. 改进产品设计，减轻材料消耗，降低产品成本

产品净重在这里是指构成产品实体的原材料重量。通过改进产品设计，使产品在稳定和提高质量的前提下减轻净重，是节约材料消耗，降低产品成本的重要途径。改进产品设计、减轻产品净重形成的成本降低额和降低率，可以采用下列公式计算：

$$\text{减轻产品净重形成的成本降低率}=\left(\frac{\text{改进后产品净重}}{1-\text{改进前产品净重}}\right)\times\text{改进前直接材料占产品成本的}\%$$

$$\text{减轻产品净重形成的成本降低额}=\text{改进前产品单位成本}\times\text{减轻产品净重形成的成本降低率}$$

2. 合理使用代用材料对产品成本的影响

在保证产品质量的前提下，通过充分技术论证，合理使用价格较低的代用材料，可以降低产品成本中的直接材料成本。合理采用代用材料形成的成本降低额和降低率，可以采用下列公式计算：

$$\text{使用代用材料形成的单位成本降低额}=\left(\text{原使用材料耗用量}\times\text{该材料的价格}\right)-\left(\text{代用材料的耗用量}\times\text{代用材料价格}\right)$$

$$\text{使用代用材料形成的成本降低率}=\frac{\text{使用代用材料形成的单位成本降低额}}{\text{产品原来的单位成本}}\times100\%$$

3. 提高原材料利用率对产品成本的影响

原材料利用率在不同类型的企业有不同表达式。一般来说，原材料利用率是指生产过程中利用的原材料数量与投入生产的原材料数量的比率。其计算公式如下：

$$\text{原材料利用率}=\frac{\text{生产中利用原材料的数量}}{\text{生产中投入原材料的数量}}\times100\%$$

上述公式中，生产中利用原材料的数量有两种表示方法：一是以产品产量或加工后产品净重来表示；二是以产品中原材料重量来表示。

在生产过程中，企业最初投入生产的原材料数量，总是大于生产中利用原材料的数量。它们之间的差距越小，说明加工过程中原材料的损耗越小。生产过程中原材料利用越好，原

材料利用率也就越高。

原材料利用率越高，单位产品负担的材料费用越少。由于原材料利用率变动形成的成本降低率和降低额，可用下列公式计算：

$$\text{原材料利用率变动形成的成本降低率}=\left(\frac{\text{变动前原材料利用率}}{1-\text{变动后原材料利用率}}\right)\times\text{变动前原材料成本占产品成本的\%}$$

$$\text{原材料利用率变动形成的单位成本降低额}=\text{变动前产品单位成本}\times\text{原材料利用率变动形成的成本降低率}$$

【关键术语】

成本分析　成本报表　事前分析　事中分析　事后分析　比较分析法　比率分析法　因素分析法　连环替代法　差额分析法

【问题思考】

1. 成本分析的主要分析方法有哪几种？
2. 产品的单位成本受到哪些因素的影响？
3. 成本分析的作用是什么？
4. 因素分析法有哪些优点？如何运用它进行成本分析？

本章练习

姓名______
学号______
分数______

扫二维码获得更多本章习题及案例

业务实训

案例一：练习比较分析法的运用

资料：星城工厂生产甲、乙、丙三种产品，2×15 年度产量和单位成本资料如表 10-8 所示。

表 10-8 产量成本资料

2×15 年度　　金额单位：元

项　目	甲产品	乙产品	丙产品
计划产量(件)	78 000	38 500	500
实际产量(件)	79 000	38 400	500
计划单位成本	5.65	8.55	40
实际单位成本	5.66	8.54	41.5

要求：

(1) 运用对比分析法计算各种产品的降低额和降低率。

(2) 计算全部产品总的降低额和降低率。

案例二：练习连环替代法的运用

资料：海珠工厂生产甲产品，需要耗用 A 材料，2×15 年度有关资料如表 10-9 所示。

表 10-9 A 材料成本资料

项　目	计　划	实　际
产品产量(件)	576	625
单位产品 A 材料消耗量(千克/件)	2.7	2.6
A 材料单价(元/千克)	50	52
A 材料费用(元)	77 760	84 500

要求：运用连环替代法分析材料费用变动的原因。

参考文献

[1] 成蓉晖，彭彤丽. 成本会计[M]. 长沙：湖南大学出版社，2008.

[2] 刘学艺，成蓉晖. 成本会计实训指导[M]. 长沙：湖南大学出版社，2005.

[3] 于富生，黎来芳，张敏. 成本会计[M]. 北京：中国人民大学出版社，2013.

[4] 万寿义，任月君. 成本会计[M]. 大连：东北财经大学出版社，2010.

[5] 杨尚军. 成本会计[M]. 北京：北京大学出版社，2011.

[6] 陈玉洁. 图解成本会计[M]. 北京：中华工商联合出版社，2014.

[7] 张红漫，刘亚丽. 成本会计学[M]. 北京：北京大学出版社，中国农业大学出版社，2012.

[8] 张维宾. 成本会计[M]. 上海：立信会计出版社，2013.

[9] 周龙腾. 零起点学成本会计[M]. 北京：中国宇航出版社，2014.

[10] 果洪宾，张庆春. 新编成本会计学习指导与练习[M]. 北京：电子工业出版社，2010.

[11] 郑伦卉，蒲萍. 成本会计案例实训[M]. 北京：经济管理出版社，2014.

[12] 鲁亮升，庞碧霞. 成本会计[M]. 大连：东北财经大学出版社，2014.

[13] 曾繁荣. 成本会计[M]. 大连：东北财经大学出版社，2009.

[14] 徐哲. 成本会计实训教程[M]. 大连：东北财经大学出版社，2015.

[15] 常颖. 成本会计学[M]. 北京：机械工业出版社，2004.